MANUELA LAASCH

Sei!

17 lichtvolle Impulse
für dein Leben

R**B**

Für Anita

ISBN: 978-3-942581-66-0
Druck: CPI books GmbH, Ulm
Lektorat: Daniela Weise, München
Gesamtgestaltung: Ulrike M. Bürger, Wörthsee
Illustrationen: transiastock - fotolia.de, Lena Livaya - shutterstock.de

2. Auflage 2014
© 2013, Robert Betz Verlag
der Robert Betz Transformations GmbH, München
robert-betz.com

Inhalt

Vorwort

Das Leben ist vielschichtig und oft undurchschaubar. Abertausende von Büchern handeln von Gedanken über das Leben und füllen die Bibliotheken dieser Welt. Dabei sind es nur wenige Fragen, die uns Menschen im Kern bewegen:

- Werde ich ein gutes Leben haben und glücklich sein?
- Werde ich der wahren Liebe begegnen?
- Werde ich eine Familie gründen und gesunde Kinder haben?
- Werde ich meinen Traumberuf finden?
- Werde ich genug Geld haben, um mir dieses oder jenes leisten zu können?
- Werde ich mich im Laufe meines Lebens guter Gesundheit erfreuen?
- Werde ich meine Bestimmung erkennen und meine Lebensaufgabe erfüllen?

Bei den meisten Menschen dreht sich alles mehr oder weniger um die Themen Partnerschaft, Familie, Beruf, Geld, Glück, Gesundheit und Selbstverwirklichung – mit unterschiedlicher Priorität, die sich im Lauf des Lebens immer mal wieder ändern kann.

Tagtäglich plagen sich Milliarden von Menschen mit sorgenvollen Gedanken – wie sie den heutigen

Tag schaffen, ob sie auch das Morgen bewältigen können, ob die Zukunft düster wird oder eine Besserung in Aussicht ist. Wie viele Menschen suchen in ihrer Verzweiflung Wahrsager und Kartenleger auf, um sich „weissagen" zu lassen, wie es um sie bestellt sei und was sie tun sollen. Und genauso lassen sie sich beim Arzt und beim Anwalt den Weg weisen. Dann hasten sie weiter, rastlos, atemlos, bleiben stecken, drehen sich im Kreis und verwickeln sich immer mehr in dem Wirrwarr, das sie letztlich selbst hervorgerufen haben und aus dem sie nicht mehr herausfinden.

Ist es nicht seltsam, dass wir Menschen dazu neigen, uns von ANDEREN sagen zu lassen, wie es um uns steht? Und warum versäumen wir immer wieder, das zu überprüfen, was uns begegnet: Menschen, Dinge, Ereignisse, Worte?

Warum haben wir verlernt innezuhalten, in uns hineinzuhorchen und dann auch zu ertragen, was sich da als Antwort meldet? Warum haben wir Angst davor, uns selbst zu vertrauen und wirklich Verantwortung zu übernehmen, egal in welcher Lebenssituation wir gerade stecken? Ist es wirklich der Nachbar, der Kollege, die Ehefrau oder das Kind, die einem das Leben schwer machen? Ist man wirklich das Opfer? Oder ist man vielleicht doch selbst daran beteiligt, aktiv oder passiv? Was bedeutet es, wenn man sich immer in ähnlichen Situationen wiederfindet, sei es im Job oder in der Partnerschaft, wenn man immer wieder mit den gleichen Hürden und Schwierigkeiten zu kämpfen hat?

Wie glücklich Ihr Leben ist, zeigt sich an der Qualität Ihrer Gedanken. Überprüfen Sie täglich Ihre Gedanken – und damit meine ich im Idealfall jeden einzelnen davon, auch den allerkleinsten. Senden Sie negativ aufgeladene Gedanken in diese Welt, oder sehen Sie in jeder noch so schwierigen Begebenheit den Funken Licht, der stets vorhanden ist? Es ist an der Zeit, Bilanz zu ziehen und zu überprüfen, wie es um Sie und Ihr Leben steht. Es ist an der Zeit umzudenken. Und zu handeln. Und zwar nicht so wie immer, sondern auf eine völlig andere Art und Weise.

Läuft es bei Ihnen in allen Lebensbereichen sehr gut, sind Sie wunschlos glücklich und rundum gesund? Wenn ja, dann herzlichen Glückwunsch! Sie können die Lektüre dieses Buches als Strandspaziergang sehen und nur mal zum Spaß überprüfen, ob es etwas Neues für Sie zu entdecken gibt.

Läuft es bei Ihnen in dem einen oder anderen Lebensbereich nicht so rund, oder gibt es vielleicht (scheinbar) unüberwindliche Hindernisse, dann möchte ich Ihnen einen Vorschlag machen: Lesen Sie dieses Buch achtsam und offen, ohne Vorurteile und Erwartungen. Lassen Sie es nicht zu, dass Ihr Verstand die Worte in diesem Buch verschlingt. Hören Sie auf Ihr Herz und auf Ihr Bauchgefühl und setzen Sie den Verstand dort ein, wo er wirklich notwendig ist. Vertrauen Sie Ihrer Intuition. Sie müssen nichts, und Sie sollen auch nichts. Aber vielleicht finden Sie in dem Buch den einen oder anderen wertvollen Hinweis, wie es leichter und müheloser laufen kann. Ich möchte bestehende Illusionen ins Blickfeld rücken und Ansätze aufzeigen, wie Sie diese auflösen können. Und ich will mit Ihnen liebevoll auf ein neues, glückliches Leben in Leichtigkeit schauen.

Wenn Sie das erste Kapitel über Spiritualität gelesen haben, dann können Sie sich ganz nach Belieben dasjenige Kapitel als Nächstes vornehmen, das Sie vom Thema her auf Anhieb am meisten interessiert. Sie müssen nicht der Reihe nach vorgehen. Wichtig wäre, dass Sie jedes abgeschlossene Kapitel auf sich wirken lassen und es innerlich verarbeiten, bevor Sie das nächste Kapitel lesen.

Damit Sie die Worte in diesem Buch gut aufnehmen können, empfehle ich: Suchen Sie sich einen schönen Platz zum Lesen und kommen Sie erst einmal zur Ruhe.

Lassen Sie alle Gedanken an sich vorbeiziehen,
und atmen Sie tief ein und aus.
Sie sind jetzt in Sicherheit. Alles ist gut.
Achten Sie auf Ihren Atem und folgen Sie ihm.
Einatmen und Ausatmen. Einatmen und Ausatmen.
Sie sind im Hier und Jetzt.
Einatmen und Ausatmen. Ruhe und Stille.
Sie entspannen sich und sind nun aufnahmebereit.

Spiritualität

Wer bin ich? Was bewegt mich?
Was umgibt mich? Wer führt mich?

Es liegt mir ganz besonders am Herzen, dieses Buch mit dem Begriff der „Spiritualität" zu eröffnen, da gerade zu diesem Thema so unterschiedliche Annahmen, Meinungen, Urteile, Irrtümer und kontroverse Diskussionen existieren. Was verstehen Sie unter Spiritualität? Sehen Sie sich selbst als spirituellen Menschen? Wie reagieren Sie, wenn sich jemand als spirituell bezeichnet?

Seit einigen Jahren hat sich der Begriff „Spiritualität" zu einem Modewort entwickelt und wird fast automatisch mit „Esoterik" in Verbindung gebracht oder gar mit ihm gleichgestellt. Wer „in" und „chic" sein will, umgibt sich heutzutage gern mit dem Deckmantel der Spiritualität. So mancher versucht, sich als geistig hochgestelltes, erleuchtetes Wesen in den Vordergrund zu stellen. Zahlreiche Prominente bekennen sich zur Spiritualität. Das sagt allerdings nichts darüber aus, ob hier wirklich Inhalte eine Rolle spielen. Was Hollywood vormacht, wird einfach gerne imitiert.

Werfen wir einen Blick auf die beiden Begriffe: „Esoterik" (aus dem Griechischen; steht für „innerlich, innerer Bereich") beschreibt in seinem eigentlichen Sinn eine Geheimlehre, die lediglich einem begrenzten Kreis von Personen zugänglich ist. Sie ist nicht Kernthema dieses Buches, wird jedoch in einzelnen Kapiteln berührt.

Unter „Spiritualität" (hier versteckt sich das lateinische Wort für „Geist") versteht man dagegen die geistige Haltung eines Menschen. Die Spiritualität, auch Geistigkeit genannt, kann in vielen Fällen der Esoterik untergeordnet werden, sie hat jedoch eine eigene Bedeutung. Spiritualität als geistige Haltung und damit verbundene Lebenseinstellung kann sich an religiösen Inhalten orientieren und sich auch in der Zugehörigkeit zu einer bestimmten Konfession widerspiegeln, in diesem Fall also „geistlich" und vom Glauben geprägt sein. Spiritualität kann jedoch auch völlig losgelöst von jeglicher Religion, Konfession und Frömmigkeit stattfinden. Der Betreffende sucht hierbei, genau wie der religiös eingestellte Mensch, nach Antworten zu seiner eigenen Existenz, und darüber hinaus möchte er den Sinn des Lebens ergründen, aber er gehört eben keiner bestimmten Religion an. Manche spirituell orientierte Menschen greifen sich aus verschiedenen Religionen das heraus, was sie besonders anspricht.

Entscheidend ist, dass da etwas ist – jenseits des Verstandes und jenseits von Beweisbarkeit –, das uns führt und innerlich bewegt. Wir spüren eine Verbindung mit dem Jenseits, dem Transzendenten, dem Göttlichen, der Unendlichkeit. Der spirituelle Mensch ist sich seiner Verbundenheit mit etwas

11

nicht Fassbarem bewusst. Spiritualität kann vom Glauben, vom Erfahren, von Einsicht, Erkenntnis und Wissen getragen sein oder von einer Kombination aus all dem.

Wenn ich von Gott oder dem Göttlichen spreche, dann beziehe ich mich nicht auf eine bestimmte Religion. Ich sehe zum Beispiel in Gottvater nicht etwas klischeehaft Personalisiertes (etwa einen weißhaarigen, alten Mann mit Rauschebart und weißem Gewand), und ich sehe den Begriff Gott auch nicht als ausschließlich christlich an. Wenn ich von Gott rede oder schreibe, dann folge ich meinem starken und klaren Gefühl, dass das Göttliche sich in einer unendlichen, allumfassenden Kraft, einem unbeschreiblich wundervoll strahlenden Licht und einer bedingungslosen Liebe offenbart.

Meine Spiritualität, meine geistige Haltung, ist von Glauben, Einsicht, Erkenntnis und Wissen getragen. Ich schöpfe meine Einsichten aus dem tibetischen Buddhismus, aus anderen Religionen, aus Engeldurchsagen an mich und aus ganz eigenen, persönlichen Erfahrungen. Ich gehöre keiner Konfession an. Ich möchte weder missionieren oder belehren noch mich über andere Menschen oder Religionen stellen. Mit diesem Buch soll niemandem eine bestimmte Meinung übergestülpt werden, ganz und gar nicht!

Der Inhalt dieses Buches kommt von Herzen und stellt gleichermaßen das Ergebnis langjähriger Studien, intensiver geistiger Arbeit sowie fortwährender Meditation und Kontemplation dar. Ich wünsche mir aufrichtig, dass Sie meine Worte im richtigen Licht sehen, sie mit dem Herzen und dem Bauch erfassen, auch mit dem Verstand, wo angebracht, überprüfen und mit den sich daraus ergebenden persönlichen Einsichten einen Schritt in Richtung Liebe, Klarheit, Aufrichtigkeit und Mitgefühl gehen.

Sind Sie ein spiritueller Mensch?

Wahrhafte Spiritualität oder (Selbst-)Täuschung?

Spirituell orientierte Menschen sind nicht automatisch „abgehobene Spinner", wie sie gerne mal von Außenstehenden tituliert werden. Doch wie zu allen Phänomenen in diesem Universum gibt es auch hier vielerlei Ausprägungen. Da sind Leute, die sich von der Allgemeinheit abgrenzen – aus welchen Gründen auch immer –, indem sie sich jenseits der Norm kleiden und verhalten. Lassen sich damit automatisch Rückschlüsse auf eine bestimmte Geisteshaltung ziehen oder betrete ich hier bereits das Minenfeld des Urteilens und der Intoleranz, wenn ich mir eine erste schnelle „Meinung" dazu bilde? Nicht jeder, der sich anders kleidet, hat eine spirituelle Geisteshaltung und nicht jeder, der sich normal kleidet, kann als bodenständig und geistig gesund bezeichnet werden.

Spiritualität ist kein Hokuspokus und kein künstliches Aufbauschen unerklärbarer Phänomene! Als spirituell kann man im Grunde jeden Menschen bezeichnen, der sich ernsthaft Fragen zu seinem Dasein und zu all dem stellt, was darüber hinaus geht, jenseits dessen, was logisch erklärbar und was materiell greifbar ist. Wer sind Gott, Allah oder Buddha wirklich? Können wir akzeptieren, dass es weit mehr gibt, als man bisher beweisen kann? Können wir an transzendente Kräfte glauben und sie als Orientierung für unser Leben nutzen?

Stellen Sie sich auch hin und wieder diese und ähnliche Fragen? Oder glauben Sie nur das, was Sie sehen und anfassen können? Ist für Sie das Leben dann zu Ende, wenn Sie gestorben sind, oder können Sie Raum für das lassen, was danach kommt, auch wenn Sie es (noch) nicht wissen?

Ich persönlich stehe Menschen, die sich für erleuchtet und damit für etwas Besseres, vielleicht sogar für auserwählt halten, sehr skeptisch gegenüber. Manche rufen in mir gar eine tiefe Bestürzung hervor. Es gibt eine Reihe geistig hoch entwickelter und auch erleuchteter Wesen – etwa der 14. Dalai Lama –, nur würde diesen nichts ferner liegen, als sich selbstherrlich zu präsentieren.

Auch übertrieben und aufgesetzt bescheiden auftretende Mitmenschen sollten unser inneres Warnsystem alarmieren. Hier ist das Ego gleichermaßen zugange wie bei geübten Selbstdarstellern. Wahre Bescheidenheit und wahre Integrität suchen keine Aufmerksamkeit im Außen!

Wir Menschen sind alle einzigartig, und jeder von uns ist etwas Besonderes, und zugleich sind wir es nicht. Es geht gar nicht darum, besonders zu sein. Wir sind ein Teil des Ganzen. Wir *sind*.

Übung, um Ihre Verbundenheit mit dem Universum zu spüren

Kennen Sie dieses Gefühl, wenn man völlig losgelöst von Raum und Zeit ist? Achten Sie einmal bewusst darauf, wie Sie sich fühlen, wenn Sie einer Beschäftigung nachgehen, die Sie von Herzen gerne tun, oder wenn Sie in der Natur sind.

Halten Sie einen Moment inne und horchen Sie in sich hinein: Spüren Sie die große Freude, die jede Ihrer Zellen erhellt und die Sie mit einem inneren Lächeln erfüllt? Spüren Sie die Kraft, die Ihnen gerade Mut und Zuversicht verleiht? Spüren Sie, wie Sie förmlich mit Ihrer Umgebung verschmelzen und voll und ganz in sie eintauchen? Sie haben jetzt das innere Wissen, dass Sie ein Teil des Ganzen sind. Dass wir alle eins sind. Menschen, Tiere, Pflanzen und alle Erscheinungen des Universums. So wie der Wassertropfen ein Teil des Ozeans ist und das eine ohne das andere nicht existieren kann.

Genau hinsehen, ohne zu urteilen

Glauben Sie nicht jedem, der sich als spirituell ausgibt und anderen seine eigene Meinung überstülpen will, aber hören Sie dennoch hin. Versteckt sich hier vielleicht eine geistige Lektion für Sie selbst? Was uns trifft, betrifft uns auch, heißt es. Alles ist ein Spiegel, damit wir uns selbst besser kennenlernen.

Ich bin auf Vorträgen über spirituelle und auch religiöse Themen mitunter Menschen begegnet, die sich alles andere als herzlich, mitfühlend und respektvoll verhalten haben. Menschen, die andere Besucher des Vortrags musterten und unhörbar, aber deutlich fühlbar ihr Urteil über sie fällten. Oder die mit einer Miene der Besserwisserei einen Platz eingenommen hatten und für nichts auf der Welt dazu bereit waren, diesen für einen anderen Menschen frei zu machen. Sind diese Mitmenschen besonders fleißige „Schüler"?

Es zeigt sich ganz deutlich, dass gerade auch in vermeintlich spirituellen Kreisen der Selbstdarstellungstrieb und das Sich-wichtig-Machen eine große Rolle spielen. Dieses Aufblähen des Egos in all seinen Variationen und die daraus resultierenden Verhaltensweisen sollten aber gerade aufgedeckt und eingestellt werden. Vielleicht sollte der Besserwisser dann wirklich in der ersten Reihe sitzen bleiben, um noch einmal genauer hinzuhören! Um nicht nur das aufzunehmen, was gut für ihn klingt, während zugleich das andere, weit wichtigere, „ungemütliche" Thema innerlich abgelehnt wird. Es tut manchmal weh, genau hinzusehen auf den Punkt, der so schmerzt. Doch da, wo es schmerzt, liegt die Chance, geistig zu wachsen – und zu heilen.

Im Leben gibt es nicht nur Schwarz und Weiß. Das meiste liegt irgendwo dazwischen. Wir Menschen neigen dazu, das obere oder untere Extrem herauszugreifen und dieses in Bezug auf welches Thema auch immer zu pauschalisieren. Das Schlimme ist, dass uns das Schlechte oft zuerst einfällt. So ist es auch mit der Spiritualität. Einige Leute geben sich als spirituell aus, glauben sogar selbst, es zu sein, verhalten sich jedoch nicht dementsprechend. Ihre wahre Lebenshaltung, das heißt ihr Denken, Sprechen und Handeln und ihr Wertesystem, offenbart etwas völlig anderes. Aus diesem Grund entsteht mitunter das Vorurteil, dass spirituelle Leute Spinner und Besserwisser sind.

Das ist sehr schade, denn bei der Spiritualität geht es eben gerade nicht darum, sich abzugrenzen, sich über andere zu erheben und sich hervorzutun! Dies sind alles Auswüchse, die dem Ego entspringen und denen wir Menschen gerade nicht nachgehen sollen. Umso wichtiger ist, dass wir uns gerade diese Vorkommnisse genau ansehen – bei uns selbst und bei anderen –, um unsere Lehren daraus ziehen, damit wir uns zum Besseren ändern können.

Leben im Jetzt heißt „Ich bin"

Spirituell zu sein, bedeutet nicht nur, sich Fragen über das Leben zu stellen und nach Antworten zu suchen, sondern vor allem auch bereit zu sein, in das Leben einzutauchen, und zwar in jedem einzelnen Moment. JETZT! Denn nur so kann man Erfahrungen machen. Einfach ein paar Bücher zu lesen und nicht an der inneren, geistigen Einstellung zu arbeiten, das ist Spiritualität ganz sicher nicht.

Spiritualität bedeutet auch nicht, sich über das eigene Leben oder das Leben anderer zu erheben oder sich auf welche Art auch immer davon zu distanzieren. Unabhängig davon, welcher spirituellen oder religiösen Strömung man folgt, ist es allen gemein, dass man dem Universum, den Welten, unserer Welt, den Lebewesen an sich, dem eigenen Leben und dem Leben anderer Respekt entgegenbringt. Man muss das Leben leben, um es erfahren, begreifen und fühlen zu können. Und wir sitzen alle in einem Boot! Nur wenn wir gemeinsam in dieselbe Richtung rudern, kommt das Boot auch ans Ziel.

Das Ziel kann sein, ein Leben im Einklang mit sich selbst und dem Universum zu führen. In Liebe, Mitgefühl, Hingabe, Wahrheit, Freude und Leichtigkeit zu leben. Glücklich zu sein, und zwar mit allem, was einem gerade zum Leben zur Verfügung steht. Zufrieden zu sein und auch schwierige Lebensphasen annehmen zu können. Dazu gehört natürlich auch zu trauern und loszulassen und den inneren Widerstand aufzugeben, um uns dem Fluss des Lebens anzuvertrauen. Denn nichts bleibt so, wie es ist. Leben bedeutet stetige Veränderung, manchmal auf fast unmerkliche Art und Weise, manchmal ganz heftig aufrüttelnd. Das Leben kann nur in seiner unvorstellbar großen Vielfalt erfasst werden, wenn wir uns darauf einlassen, und dazu gehört, auch offen für all das zu sein, was wir vielleicht noch nicht verstehen können. Das Leben bietet uns die Möglichkeit, unsere Grenzen zu erfahren, und noch viel mehr die Gelegenheit, diese Grenzen aufzubrechen, um all die

Mauern zum Fallen zu bringen, die unser Ego, unser Verstand und unsere Angst aufgebaut haben. Hier liegt die große Chance, uns wirklich und wahrhaftig selbst kennenzulernen!

Dann erkennen wir vielleicht einmal das, was wir in Wirklichkeit sind: Das Geistwesen mit dem göttlichen Kern, so wie wir ursprünglich einmal geschaffen wurden, bevor wir den Schleier der Unwissenheit, des Vergessens und der Ignoranz umgelegt haben. Sehen Sie sich einmal Neugeborene ganz bewusst an. Bei ihnen erkennt man noch ganz deutlich dieses Gut-Sein, diese Zartheit, diese Reinheit, dieses Licht und diese unbeschreiblich wundervolle Liebe, diese Göttlichkeit. Sehen Sie einmal einem Baby richtig in die Augen, und diese göttliche Liebe wird Ihr Herz berühren und Freudentränen in Ihre Augen zaubern.

Dennoch haben auch diese wunderschönen, zerbrechlichen Wesen unter Umständen bereits Traurigkeit, Schmerz und Leid erleben müssen. Sei es durch negative Einflüsse während der Schwangerschaft, eine traumatische Geburt oder ein liebloses Umfeld, in das sie hineingeboren wurden. Selbst hier ist bereits eine Prägung durch das Leben erfolgt. Bereits hier beginnt die Verschleierung.

Wir müssen damit aufhören, andere Menschen und Dinge, die wir nicht verstehen, sprichwörtlich durch Urteile in eine Ecke zu stellen. Nicht nur um der anderen Menschen willen, sondern um unserer selbst willen. Denn mit jedem vergifteten Gedanken über einen anderen Menschen vergiften wir uns selbst, und mit jedem Urteil über einen anderen verurteilen wir uns letztlich selbst. Verstehen Sie, was ich meine? Alles, was Sie anderen nicht geben können, sei es Liebe, Toleranz oder Mitgefühl, das fehlt letztendlich Ihnen selbst, und dies wird sich in Ihrem Leben widerspiegeln.

Warum also immer gleich alles und jeden ablehnen? So kann man das Leben bzw. den anderen Menschen gar nicht kennenlernen. Was ich im Außen ablehne, das lehne ich auch in mir selbst, in meinem Inneren, ab. Doch nur, wenn ich etwas kennengelernt und erfahren habe, kann ich wirklich entscheiden, ob es mir zuträglich ist oder nicht, ob es für mich stimmig ist – ohne es zu verurteilen.

Spirituell und bewusst leben als moderner Mensch – ein Widerspruch?

Im Grunde schwanken wir Menschen von einem Extrem ins Nächste und wissen gar nicht mehr, an welchen Werten wir uns orientieren sollen. Es fällt uns heutzutage immer schwerer, unser Gleichgewicht zu finden, geschweige denn, dieses zu bewahren. Das neue Maß scheint zu sein, sich in grenzenloser Maßlosigkeit zu üben.

Aber man kann durchaus achtsam, gesund und bewusst leben und sich dennoch schminken und modern oder sogar verrückt kleiden. Man kann sein Leben nach spirituellen Lehren ausrichten und muss dennoch nicht jeglichem Vergnügen entsagen. Gutes Essen in Maßen, Bewegung und regelmäßiges Training des Körpers und des Geistes seien hier als Eckdaten genannt. Keinesfalls der Konsum von Drogen oder Ähnlichem.

Wenn man kategorisch alles Materielle ablehnt, dann erzeugt man ein inneres Mangeldenken. Askese, die nicht wirklich von Herzen und aus tiefer Überzeugung kommt, führt zu unterdrücktem Verlangen. So sucht sich wiederum das unterdrückte Gefühl ein anderes, meist negatives Ventil. Wir leben nun einmal in einer materiellen Welt, und es ist sehr wichtig und gehört zu unserem Leben dazu, die entsprechenden Instrumentarien zu nutzen, die uns zur Verfügung stehen. Natürlich unter Einhaltung des rechten Maßes und bei gleichzeitigem Fokussieren auf essenzielle menschliche Werte!

Ich bin davon überzeugt, dass es vielmehr entscheidend ist, in welcher Gesinnung, mit welcher Hingabe und in welchem Maß man etwas zu sich nimmt oder praktiziert. Wenn ich zum Beispiel einen Riegel Schokolade esse und dabei jedes Mal denke, dass ich meiner Gesundheit schade und zunehme, dann programmiere ich äußerst erfolgreich mein Unterbewusstsein. Mein Körper setzt genau das um, was ich ihm suggeriert habe: zunehmen! Wenn ich etwas nicht genießen kann, weil ich dabei ein schlechtes Gewissen habe, dann bleiben nur zwei Möglichkeiten: Ich lasse es gleich ganz weg, oder ich schaue mir mein schlechtes Gewissen mal genauer an, erforsche und entlarve, was wirklich dahinter steckt, und entscheide dann, entweder aus vollem Herzen zu genießen oder es eben künftig bleiben zu lassen.

Es gibt einige Regionen auf der Erde, in denen die

Menschen besonders gesund und glücklich sind und überdurchschnittlich alt werden. Internet und Fernsehen spielen dort so gut wie gar keine Rolle. All diesen Orten gemein sind großer sozialer Zusammenhalt, genussvoller Konsum natürlicher Nahrungsmittel, regelmäßige Bewegung in der Natur, ausreichend Ruhepausen und Freude schenkende Rituale!

Jetzt

Alles ist noch da. Alles ist schon da.
Alles ist – im Jetzt.

Jeder Tag ist ein neuer Tag, jede Minute, die vergeht, ist im nächsten Augenblick unwiderruflich Vergangenheit, und jeder Atemzug, den wir nehmen, findet im JETZT statt. Seien Sie sich dessen bewusst, dass jeder Moment einmalig, nicht wiederholbar und damit vergänglich ist. Und jeder neue Moment ist wie ein neuer Anfang. Anfang und Ende gehen ineinander über, unaufhaltsam. Wir befinden uns im Fluss des Lebens, unabhängig von der zeitlichen Dimension. Das Messen der Zeit ist ein Produkt des menschlichen Intellekts. Es gibt jedoch viele Dimensionen außerhalb von Raum und Zeit. Einige Menschen können dies wahrnehmen oder sie fühlen zumindest, dass es noch etwas außerhalb dessen gibt, was die Wissenschaft bisher erklären kann. Wir Menschen fließen mit dem Strom des Lebens, und wir fühlen uns auch am wohlsten, wenn wir sprichwörtlich „im Fluss" sind. Dann ist alles im Einklang, dann sind Körper, Geist und Seele eins, dann geschieht alles in Leichtigkeit, und dann sind wir glücklich.

Sie können sich aber auch gegen den Fluss des Lebens stellen, ganz einfach, indem Sie zum Beispiel in der Vergangenheit verharren und geistig in Geschehnissen stecken bleiben, die längst passiert und nicht mehr zu ändern sind. Oder Sie sind ständig in Gedanken darüber gefangen, was künftig eintreten oder besser nicht geschehen sollte.

Sie können die Vergangenheit nicht ändern, und die Zukunft nicht vorwegnehmen. Sie können jedoch den Moment im JETZT, diesen einen winzigen Augenblick, bewusst wahrnehmen, auskosten, fühlen und ihn dann einfach weiter fließen lassen.

Eine Meditationsreise ins JETZT

Atmen Sie durch Ihre Nase tief ein, so tief, dass sich Ihr Bauch mit Luft so weit auffüllt, dass er sich wie eine Kugel nach außen wölbt. Lassen Sie die Luft nun langsam wieder aus Ihrer Nase ausströmen und fühlen Sie, wie sich Ihr Bauch wieder zusammenzieht und leer wird. Atmen Sie wieder langsam ein, ohne Hast und so tief, als wäre die Luft mit Goldfunken angereichert. Sie wollen so viel Gold wie möglich in Ihren Atemwegen, Ihrem Körper und in jeder Ihrer Zellen ansammeln, denn das Gold tut Ihnen gut. Die unzähligen Goldfünkchen in der Luft erwärmen nach und nach Ihren Körper, erfüllen jede einzelne Körperzelle und lassen diese von innen nach außen strahlen. Sie genießen dieses Gefühl der Wärme, des Eingehüllt-Seins und der Geborgenheit und folgen dem natürlichen Fluss des Atems, der nun wieder aus Ihrem Körper über Ihre Nase ausströmt.

Fühlen Sie, wie Sie innerlich schwer werden, wie Ihr Körper sich mit dem Ausatmen entspannt. Lassen Sie sich in dieses Gefühl des Losgelöst-Seins hineinfallen und erfühlen Sie diese kleine Pause zwischen dem Ausatmen und dem neuen Einatmen und die Pause zwischen dem Einatmen und dem Ausatmen. Jede dieser kurzen Pausen ist wie eine Insel, auf der Sie sich ausruhen können. Eine wunderschöne Insel der Ruhe, die nur für Sie reserviert ist und auf der Sie sich ganz leicht und frei fühlen. Diese Insel hat den Namen JETZT und gehört Ihnen ganz allein.

Atmen Sie nun wieder tief ein und öffnen Sie ganz bewusst all Ihre Sinne, während der Atem weiterhin seinen natürlichen Lauf nimmt. Erfühlen Sie die Luft um Sie herum, horchen Sie auf die Geräusche, die gerade auf Sie einwirken, und beobachten Sie mühelos, welche Bilder vor Ihrem inneren Auge erscheinen. Schauen Sie einfach nur, horchen Sie einfach nur, und fühlen Sie einfach nur. Das ist das JETZT, dieser wertvolle Moment, den wir gerade wieder zu spüren erlernen. Verweilen Sie ein wenig in dieser Haltung, fühlen Sie, was sich alles um Sie herum bewegt, und bleiben Sie aufnahmebereit.

Spüren Sie jetzt den Fluss des Lebens, der unaufhörlich um Sie herum und durch Sie hindurch strömt. Alles ist in diesem Fluss vereint, auch Sie sind ein Teil dieses Flusses. Geben Sie sich diesem Fluss hin, werfen Sie alle Ängste und inneren Widerstände mühelos über Bord, und lassen Sie Ihre Gedanken wie Wolken vorbeiziehen. Sie fühlen sich ganz leicht und beschwingt. Nichts erdrückt Sie mehr, nichts hält Sie mehr fest. Sie sind völlig frei, und Ihr Atem fließt wie das rauschende Meer in Sie herein und wieder aus Ihnen hinaus. Alles Schwere und Belastende wird einfach weggespült. Sie fühlen nur noch sich selbst, jeden einzelnen Körperteil und jede einzelne Zelle. Ihr Lächeln erfüllt Ihren Körper, und Sie fühlen sich glücklich, völlig gelöst und frei.

Das ist Ihr göttliches Ich, das ist Ihr ureigenster Seinszustand. Nun sind Ihr Körper, Ihr Geist und Ihre Seele eins. Nun sind Sie im Fluss des Lebens, nun sind Sie im JETZT. Sie erkennen nun, wie wichtig es für Sie ist, im JETZT zu sein. Sie erkennen, wie wichtig es ist, sich selbst zu FÜHLEN. Sie genießen es, bei sich selbst zu SEIN. Sie sind ganz wach und voller Kraft. Sie gehen nun voller Zuversicht an Ihre Aufgaben heran, Schritt für Schritt. Sie haben immer so viel Zeit, wie Sie benötigen. Sie sind ein Teil des Flusses, und der Fluss trägt Sie durch das Leben. Genießen Sie diese Leichtigkeit und Mühelosigkeit, mit der Sie nun durch das Leben gehen.

Alles ist lösbar, alles ist vergänglich. Sie bekommen immer nur die Aufgaben, die Sie auch bewältigen können. Die Lösung Ihrer Aufgaben ergibt sich oft erst, während Sie bereits handeln. Deshalb folgen Sie ab jetzt vertrauensvoll dem Fluss. Deshalb bleiben Sie nun nicht mehr stehen. Deshalb rudern Sie nicht mehr gegen die Strömung an, und deshalb geraten Sie nicht mehr ins Trudeln. Sie vertrauen JETZT darauf, dass Sie Ihre Lebensaufgaben mühelos lösen werden.

Sie verweilen noch ein wenig in dem Wissen, dass

Sie JETZT in Ihre Insel der Ruhe eingetaucht sind und dort Kraft und Frieden finden. Sie atmen noch einmal tief ein, genießen die kurze Pause vor dem Ausatmen und lassen Ihren Atem langsam wieder ausströmen. Sie sind JETZT ruhig und gelöst und fühlen sich voller Kraft. Sie öffnen die Augen und sind im HIER und JETZT.

Tauchen Sie ein in das Leben – leben Sie JETZT!

Haben Sie Herzenswünsche, die sich in Zukunft erfüllen sollen? Wünsche sind sehr wichtig für Ihr Leben, und die Vorfreude auf Ihre Wunscherfüllung stellt einen entscheidenden Antrieb für Ihr Handeln dar – und zwar für Ihr Handeln im JETZT. Sie müssen Ihren Wunsch im Heute klar erstellen und geistig aussenden, damit er sich im Morgen manifestieren kann. Mehr dazu im Kapitel „Wünsche". Aber begehen Sie bitte nicht den Fehler, sich ständig in die Zukunft zu träumen, denn dann sind Sie nicht mehr im HIER und JETZT! Dann leben Sie in einer Traumblase, die irgendwann platzen muss, damit Sie auf den Boden des JETZT zurückkehren. Denn nur wenn Sie im JETZT leben, kann Sie das Glück JETZT auch erreichen. Wenn Sie in der Wehmut des Vergangenen feststecken oder sich stets in die Sehnsucht zukünftiger Ereignisse flüchten, dann können Sie nicht das „Paket der Fülle des Lebens" entgegennehmen, öffnen und genießen, das in jedem einzelnen gegenwärtigen Moment für Sie bereitsteht – und damit eben nur JETZT!

Ich meine damit nicht, dass die Vergangenheit keine Bedeutung hat. Schließlich sind Sie letztendlich das „Produkt" der Geschehnisse der Vergangenheit. Da sind vielleicht seelische und körperliche Narben, da ist ein geistiger Wissensschatz, den Sie im Laufe Ihres jetzigen Lebens – und vieler vorangegangener Leben – angesammelt haben, bewusst und unbewusst. Jede einzelne Erfahrung ist in Ihren Zellen gespeichert, auch wenn Sie sich an die eine oder andere Begebenheit nicht mehr bewusst erinnern können. Aber durch jedes im Augenblick stattfindende Ereignis werden Sie ein neuer Mensch, auch wenn diese Veränderung bisweilen so winzig sein mag, dass sie kaum wahrzunehmen ist. Sie können nicht aus der Vergangenheit direkt in die Zukunft springen. Die Brücke dazwischen ist das JETZT, und nur durch das, was Sie im JETZT tun, bestimmen Sie das, was sich in der Zukunft für Sie ergeben wird. Verschwenden Sie nicht mehr Ihre Zeit damit, sich auszumalen, was Sie irgendwann einmal in der Zukunft tun, haben oder sein wollen, während Sie die Schönheit der Geschenke des heutigen Tages übersehen. Sie leben JETZT, und Sie wollen doch nicht erst in der Zukunft anfangen zu leben! Welche Zukunft soll es für Sie geben, wenn Sie noch nicht einmal im JETZT angekommen sind, wenn Sie noch an der Vergangenheit hängen, die längst vorüber ist? Säen Sie JETZT Ihre gute Saat, hegen und pflegen Sie jedes einzelne Samenkorn mit guten Gedanken, Worten und Taten und vertrauen Sie darauf, dass die Saat aufgehen und gedeihen wird. Sie werden zukünftig stets das ernten, was Sie JETZT säen. Erkennen Sie, wie wichtig es für Sie ist, im JETZT zu leben?

Fangen Sie an umzudenken, wie auch immer Ihr Verhältnis zum Thema Zeit sein mag. Es gibt keinerlei Bindung an die Zeit, bis auf diejenige, die Sie gedanklich schaffen. Aber dies ist eine Illusion. Das, was wir Zeit nennen, ist ein Maß, das wir Menschen geschaffen haben. Das Leben ist ein sich ständig verändernder Prozess, und wir sind mittendrin. Wir leben das Leben, wir sind das Leben. Und damit wir nicht ständig ins Trudeln geraten, sollten wir lernen, im Hier und Jetzt zu leben, auch wenn dies erst einmal Zeit und reichlich Übung benötigt, wie das Erlernen eines Instruments.

Der Geist ist Ihr Instrument. Dieses Instrument sollten Sie schulen und trainieren, damit Sie Ihren Geist bewusst steuern können und nicht weiterhin ein Opfer Ihres Geistes sind, Ihrer vielleicht oft so negativen Gedanken, die Sie nur noch weiter davon entfernen, ein glückliches und erfülltes Leben zu leben, ein Leben im Fluss. Hören Sie auf mit dem Bewerten und (Ver-)Urteilen, das hält Sie nur fest. Mit diesem Verhalten bleiben Sie förmlich stecken und verpassen damit den jetzigen, den nächsten und den übernächsten Moment. Und Sie verlieren definitiv wertvolle Zeit und Kraft, da Sie mit negativem Verhalten anderen gegenüber automatisch negatives Verhalten anderer anziehen.

Machen Sie sich von allem los, was Sie gefangen

hält – in der Vergangenheit und in der Zukunft. Erkennen Sie an, was war, akzeptieren Sie es und verabschieden Sie sich davon, es ist vorbei! Lassen Sie es wieder los, sonst lässt es Sie nicht mehr los. Denn dann sind Sie gefangen, dann sind Sie nicht mehr im JETZT, nicht mehr im Fluss des Lebens. Dann sind Sie nicht mehr in der Leichtigkeit, und das ganze Leben erscheint Ihnen mühevoll. Dann leiden Sie, und dies wird Sie früher oder später krank machen.

Ist das Leben schwierig und ungerecht?

Michael steht mit dem linken Fuß auf, verschüttet aus Unachtsamkeit den Kaffee und ärgert sich darüber. Anstatt im JETZT zu bleiben, den Kaffee aufzuwischen, darüber zu lächeln, sich eine neue Tasse einzuschenken und diese zu genießen, bleibt Michael in der Vergangenheit stecken, ärgert sich weiterhin über dieses Versehen, ist also schon nicht mehr achtsam und im JETZT, überhört deshalb die Warnung im Radio, dass auf seinem üblichen Arbeitsweg ein Unfall passiert ist, und ärgert sich dann einige Zeit später schon wieder, dass er zu allem Überfluss auch noch im Stau steckt. Er übersieht das Lächeln der Bäckerin beim Kaufen der Frühstücksbrezel, da er sich gerade darüber ärgert, dass die Bäckerin so langsam ist, weil sie sich für die Leute vor ihm Zeit nimmt und für jeden ein nettes Wort übrig hat.

Michael kommt abgehetzt und verspätet ins Büro, überhört den freundlich gemeinten Gruß seines Kollegen, wundert und ärgert sich mittags in der Kantine darüber, dass sein Kollege ihn schief ansieht und sich nicht zu ihm an den Tisch setzt. So, denkt er, jetzt spinnt der Gerhard auch noch. Am Abend, allein daheim, fühlt Michael sich nach wie vor unwohl. Er hat ein ungutes Gefühl im Magen und denkt, dass ihn keiner mag und dass es anscheinend egal ist, was er macht oder nicht. Es würde ihn doch sowieso keiner bemerken und ihm mal auf die Schulter klopfen. Irgendwie empfindet Michael sein Leben als lieblos, sinnlos und unerfüllt. Er fühlt sich einsam, unverstanden, traurig und auch wütend. Wie ungerecht doch das Leben zu ihm ist!

Dass an besagtem Tag weiterhin Negatives passierte, war jedoch ein Ergebnis von Michaels negativen Gedanken und seines Ärgers, in dem er steckenblieb. Er hätte sich freilich in jenem Moment des ersten Ärgers schon wieder von ihm verabschieden können. Er hätte tief durchatmen, lächeln und die Entscheidung treffen können, dass dies nun eben passiert und nicht mehr zu ändern sei und dass JETZT ja alles wieder gut sei. Und dann wäre auch alles gut gewesen, denn dann wäre er wieder im Hier und JETZT, also im natürlichen Fluss des Lebens gewesen. Der Rest des Tages wäre anders für ihn verlaufen.

Kopf hoch, lächeln und einfach SEIN!

Es kommt ständig etwas Neues, unabhängig davon, was gerade war. Das ist der Fluss des Lebens! Sie können jeden Augenblick neu anfangen. Wenn gerade etwas danebenging, dann war das halt so. Ohne

Bewertung, ohne sich selbst zu verurteilen. Machen Sie es beim nächsten Mal besser, wieder und wieder. Üben Sie so lange, bis es Ihnen gelingt. Verharren Sie jedoch in der Vergangenheit oder machen Sie sich bereits Gedanken über irgendetwas in der Zukunft, so entgeht Ihnen nicht nur die Schönheit des jetzigen Moments, Sie verschwenden zugleich Ihre Zeit. *„Ich wünschte, ich könnte noch einmal den wunderschönen Sonnenuntergang am Meer erleben. Ich wollte ihn noch fotografieren, aber er war einfach so schnell vorbei."* Wenn Sie solche Momente bewusst auskosten, ohne nebenher noch etwas „machen zu müssen", dann sind Sie im JETZT angekommen.

Wir Menschen vergessen oft, besondere Momente einfach zu „er-leben" und zu genießen, weil wir so sehr damit beschäftigt sind, diese Momente mit der Kamera oder was auch immer „festzuhalten". Seien Sie achtsam und bleiben Sie das nächste Mal einfach nur im JETZT! Die Zeit vergeht auch ohne Ihr Zutun. Jeder nicht achtsam wahrgenommene Moment ist unwiderruflich vorbei.

Sie verschwenden Ihre Kraft und Ihre Zeit, wenn Sie ständig daran denken, was Sie noch hätten tun können oder was Sie noch zu erledigen haben. Tun Sie, was zu tun ist, eine Aufgabe nach der anderen, und seien Sie auch geistig dort, wo Sie gerade physisch zugange sind – so wie es der Zen-Buddhismus lehrt. Wenn Sie bügeln, dann bügeln Sie! Denken Sie nicht, wie lästig doch das Bügeln ist, was Sie sonst noch alles zu erledigen haben und wie wenig Zeit dafür noch zur Verfügung steht. Das Bügeln ist nur so lästig, wie Sie es in Ihren Gedanken machen. Wenn Sie denken, Bügeln sei anstrengend und schwierig, dann ist es das. Wenn Sie denken, Bügeln ist einfach, dann ist es das. Wenn Sie es schaffen, körperlich, geistig und seelisch völlig eins mit dem Bügeln zu sein, ganz mühelos, dann sind Sie ein Meister bzw. eine Meisterin der Meditation! Eine Bekannte meinte mal zu mir, als ich über das ständige Wäschewaschen und Bügeln klagte, dass ich doch sehr gesegnet sei, so viel Kleidung zu besitzen. Es gibt sehr viele Menschen auf dieser Erde, die nur diejenige Kleidung besitzen, die sie am Leib tragen, oder die gar keine Kleider haben.

Machen Sie sich die Zeit zu Ihrem Freund! Die Zeit läuft für Sie, und Sie laufen mit der Zeit, sobald Sie im Fluss des Lebens sind. Verharren Sie geistig in der Vergangenheit, so läuft Ihnen die Zeit sprichwörtlich davon, und laufen Sie zu schnell, sobald Sie mit Ihren Gedanken in der Zukunft anstatt in der Gegenwart sind, dann holt die Zeit Sie ein, weil Sie völlig erschöpft zusammenbrechen und stehenbleiben müssen.

Was ist eigentlich Zeit? Dies ist an sich unerheblich, finden Sie nicht? Sehen Sie einfach genau hin, wo Sie JETZT gerade sind, alles andere kommt von selbst. Der Fluss des Lebens ist immer da. Er fließt unaufhaltsam und unwiederbringlich. Seien Sie wie der Mann im Boot, der dem Fluss folgt. Er rudert nicht dagegen und paddelt nicht wie verrückt herum. Er folgt der Strömung und hält das Ruder fest im Griff, damit das Boot auf seinem Kurs bleibt.

Ordnung

*Das Gute an der Ordnung ist, dass man weiß,
wo sich die gesuchte Sache befindet, auch wenn
man vergessen hat, wo man sie hingetan hat.*

Wie beruhigend! Finden Sie nicht? Oder gehören Sie
zu den Menschen, die glauben, dass sich das Genie
auch im Chaos gut zurechtfindet? Dann bleibt meiner Meinung nach nur noch zu klären, wer sich Genie nennen darf, wo genau die Ordnung endet und
wo das Chaos beginnt. Nun, dort, wo zum Beispiel
für mich das Chaos bereits beginnt, wiegt sich mein
Mann, seinen Schreibtisch betreffend, noch genüss-
lich im Gefühl der Übersichtlichkeit seiner „geord-
neten" Ablage.

Ordnung wird individuell und subjektiv äußerst
unterschiedlich empfunden, letztendlich wissen wir
dennoch, was damit gemeint ist. Ordnung lässt sich
vielleicht als individuell gestaltete Form umschreiben, in die man bestimmte Sachen bringen kann. Der
eine ordnet seine Bücher im Regal nach dem Alpha-
bet, der andere nach Themen, wieder andere nach
Farben.

Mit Ordnung meine ich nicht, die Bücher bunt
durcheinander auf einen Haufen zu werfen. Oder
ist das unter Umständen kreative Ordnung? Ist Ordnung vielleicht etwas, aufgrund dessen sich auch

Fremde ohne viel Aufhebens schnell zurechtfinden können? Diese „Form" kann zwar für jeden Menschen anders aussehen, im Ergebnis läuft es aber darauf hinaus, dass man sich schnell und leicht innerhalb dieser Form orientieren kann.

Ordnung bringt Klarheit und spart Zeit, die man gut für etwas anderes Kreatives nutzen kann, und sie kann sogar Leben retten. Derjenige, der in seinem Inneren, in seinem Geist, also im Wust seiner zahllosen Gedanken Ordnung schaffen möchte, wird auch danach streben, im Außen für Ordnung, Übersichtlichkeit und damit Klarheit zu sorgen. Und das ist weit mehr als ein einfach wirkendes Ziel, das man immer wieder in Angriff nehmen sollte. Andernfalls werden Sie zwangsläufig in schwierige und verworrene Situationen geraten, die nicht mehr im Guten enden.

Verwirrung im Innen führt zu Verwirrung im Außen. Ein vernebelter Geist kann nicht zu Klarheit, zu Erkenntnis und zu Weiterentwicklung führen. Die Befreiung von schattenvollem und überflüssigem Gedankengut ist auf geistiger Ebene unabdingbar für ein Leben in Gesundheit, Klarheit, Leichtigkeit und Freude. Die Befreiung von nutzlosen, unzuträglichen und überflüssigen Dingen in Ihrem Haus und an Ihrem Arbeitsplatz gehört auf materieller Ebene gleichermaßen dazu, ein Leben in Freiheit und Glück führen zu können. Bringen Sie Ihren Geist in Ordnung, pflegen und kleiden Sie Ihren Körper ordentlich, und halten Sie Ihr Zuhause in einem ordentlichen Zustand.

Wohnt das Chaos im Süden Frankreichs?

Karina und Marc sind seit vier Jahren ein glückliches Paar. Sie haben einen zweijährigen Sohn, Raphael. Im Sommer wollten Marc und Karina das Angebot von Bekannten annehmen, in deren Haus in Südfrankreich zwei Wochen Urlaub zu verbingen. Sie dachten, sie könnten somit erholsame Ferien verbringen und zugleich ihr Budget schonen. Karina kannte das deutsch-italienische Paar, das schon seit einigen Jahren in der Nähe von Nizza wohnte, ein wenig aus ihrer beruflichen Vergangenheit.

Während Karina, Marc und Raphael das Haus in Südfrankreich bewohnen sollten, planten Monika und Bruno, selbst Urlaub in Belgien zu machen. Sie baten daher Karina und Marc, sich um die zwei Katzen zu kümmern und den Garten täglich zu gießen, und boten ihnen an, dass sie Gemüse und Obst nach Bedarf ernten und verzehren dürften. Karina und Marc freuten sich darüber, dass sie sich auf diese Weise erkenntlich zeigen könnten. Noch vor ihrer Abreise erhielten sie eine E-Mail von Monika mit Fotos von dem Haus in den Bergen und der Wegbeschreibung. Es wurde ihnen noch kurz mitgeteilt, dass die beiden Katzen lediglich morgens und abends zu füttern seien und dass auch die Pflege des Gartens sehr einfach sei.

Karina, Marc und Raphael flogen gut gelaunt nach Nizza, mieteten ein Auto und machten sich auf den Weg. Als sie zu der in der Beschreibung genannten Autobahnausfahrt kamen, stellten sie fest, dass deren Nummer nicht mit Monikas Angaben übereinstimmte. Da sie, auf der Autobahn unterwegs, schnell reagieren mussten, beschlossen Karina und Marc, die nächste Ausfahrt mit der von Monika genannten Nummer zu nehmen. Wie sich aber herausstellte, wäre die vorherige doch die richtige gewesen, doch nun konnten Karina und Marc nicht mehr wenden und mussten bis zur nächsten Ausfahrt weiterfahren, die weit entfernt war. Zu allem Überfluss gerieten sie noch in einen Stau.

Etwas verärgert über die falsche Information riefen Karina und Marc bei Monika und Bruno an, um ihnen mitzuteilen, dass sie den Stau abwarten müssten und dann das lange Autobahnstück zurückfahren würden, um die richtige Ausfahrt zu nehmen. Nach einer Stunde Fahrt in großer Hitze gelangten sie zur richtigen Ausfahrt und freuten sich darauf, schnell anzukommen, um ihre Freunde zu begrüßen, sich frisch machen und ausruhen zu können. Der kleine Raphael hatte aufgrund der langen Fahrt zu schreien angefangen, und Karina und Marc waren nicht zuletzt deshalb ziemlich erschöpft.

Leider mussten sie erneut feststellen, dass die Beschilderung an der Straße wieder nicht der entsprach, die auf der Wegbeschreibung genannt war, sodass sie wütend wurden. Wütend auf sich selbst, dass sie nicht vor ihrer Abreise die Wegbeschreibung anhand einer Straßenkarte überprüft hatten, und wütend auf Monika aufgrund ihrer unkorrekten Angaben. Schließlich erreichten sie, nach einem weiteren Telefonat mit Monika, einem Zwangsstopp an der Tankstelle, da Raphael sich übergeben hatte, und einer 40-minütigen Serpentinenfahrt durch die Berge, zu später Stunde das ersehnte Ziel. Die kleine Familie war seit Beginn ihrer Anreise aus Deutschland insgesamt mehr als zwölf Stunden auf den Beinen. Wie sich bei der kurzen Einweisung und Übergabe des Hauses durch Monika und Bruno herausstellte, gab es noch weitere negative Überraschungen, denn mit dem zweimaligen Füttern der Katzen pro Tag und dem Gießen des Gartens war es noch lange nicht getan.

Karina und Marc wurden von Monika beiläufig darüber informiert, dass die Katzen sehr speziell seien, ihr Futter nur aus bestimmten Schalen zu sich nähmen und dass sie jeden Abend im Dorf gesucht werden und für die Nacht zurück ins Haus gebracht werden müssten. Die Katzen sollten so vor herumstreunenden Füchsen verschont bleiben. Dazu, teilte man Karina und Marc noch mit, schliefen die beiden Katzen am liebsten im Bett der Hausherren, das zugleich die einzige Schlafmöglichkeit für die Gäste war und sich als äußerst klein herausstellte. An sich kein Problem, dachten sich Karina und Marc noch, da sie nicht allzu große Ansprüche stellten. Sie redeten sich mit einem Grummeln im Magen ein – man hatte ihnen im Vorfeld wohl so einiges vorenthalten, was die „Pflege" der Katzen und noch einiges andere betraf –, dass alles irgendwie machbar sei und dass auch ein kleines Haus seinen Reiz habe, sofern es sauber und ordentlich war. Der allergrößte Schock stand ihnen aber noch bevor, als sie nach Monikas und Brunos Abreise das Haus und den Garten etwas genauer inspizierten, um sich besser zurechtzufinden.

Das Innere des kleinen Hauses war vollgestopft und ungepflegt: Unzählige verstaubte Stofftiere und in die Jahre gekommener Nippes, Schmutz in den Regalen, auf dem Boden und unter dem Sofa im Wohnzimmer, ein weiteres Zimmer voller Katzenhaare und altem Katzenspielzeug. Der nächste Schock wartete im Kühlschrank, und sie machten sich sofort ans Saubermachen. Währenddessen war der kleine Raphael damit beschäftigt, die Berge an Katzenspielzeug zu untersuchen und auf das Sofa zu klettern, das schmutzig und mit Katzenhaaren übersät war.

Im Garten sah es nicht besser aus, der größte Teil war mit Gerümpel zugestellt. Die Treppe durch den in Stufen angelegten Garten war marode und unsicher, große Stücke des Gartens unbepflanzt oder vertrocknet. Karina und Marc räumten ein wenig im Haus auf und versuchten, das Beste aus der Situation zu machen, indem sie sich auf die Terrasse setzen und ihr selbst gekochtes Essen und den Sonnenuntergang über dem kleinen Bergdorf genossen.

Die Ruhe war jedoch nur von kurzer Dauer, da Raphael ständig irgendetwas anfasste, was gefährlich oder sonst irgendwie schädlich für ihn war. Karina und Marc mussten dauernd auf der Hut sein. Von den beiden Katzen war weit und breit nichts zu sehen. Mit lauten Rufen und Futter versuchten Karina und Marc sie anzulocken, was nur mit viel Geduld und Mühe gelang, jedoch kamen die Katzen nicht ins Haus hinein. Sie waren offensichtlich irritiert, dass nun Fremde dort wohnten.

Karina und Marc sanken nach einem anstrengenden Tag und einem unerfreulichen Abend ins Bett und hofften auf erholsamen Schlaf. Doch dieser wurde durch einen lauten Schrei unterbrochen: Karina wurde völlig überraschend aus dem Schlaf gerissen, als beide Katzen ins Bett sprangen. Sie waren durch ein offenes Fenster ins Haus gekommen.

Karina und Marc waren sich nach diesem ersten, ernüchternden Tag und der weitgehend durchwachten Nacht einig, dass sie ihre wertvolle Ferienzeit nicht auf diese Art und Weise verbringen wollten. Die ungünstige Lage des Hauses vollendete das unerfreuliche Szenario. Der kleine Raphael hatte sich angesichts der Serpentinenfahrt, die zweimal am Tag bewältigt werden musste – sofern man sich zum Einkaufen in die Zivilisation begeben wollte –, jedes Mal im Auto übergeben. Nach einem weiteren unerfreulichen Tag und mehreren unangenehmen Telefonaten mit Monika stellten sie klar, dass sie das Haus verlassen würden, um ihre verbleibenden Urlaubstage in einem Hotel am Meer zu genießen. Karina und Marc hatten sich diese Entscheidung nicht einfach gemacht, aber in Anbetracht der bisherigen Ereignisse war dies für sie die einzig richtige Konsequenz.

Sie säuberten das Haus und sprachen mit dem freundlichen Nachbarn, der einen Schlüssel zum Haus hatte und sich sofort bereit erklärte, bis zu Rückkehr der Hausherren nach dem Rechten zu sehen. Karina und Marc erklärten ihm die Lage und fanden sofort Verständnis, da auch ihm die chaotischen Zustände nicht entgangen waren. Dennoch hatte er sich in der Vergangenheit bereits des Öfteren um die Katzen und das Haus neben seinem Grundstück gekümmert. Er hatte im Grunde dasselbe Haus, jedoch wohnte er allein mit einer Katze in den drei Zimmern. Sein Häuschen war liebevoll eingerichtet und ordentlich, der Garten war sorgfältig angelegt und üppig bepflanzt, und seine Katze blieb über Nacht draußen. Die vermeintlichen Füchse gab es seiner Erfahrung nach überhaupt nicht, seine Katze erfreute sich seit Jahren trotz nächtlicher Ausflüge bester Gesundheit.

Es war nahezu unglaublich, ja es grenzte fast an Ironie, wie nah Ordnung und Chaos in diesem Fall beieinander lagen! Karina und Marc war nach diesen Tagen klar, dass dies trotz des Ärgers eine sehr wertvolle Erfahrung für sie war. Sie würden zukünftig von Grund auf prüfen, was ihnen über den Weg laufen und sich als Gelegenheit präsentieren sollte.

Mit ihrem Sohn verbrachten sie noch zehn erholsame Urlaubstage in einem romantischen kleinen Hotel am Meer und genossen ihre Ferien in Südfrankreich. Der überaus sympathische Nachbar erhielt von Karina und Marc noch eine Postkarte aus dem neuen, hübschen Urlaubsdomizil. Die beiden Paare haben seitdem keinen Kontakt mehr.

Ordnung als göttliches Prinzip

Das Universum untersteht einer göttlichen Ordnung. Diese göttliche Ordnung offenbart sich nicht im Sinne des Verstandes und damit unseres begrenzten Verständnisses innerhalb von Raum und Zeit, sondern im weiteren, spirituellen Sinn jenseits jeglicher menschlich geschaffener Begrenzung. Die göttliche Ordnung ist unzerstörbar und für jeden Menschen fühlbar, sei es auch nur unbewusst. Herrscht in Ihrem Inneren Aufruhr, so führt dies früher oder später zu chaotischen Umständen im Außen, berührt jedoch nicht die göttliche Ordnung an sich. Die Unordnung in und um uns herum trübt aber unsere geistige Wahrnehmung. Sie bewirkt, dass wir aus dem Gleichgewicht geraten und die göttliche Schönheit in vielem, was uns das Leben täglich offenbart, nicht mehr sehen und spüren können.

Sind wir nicht mehr in unserer Mitte und damit nicht mehr in Verbindung mit unserer göttlichen Führung, so verlieren wir auch das Gefühl für uns selbst, und wir kommen vom Weg ab. Dieses Abkommen vom eigenen Lebensweg passiert oft sehr schnell und unbewusst, lässt sich aber wieder korrigieren, indem wir innehalten, bewusst atmen, in uns hineinhören und das Ruder wieder in die Hand nehmen, damit unser Boot auf dem Fluss des Lebens wieder Kurs aufnehmen kann.

Sind wir schon so durcheinander, dass wir uns selbst nicht mehr spüren und unsere Intuition nicht mehr wahrnehmen, sollten wir uns völlig zurückziehen, Ruhe und Stille suchen und ernsthaft um Hilfe bitten bzw. beten. Unsere göttlichen Freunde und geistigen Führer, die Engel, sind stets an unserer Seite. Die Engel dürfen nur in unser Leben eintreten und helfend eingreifen, wenn wir sie um ihre Hilfe bitten – mit Ausnahme von Notfällen.

Das Entscheidende ist also unsere inständige Bitte um Hilfe. Wichtig dabei ist, dass Sie bedingungslos darauf vertrauen, dass Sie Hilfe erhalten werden, auf welchem Weg und auf welche Art auch immer. Sie sollten nach Ihrer Bitte an die Engel, an Gott oder an den göttlichen Führer, dem Sie sich verbunden fühlen – dies meine ich religionsübergreifend –, auf „Empfang" bleiben, also weiterhin bewusst nach innen horchen, um die Zeichen nicht zu verpassen, die Sie mit Sicherheit erhalten werden. Diese Zeichen werden Ihnen die notwendigen Anstöße liefern, damit Sie wieder auf den Weg und in Ihr geistiges, seelisches und körperliches Gleichwicht zurückfinden.

Im Grunde können Sie gar nicht Ihr Gleichgewicht verlieren, da auch Sie der göttlichen Ordnung unterstehen und damit ein göttliches Wesen sind. Aber in unserer begrenzten menschlichen Wahrnehmung übersehen wir oft das Göttliche und nehmen zuweilen nur Chaos und Ausweglosigkeit wahr, und wir geraten dadurch in eine Art Kontrollverlust, der Stress erzeugt. Dieser Stress wiederum bringt uns aus unserer Mitte und erzeugt auf lange Sicht Krankheit und Leiden physischer, geistiger und seelischer Art.

Den Schlüssel zu allem stellt also unsere Wahrnehmung dar. Das, was wir sehen, erhalten wir. Das göttliche Gesetz der Anziehung liefert uns alles, was wir in Form unserer Gedanken, Worte und Taten aussenden. Worte und Handlungen sind wiederum stets das Resultat unserer Gedanken! Senden Sie positive Gedanken aus, so erhalten Sie auch Positives. Missgönnen Sie jemandem etwas, was Sie für sich wünschen, so wird es auch Ihnen vorenthalten oder schnell wieder entrissen – mit absoluter Sicherheit!

Das Gesetz der Anziehung funktioniert im Guten wie im Schlechten. Warum also nicht das Gute für sich nutzen und sich vom Schlechten verabschieden, das Sie sowieso nicht weiterbringen wird? Das kosmische Gesetz der Anziehung lässt sich jedoch nicht manipulieren. Es zählt die reine und wahre Absicht aus der Tiefe des Herzens. Das Vorgeben falscher Tatsachen, das Sich-in-die-Tasche-Lügen, um an etwas zu kommen, wird nicht funktionieren. Das, was Sie sich mit List und Lüge erschaffen haben, wird Ihnen nicht bleiben. Es hat nur das Bestand, was auf dem Boden der Liebe gewachsen ist. Säen Sie Neid und Missgunst, so ernten Sie Leid. Säen Sie Samen der Liebe in all dem, was Ihr Leben ausmacht und vertrauen Sie den göttlichen Gesetzen, dann werden Sie Liebe ernten, auch wenn der Weg dahin oft viel Zeit und Kraft fordert.

Übung zur inneren Klärung und Zentrierung

Ziehen Sie Ihre Schuhe und Socken aus und stellen Sie sich auf einen Platz, an dem Sie völlig ungestört sind und sich wohlfühlen. Dies kann auch ein Ort in der freien Natur sein – eine wunderschöne Wiese, ein Waldstück, ein Strand. Stehen Sie einfach nur da und atmen Sie tief ein und aus. Lassen Sie Ihren Atem mühelos ein- und ausströmen und kommen Sie zur Ruhe. Lassen Sie Ihre Gedanken wie Wolken vorüberziehen. Halten Sie nichts fest, werden Sie ganz weich und locker.

Spüren Sie, wie nun Wurzeln aus Ihren Fußunterseiten in den Boden hineinwachsen. Die Wurzeln wachsen unendlich tief und verbinden Sie fest mit Mutter Erde. Sie sind jetzt gut verankert und in Sicherheit. Atmen Sie tief ein und aus und spüren Sie die Wärme und Geborgenheit, die Ihnen Mutter Erde gibt. Atmen Sie wieder tief ein und aus.

Lenken Sie nun Ihre Konzentration durch die Körpermitte hindurch, die Wirbelsäule entlang langsam nach oben. Stellen Sie sich vor, wie sich Ihr Scheitel öffnet und Sie sich mit Vater Kosmos verbinden. Sie fühlen sich hell erleuchtet, offen und empfangsbereit. Auch Vater Kosmos versorgt Sie jetzt mit allem, was für Sie wichtig ist. Ideen, Eingebungen, Lösungen. Sie atmen weiter ein und aus und spüren, wie Ihr Atem mühelos durch Ihren gesamten Körper strömt, von unten nach oben – aus Mutter Erde die

Wirbelsäule entlang bis über den Scheitel hinaus – und wieder zurück, von oben nach unten.

Mit jedem Einatmen tanken Sie Liebe, Licht und Kraft und mit jedem Ausatmen lassen Sie Ihre Belastungen und Sorgen los, so lange, bis Sie sich frei und gelöst fühlen. Sie sind jetzt klar, zentriert und fest verankert.

Wie man Ordnung schaffen kann

Ordnung im Inneren führt zu Ordnung im Äußeren. Sehen Sie sich jeden Gedanken an, der durch Ihren Kopf wandert, und wandeln Sie ihn, falls nötig, geistig sofort in die positive Richtung um, damit Sie nicht zu einem späteren Zeitpunkt die negativen Früchte ernten müssen. Schaffen Sie Ordnung in Ihren privaten Räumen, und sorgen Sie auch für Ordnung an Ihrem Arbeitsplatz. Entsorgen Sie, was Sie nicht wirklich essenziell zum Leben benötigen. Schenken Sie Überflüssiges an Bedürftige weiter und senden Sie damit Freude aus. Machen Sie sich frei von allem, was Sie nur festhält und was Ihren Geist vernebelt. Durchforsten Sie Ihre täglichen Gedanken, Ihre Gewohnheiten, und schaffen Sie in Ihrem Geist Ordnung.

Verabschieden Sie sich von überflüssigen und schädlichen Gedanken, denken Sie positiv. Halten Sie Ihren Körper sauber, behandeln Sie ihn liebevoll, pflegen Sie ihn und halten Sie ihn fit. Ihr Körper wurde Ihnen für dieses Leben gegeben, und Sie möchten doch sicherlich komfortabel reisen, oder? Nähren Sie Ihre Seele mit all dem, was Ihnen von ganzem Herzen guttut, und seien Sie gut zu sich. Wenn nicht einmal Sie gut zu sich selbst sind, wie können Sie dann erwarten, dass andere gut zu Ihnen sein sollen?

Halten Sie Ordnung auf allen Ebenen. Ihr Körper, Ihre Seele und Ihr Geist werden es Ihnen danken und sich guter Gesundheit erfreuen. Diese „Form" der Ordnung hilft Ihnen zudem, sich besser zu orientieren, um nicht immer so leicht vom Lebensweg abzukommen.

Auch wenn jede Ordnung und jegliche Unordnung an sich Illusionen darstellen, da die göttliche Ordnung von nichts berührt wird, so hilft uns die eigens geschaffene Form der Ordnung, uns in unserem Menschsein besser zurechtzufinden. Warum sollten wir uns nicht diese Brücke bauen, um Hindernisse im Leben leichter zu überwinden? Sollten Sie in Ihrer geistigen Entwicklung so weit sein, dass Sie nichts mehr aus Ihrer Mitte bringt, so benötigen Sie diese Form der Ordnung nicht mehr. Dann werden Sie aber ohnehin nicht mehr von Unordnung und von Überflüssigem umgeben sein.

Folgende Kernweisheit aus dem Buddhismus bringt es auf den Punkt:

Form ist nichts anderes als Leere,
und Leere ist nichts anderes als Form.

Herz-Sutra

Angst

Angst ist eine Illusion und der eigene Dämon.
Sobald Sie dies erkennen,
löst sich die Angst in Nichts auf.

Jeder kennt dieses unangenehme Gefühl der Angst, das einen von Zeit zu Zeit überfällt und nicht so einfach wieder loslässt. Der Begriff Angst ist mit dem Wort Enge verwandt, das lässt sich auch klar an unseren körperlichen Reaktionen erkennen. Angst schnürt uns die Kehle zu, nimmt uns die Luft zum Atmen und macht uns starr. Angst lässt uns förmlich schrumpfen; wir ziehen uns innerlich zusammen, werden eng und unsere Aura verkleinert, verdunkelt und öffnet sich. Angst löst innerlich Stress aus und zieht uns den Boden unter den Füßen weg. Dann sind wir nicht mehr „geerdet" und in unserer Kraft. Selbst der kleinste angstvolle Gedanke zieht sofort körperliche Reaktionen nach sich. Angst bringt uns aus unserer Mitte. Angstvolles Handeln bringt keine guten Früchte hervor.

In abgeschwächter Form kann Angst allerdings durchaus nützlich und sogar lebensrettend sein, denn sie ermahnt uns zur Vorsicht. In gesteigerter und übersteigerter Form kann jedoch Angst uns in panische Zustände versetzen und auf Dauer krank machen. Und was viel schlimmer ist als das Gefühl der Angst an sich: Angst zieht genau das an, wovor Sie sich am meisten fürchten. Angst holt genau das in Ihr Leben, was Sie auf keinen Fall erleben möchten!

Nicht jeder Frosch wird zum Prinzen, wenn man ihn küsst

Anastasia ist eine ledige, attraktive 35-jährige Frau, die erfolgreich ihren Job ausübt und einen sympathischen, kleinen Freundeskreis hat. Sie hatte nach Ihrem Studium schnell eine gute Stelle beim Fernsehen ergattert und sich sehr darüber gefreut, da sie schon immer davon geträumt hatte, in den Medien zu arbeiten. Ihre Freunde lieben an ihr besonders ihr Einfühlungsvermögen, ihre Ehrlichkeit und ihre Zuverlässigkeit. Anastasia scheint ein glückliches Leben zu führen, dennoch ist sie sehr traurig darüber, dass sie immer noch nicht die große Liebe, den Partner fürs Leben gefunden hat. Sie hatte schon einige Beziehungen, die sie letztendlich aber wieder beendete.

Als die letzte – eine über mehrere Jahre andauernde Partnerschaft – zu Bruch geht, nachdem man sich im Laufe der Jahre auseinandergelebt hat, ist sie innerlich so verzweifelt und ihr Herz so sehr gebrochen, dass sie daraufhin drei Jahre bewusst allein lebt, um die vergangene Beziehung aufzuarbeiten. Sie fühlt sich in dieser Zeit sehr einsam, und ihr Selbstwertgefühl leidet unter der Tatsache, dass sie mit Mitte Dreißig immer noch Single ist. Sie hat zwar eine Handvoll guter Freunde, aber da sie nicht ständig darüber klagen möchte, dass sie sich verlassen und allein fühlt, zieht sie sich immer mehr zurück und igelt sich nach ihrem Arbeitstag in ihrer Wohnung ein. Sie vermisst tagtäglich das Gefühl der Geborgenheit, das sie sich von einer glücklichen Partnerschaft erhofft. Sie sehnt sich nach zärtlichen Umarmungen, verständnisvollen Gesprächen und vor allem danach, so geliebt und akzeptiert zu werden, wie sie ist.

Sie ist als Einzelkind bei ihrer alleinerziehenden Mutter aufgewachsen, der Vater hatte die Familie früh verlassen und danach nie mehr Interesse an seiner Tochter gezeigt. Sie war es von klein auf gewohnt, viel allein zu sein und mit ihren Gefühlen selbst klarkommen zu müssen. Die Mutter war mit der Rolle der Alleinerziehenden und Versorgerin überfordert und weder geistig noch emotional in der Lage, sich in ihr Kind einzufühlen und ihm trotz der schwierigen Umstände Liebe und Geborgenheit zu geben. Die Mutter selbst war in einer vom Krieg geprägten Familie aufgewachsen, in der Gefühle zurückgehalten wurden und Konflikte zwischen den Eltern an der Tagesordnung waren. So hatte auch Anastasias Mutter nie Liebe und Geborgenheit erfahren und gab dieses Defizit unbewusst an ihre Tochter weiter, ohne zu ahnen, welchen seelischen Schmerz sie damit ihrem eigenen Kind zufügte. Und nicht nur das, Anastasias Mutter verursachte damit dasselbe Drama für die gesamte nachfolgende Generation mit, wie viele andere Mütter und Väter. Denn jeder Gedanke und jede Handlung im Kleinsten wirkt sich automatisch auch im Kollektiv der menschlichen Gesellschaft aus.

Anastasia wurde bereits als Kleinkind häufig sich selbst überlassen, und sobald sie Aufmerksamkeit, Trost oder Zuwendung suchte, wurde dies seitens ihrer Mutter brüsk abgewehrt, da diese so sehr mit ihren eigenen Problemen und seelischen Schmerzen beschäftigt war, dass sie gar nicht erkannte, wie wenig sie ihrer Aufgabe als Mutter nachkam – abgesehen von der Erfüllung materieller Mindestbedürfnisse. Anastasia war von den ersten Lebenstagen an mit ihrem kindlichen Gefühlswirrwarr völlig allein, weder ihre emotionalen noch ihre geistigen Bedürfnisse wurden erfüllt.

Dies hatte die folgenschwere Auswirkung, dass Anastasia kein Urvertrauen in das Leben an sich entwickeln konnte. Somit wurde in den darauf folgenden Lebensjahren ihre seit frühester Kindheit vorhandene Angst genährt, verlassen und allein zu sein. Dank der Geistesgegenwart von Anastasias Lehrern und Professoren, die ihre überdurchschnittliche Intelligenz erkannten, wurde Anastasia in ihrer Schullaufbahn und während ihres Studiums weitgehend gefördert und unterstützt, sodass sie einen hohen Bildungsgrad erreichte. Ohne diese Unterstützung hätte sie wahrscheinlich nicht eine gute Ausbildung verwirklichen können, da es in ihrer Familie weder Akademiker gab, noch überhaupt der hohe Anspruch an Bildung gestellt wurde, den Anastasia von Anfang an in sich trug. Darüber hinaus waren auch nicht die finanziellen Mittel vorhanden, die ihr ein Studium hätten ermöglichen können. Anastasia musste daher früh lernen, finanziell für sich selbst zu sorgen. Sie wurde schnell unabhängig, zog ihr Studium trotz Nebenjobs zügig durch und schloss es zudem als eine der Besten ab.

In ihrem ersten Job im Medienbereich wird sie sehr gefordert. Aufgrund der langen Arbeitstage im Fernsehsender hat sie nicht allzu oft die Kraft und Zeit, abends auszugehen, um jemanden kennenzulernen. Da sie trotz ihrer Offenheit nicht der Typ Frau ist, der bei Männern den ersten Schritt macht, entschließt sie sich dazu, im Internet nach einem potenziellen Partner Ausschau zu halten. Nach einigen Treffen mit verschiedenen Männern, die eher ernüchternd verlaufen, begegnet sie Alexander, der sie von Anfang an fasziniert. Alexander ist attraktiv, 36 Jahre alt und von Beruf Produktmanager. Er strahlt Selbstbewusstsein und Unabhängigkeit aus, hat eine einfühlsame Art und einen gut dotierten Job. Er treibt Sport und geht auch kreativen Hobbys nach.

Beide verlieben sich bereits beim ersten Date und sind sofort Feuer und Flamme. Die Beziehung schreitet in Windeseile voran und Anastasia sowie Alexander schweben die ersten Monate im siebten Liebeshimmel. Alexander stellt seine Liebste bald seiner Mutter und seiner Schwester vor – zu seinem Vater, der die Familie früh verlassen hat, pflegt er keinen Kontakt mehr –, und beide sind von Anastasia begeistert. Anastasia fühlt sich sofort angenommen und geborgen und genießt das Gefühl, einer Familie zugehörig zu sein, in der man sie gern hat und sogar bewundert, da sie zielstrebig und erfolgreich durchs Leben geht.

Anastasia und Alexander verbringen viel Zeit miteinander und genügen sich selbst. Aber nach etwa einem Jahr beschleicht sie das Gefühl, dass Alexander ihr etwas verheimlicht. Er zieht sich nach und nach ohne Erklärungen zurück, lässt sie bei gemeinsamen Unternehmungen mit Freunden häufig allein, genießt offensichtlich immer mehr die Bewunderung anderer Frauen und ist auffällig oft mit seinem Handy beschäftigt. Anastasia spürt, dass Alexander sich von ihr entfernt, und versucht, ihn zur Rede zu stellen, aber Alexander weicht ihr aus und unterstellt ihr, dass sie sich das nur einbilde. Er wirft ihr vor, ihn einzuengen und zu kontrollieren, und geht schließlich nicht mehr ans Telefon, als sie ihn anruft.

Anastasia ist verzweifelt, sie kann sein Verhalten nicht nachvollziehen und spürt, dass die Beziehung zu Alexander auf der Kippe steht, ohne genau zu wissen, warum. In ihrer Hilflosigkeit und Verzweiflung sucht sie Rat bei Alexanders Schwester und seinem Arbeitskollegen – Menschen, die ihm nahestehen und die ihn gut kennen. Keiner kann ihr sein Verhalten erklären und ihr damit weiterhelfen. Anastasia ist am Boden zerstört und versucht, irgendwie den Alltag zu meistern, was ihr sehr schwer fällt und sie alle Energie kostet.

Als eines Tages eine Freundin und Arbeitskollegin auf sie zukommt und meint, sie hätte eine schlimme Nachricht, denkt Anastasia im ersten Moment, dass nichts noch schwieriger sein kann, als die jetzige Situation der Unklarheit und Unsicherheit. Ihre Kollegin zeigt ihr auf einer Internetseite, dass Alexander offensichtlich wieder auf der Suche nach einer Frau ist – sie hatten sich ursprünglich über dasselbe Internetportal kennengelernt. Anastasia verliert den Boden unter den Füßen. Sie hatte im Innersten gehofft, dass sich noch alles aufklären und zum Guten wenden würde, aber die Realität präsentierte ihr eine Version des Lebens, auf die sie selbst im Entferntesten nicht gekommen wäre.

Alexander hat offensichtlich ihre Beziehung beendet, ohne wirklich einen Schlussstrich gezogen, ein Gespräch von Angesicht zu Angesicht geführt zu haben. Auf diese Art war Anastasia bisher noch nie enttäuscht worden, solch ein Verhalten hatte noch nie jemand in ihrem Umfeld an den Tag gelegt. Das Ende der Beziehung verursacht ihr großen Kummer, aber die Art und Weise, wie es geschah, stürzt sie in vollkommene Fassungslosigkeit über die plötzliche Wandlung von einem vermeintlich mitfühlenden zu einem durch und durch verantwortungslosen und kaltblütig handelnden Menschen. Sie kann sich nicht erklären, wie die angeblich so großen Gefühle seinerseits in solch unermessliche Gefühllosigkeit ihr gegenüber umschlagen konnten. Die Geschmacklosigkeit seines Handelns gipfelt darin, dass er in seinem aktuell geschalteten Internetprofil als Lieblingsbuch dasjenige angegeben hat, das sie ihm einst geschenkt hat, und als Lieblingssong denjenigen, den sie ihm vorgestellt und der ihre Beziehung begleitet hat. Er hat sich förmlich an ihr bereichert, geistig und körperlich – ihre Energie geraubt.

Erst mit einigen Monaten Abstand erschließt sich

Anastasia sein ambivalentes Verhalten ihr und auch anderen gegenüber. Der Schleier wird plötzlich gelüftet, und Anastasia kann nun erkennen, welch großer Illusion sie aufgesessen ist und was für einen Menschen sie aufgrund ihrer Angst, verlassen und einsam zu sein, angezogen hat. Alexander hatte seinen beruflichen Aufstieg großenteils der Tatsache zu verdanken, dass er ein guter Selbstdarsteller und offensichtlich ein Blender war. Ohne besondere Ausbildung, ohne Hochschulabschluss und nur aufgrund seiner geschickten Selbstvermarktung war es ihm gelungen, sich anderen als versiert zu verkaufen, und so schwindelte er sich auch in anderen Bereichen durch sein Leben.

Weil sie sich selbst klein machte, da sie dachte, dass sie ohne Partner als Mensch weniger wert sei, hatte sie jemanden als Partner angezogen, dessen Selbstwertgefühl auch sehr gering war und der ihr damit als Spiegel dienen sollte. Weil sie sich selbst nicht genug und daher seelisch, körperlich und geistig nicht im Gleichgewicht war, hatte sie sich blenden lassen und erst einmal nicht hinter den Vorhang der Täuschung blicken können. Weil sie emotional bedürftig war und nach Liebe hungerte, war sie auf jemanden getroffen, der keine Liebe zu geben hatte und keine tiefe Beziehung eingehen konnte. Weil sie Angst davor hatte, verlassen zu werden, musste sie die Erfahrung machen, verlassen zu werden. Und weil ihre Angst so groß war, wurde sie auf eine Art und Weise verlassen, die alles andere überbot.

Sie bekam von Gott die Aufgaben geschickt, die sie

bewusst oder auch unbewusst so sehr befürchtete, und sie erkannte erst viel später, welch großen Gefallen ihr Gott damit getan hatte. Sie erkannte, dass ihr damit eine große Gnade zuteil wurde, da sie aus diesem vermeintlichen Unglück lernen, daran wachsen und dadurch reifen durfte. Sie hatte damit die Chance erhalten, diese noch aus der Kindheit vorhandenen Wunden zu heilen und ein weiteres kleines Stück mehr „heil" zu werden. Denn Gleiches zieht Gleiches an. Angst zieht Angst an, und Liebe zieht Liebe an. Druck erzeugt Gegendruck, und Liebe erzeugt Freiheit.

Nach einer weiteren Beziehung, in der sie noch andere Wunden heilen und geistige Themen zu bearbeiten hat, lernt Anastasia schießlich ihre große Liebe kennen: einen Mann, der ihr die Geborgenheit und Liebe geben kann, die sie nun nicht mehr aufgrund ihrer Bedürftigkeit einfordert, sondern aufgrund ihrer geistigen Reife einfach annehmen und genießen kann.

Was ist Angst und wie entsteht sie?

Angst ist eine Illusion! Sie existiert nur in unseren erlernten und jahrelang wiederholten und damit manifestierten Gedanken(-Mustern). Hat man Sie als Kind gelehrt, angstvoll auf Hunde zu reagieren, sehen Sie in jeder Begegnung mit einem Hund Grund zur Angst, unabhängig davon, ob der Hund nun wirklich gefährlich ist oder nicht. Kein Hund der Welt wird Sie ohne Grund angreifen und beißen.

Irgendetwas muss ihm vorher Angst machen und in ihm den Drang auslösen, sich zu verteidigen. Angst gründet demzufolge auf eine von uns selbst oder von außen erzeugte Vorstellung, ist also nicht real existent, mit Ausnahme von unserer eigenen Gedankenwelt, die auch nur für uns selbst besteht.

Angst ist der eigene Dämon, den es zu besiegen gilt. Denn nur ohne Angst können Sie sich voll entfalten und Ihrer göttlichen Aufgabe nachkommen. Ohne Angst lebt es sich entschieden leichter und gesünder. Angst schwächt Sie geistig, seelisch und körperlich und macht Sie angreifbar. Und genau das machen sich „Energieräuber" (siehe Kapitel 15) zunutze. Das sind Menschen oder auch durch Menschen hervorgerufene Situationen, die uns Kraft entziehen und uns damit entscheidend schwächen, sogar krank machen können.

Haben Sie sich schon einmal Gedanken darüber gemacht, was uns in unserer heutigen Gesellschaft mit Hilfe von Angsteinflößung alles infiltriert wird? Da werben zum Beispiel Versicherungen damit, was Ihnen so alles zustoßen könnte und dass Sie sich aus diesem Grund unbedingt für dieses und jenes absichern müssen, sei es auch noch so absurd. Da möchten Banken Sie damit ködern, dass Sie sich große Gewinne entgehen lassen, wenn Sie nicht Ihr Geld investieren. Wer daran wirklich verdient, stellt der getäuschte Anleger meist viel zu spät fest. Es gilt, wirklich achtsam zu sein und alles, was Ihnen entgegengebracht wird, eingehend zu prüfen, bevor Sie Ihre Energie oder Ihr Geld in etwas investieren.

Sie sind kein Opferlamm. Sie sind nicht der Sünder, Unmündige und Manipulierbare, zu dem man Sie in unserer Gesellschaft immer wieder machen will. Die Fehler, die Sie begehen, dienen dazu, aus Ihnen zu lernen und sich weiter zu entwickeln. Sie sind auf dieser Welt, um geistig zu wachsen, damit Sie letztendlich wieder Ihre Göttlichkeit entdecken.

Nehmen Sie das Ruder in die Hand und steuern Sie Ihr Boot

Sie tragen wirklich selbst die Verantwortung für Ihr Leben! Tun Sie Negatives, so werden das Ursache-Wirkungs-Prinzip, das auch mit dem Sanskritwort „Karma" benannt wird, und das Gesetz der Anziehung (Gleiches zieht Gleiches an) dafür sorgen, dass Sie wiederum Negativem begegnen und sich damit herumschlagen müssen. Und auf diese Weise können Sie lernen zu wachsen. Das ist keine Strafe Gottes, sondern genau das Gegenteil! Sie erhalten anhand der eintretenden Konsequenz die Gelegenheit zur Erkenntnis, auch wenn diese Gelegenheit oft nicht sofort als diese erkennbar ist, das heißt, meist erst einmal als vermeintliches Unglück erscheint.

Gott lässt Sie nicht fallen. Die Engel und Ihre Geistführer sind stets an Ihrer Seite und Ihnen zugewandt. Sie warten nur auf Ihre Bitte, damit sie Ihnen endlich helfen dürfen. Nur Sie selbst können sich von Gott, den Engeln und von sonstigen geistigen Führern abwenden. Ist Ihr Gott Gottvater im christlichen Sinne, so ist dies Ihr geistiger Führer. Glauben Sie an einen anderen Gott, so ist dies Ihr geistiger Führer. Es spielt keine Rolle, welcher Weltreligion Sie angehören. Jede Religion hat ihre Berechtigung. Ob Religionen „gut" oder „schlecht" sind, wird vornehmlich von Menschen entschieden, die nicht verstehen, falsch interpretieren und verurteilen, wo es nichts zu verurteilen gibt. Wir leben in einem Universum, das sich in seiner Vielfalt kaum mit Worten beschreiben lässt. Was Ihnen zusagt, wovon Sie sich angezogen fühlen und wem oder was Sie folgen, bestimmen Sie. Was andere machen, ist nichts anderes, nur die Form ist vielleicht eine andere. Jede Form hat ihre Berechtigung, außer derjenigen, die den Menschen nicht als göttliches Wesen achtet und daher nicht auf Liebe beruht. Damit meine ich Liebe im altruistischen Sinne, also Liebe, die bedingungslos und wahrhaftig ist. Liebe, die fordert, ausbeutet und an Bedingungen geknüpft ist, ist keine Liebe, sondern vielmehr Manipulation und Abhängigkeit.

Sehen Sie sich Ihre Angst an,
aber reichen Sie ihr auf keinen Fall die Hand,
sondern verabschieden Sie sich jetzt von ihr!

Wenn Sie ständig in Angst leben, sind Sie zutiefst verunsichert, und diese Verunsicherung führt letztlich zu Unachtsamkeit und schädlichen Sicht- und Verhaltensweisen, die negative Ereignisse anziehen. Wenn Sie sich gedanklich ständig Horrorszenarien vorspielen, dann bringen Sie sich in einen negativen Zustand, strahlen Negativität aus und ziehen damit

Negativität an. Was Sie sehen, erhalten Sie. Was Sie säen, ernten Sie, früher oder später. Warum stoppen Sie also nicht sofort diese Spirale endlos aneinander gereihter negativer Ereignisse? Das Gesetz der Anziehung funktioniert doch auch in positiver Richtung!

Drei Möglichkeiten, wie man die Angst loswerden kann

1. Bitten Sie zum Beispiel Ihre geistigen Führer um Hilfe, mobilisieren Sie all Ihre eigenen Kräfte und lassen Sie die Angst einfach hinter sich, indem Sie bewusst durch sie hindurchgehen.

Gebet
Ich bitte Dich, lieber Gottvater, bitte hilf mir, stärke mich und steh mir bei. Liebe Schutzengel, bitte beschützt mich und führt mich auf meinem Weg. Angst, ich sehe dich, aber du kannst mir nichts mehr anhaben! Ich gehe vertrauensvoll meinen Weg, denn ich bin geborgen und beschützt.

2. Erkennen Sie die Angst in ihrer ureigensten Form und entlarven Sie sie als Illusion, womit sie sich sofort auflösen wird. Dazu müssen Sie sich einfach innerlich von Ihrer Angst lösen und neutral auf sie blicken (Vogelperspektive), um ihr wahres Wesen entdecken zu können. Die Angst wird quasi wie ein Dieb ertappt und läuft weg.

Innerer Dialog zur Vergegenwärtigung
Da ist Angst in mir! Was will sie da bloß? Sie richtet doch nur Unheil an. Ich brauche sie nicht mehr und schicke sie jetzt weg. Alles ist gut, ich bin in Sicherheit.

3. Sie sehen sich die Angst bewusst an und spüren in sich hinein, welche Gefühle und Emotionen sie verursacht (Gänsehaut, Zittern, Schwindel ...). Sie nehmen die Angst an, ohne sich in ihr zu verwickeln, und Sie lassen jeglichen Widerstand fallen (Widerstand verstärkt die Angst!). Dann – ganz wichtig – lösen Sie sich aus Ihrer Identifikation mit der Angst. Denn Sie „sind" nicht die Angst! Angst ist nur ein Gefühl, eine Emotion, und kommt und geht, wie alles andere in Ihrem Leben. Dieses Gefühl der Angst möchte einfach nur zur Kenntnis genommen werden und Ihnen etwas sagen, Sie vielleicht vor etwas warnen, Ihnen einen wertvollen Hinweis geben.

Innerer Dialog zur Bewusstwerdung
Angst, da bist du also! Was willst du mir sagen? Danke, das ist ein guter Hinweis, aber jetzt kannst du wieder gehen. Du verursachst mir ein flaues Gefühl im Magen und ich zittere schon wieder. Aber das bin nicht ich! Das ist nur ein Gefühl, und das geht vorbei. Ich konzentriere mich jetzt einfach auf meinen Atem. Ich bin in Sicherheit.

Wenn Sie die illusorische Beschaffenheit der Angst erkennen, verliert die Angst ihre zerstörerischen Kräfte in Bezug auf Ihre Persönlichkeit und Ihr Leben. Bis die nächste angstvolle Situation kommt. Dies ist ganz normal und nur eine Übung für unser Leben. Die Angst bringt uns jetzt nicht mehr aus der Mitte. Übung macht den Meister! Sollten Sie die Meisterschaft in Ihrem Leben erreicht haben, so werden Sie keine Angst mehr sehen.

Angst ist eine Illusion.

Gedanken

Achte auf deine Gedanken, denn sie werden Worte.
Achte auf deine Worte, denn sie werden
Handlungen. Achte auf deine Handlungen, denn
sie werden Gewohnheiten. Achte auf deine
Gewohnheiten, denn sie werden dein Charakter.
Achte auf deinen Charakter, denn er wird dein
Schicksal.   Talmud

Wir sind tagtäglich mit unzähligen Gedanken konfrontiert und haben mitunter das Gefühl, dass diese uns überfallen und vollkommen vereinnahmen. Wir denken bisweilen – auch das ist bereits ein Gedanke –, dass die Gedanken uns im Griff haben und niemals aufhören, durch unseren Kopf zu geistern, Tag und Nacht. Haben Sie wirklich schon einmal bewusst auf Ihre Gedanken geachtet, und zwar auf jeden einzelnen?

Übung: Welche Gedanken gehen Ihnen durch den Kopf?

Bitte nehmen Sie sich nun drei Minuten Zeit, um Ihre Gedanken genau zu beobachten. Stellen Sie zum Beispiel die Eieruhr ein, sodass Sie sich auf die-

se Übung voll und ganz einlassen können und nicht ständig nachsehen müssen, wann die Zeit um ist. Suchen Sie sich einen Platz, an dem es ruhig ist und an dem Sie für die nächsten Minuten ungestört sind. Sie sollten sich während dieser Übung kurze Notizen machen, sodass Sie am Ende der drei Minuten einmal schwarz auf weiß sehen, welche Gedanken Ihnen durch den Kopf geschossen sind.

Schließen Sie jetzt für einen Moment die Augen und atmen Sie mehrmals tief ein und aus, um ruhig zu werden und mit der Übung beginnen zu können. Öffnen Sie nun die Augen und schreiben Sie sich in Stichworten auf, welche Gedanken erscheinen. Bewerten Sie nicht und verlieren Sie sich nicht in dem einen oder anderen Gedanken, sondern lassen Sie die Gedanken einfach kommen und gehen. Lassen Sie diese vorbeiziehen wie das Wasser in einem Fluss. Seien Sie der Beobachter am Ufer des Flusses der Gedanken. Notieren Sie Ihre Gedanken ganz unvoreingenommen, so, wie sie sich ergeben. Dies ist nun für die nächsten drei Minuten Ihre einzige Aufgabe – bis die Eieruhr klingelt.

Sehen Sie sich jetzt jeden einzelnen Gedanken auf Ihrer Stichwortliste an. Da sind vielleicht Gedanken zur Hausarbeit oder zum Job, zum Lebenspartner, zu den Kindern, zu Wünschen, zur Vergangenheit, zu Zukunftsplänen; Gedanken zu eigenen Befindlichkeiten wie Schuld- oder Überlegenheitsgefühle, innere Zerrissenheit, Traurigkeit oder Freude. Gehen Sie ganz langsam und bewusst Wort für Wort durch, lassen Sie jeden einzelnen Gedanken auf Ihrer Liste sprichwörtlich auf der Zunge zergehen, und fühlen Sie in Ihren Körper hinein, was dieser bestimmte Gedanke in Ihnen auslöst.

Nehmen wir ein Beispiel: Da ist der Gedanke „Ärger mit dem Nachbarn". Was fühlen Sie, wenn Sie diesen Gedanken aussprechen oder geistig wiederholen? Kommen Ihnen dazu unangenehme Gefühle hoch? Krampft sich Ihr Bauch zusammen, schnürt es Ihnen die Kehle zu, und werden Sie kurzatmig? Werden Sie wütend, und fangen Sie förmlich zu kochen an? Erdrückt Sie dieser Gedanke, oder lässt er Sie unberührt und gleichgültig?

Ein anderes Beispiel: Der Gedanke „Urlaub, der bald ansteht". Löst dieser Gedanke in Ihnen angenehme Gefühle aus? Wird es Ihnen bei diesem Gedanken leicht ums Herz, spüren Sie die Freude, die in Ihnen aufsteigt? Fühlen Sie sich jetzt frei, gelöst und beschwingt? Spüren Sie den tiefen Atemzug, den Sie gerade nehmen und das erleichternde Ausatmen? Sehen Sie sich geistig bereits am Strand liegen und spüren Sie die Wärme der Sonne auf Ihrer Haut? Hören Sie das beruhigende Rauschen des Meeres?

Auf diese Art und Weise gehen Sie nun bitte alle auf Ihrer Liste notierten Gedanken der Reihe nach durch und erspüren die damit einhergehenden Gefühle. Sind Sie dann am Ende Ihrer Gedankenliste angekommen, lösen Sie sich bitte zum Abschluss dieser Übung ganz bewusst von allen Gedanken und Gefühlen, mit denen Sie sich gerade eingehend beschäftigt haben. Schließen Sie die Augen, atmen Sie durch die Nase tief in Ihren Bauch ein, und las-

sen Sie beim Ausatmen alles los, was noch in Ihnen arbeitet – jeden Gedanken, jedes Gefühl und jedes innere Bild. Atmen Sie so lange tief durch die Nase ein und durch den Mund aus, bis Sie sich ganz frei, gelöst und erleichtert fühlen.

Haben Sie bemerkt, wie schwierig es (ohne Übung) ist, selbst über diese kurze Zeitspanne hinweg auf jeden einzelnen Gedanken zu achten? Ist es nicht erstaunlich, was ein Gedanke in Ihnen auslösen kann, selbst der kleinste? Wenn Sie sich nun einmal vorstellen, wie vielen Gedanken wir über den Tag hinweg und vielleicht auch noch die ganze Nacht hindurch ausgesetzt sind, dann grenzt es schon fast an ein Wunder, dass wir so „nebenbei" auch noch den Alltag bewältigen können. Und wenn Sie sich nun weiter vor Augen führen, dass wir neben unseren zahllosen Gedanken, die niemals zu enden scheinen, auch noch einer Flut an Gefühlen ausgesetzt sind, die mit jedem einzelnen Gedanken einhergehen, dann wird Ihnen vielleicht jetzt klar, dass es sehr wichtig ist, auf seine Gedanken zu achten. Denn alles beginnt mit einem Gedanken, wirklich alles!

Gefühle und Emotionen – wo liegt der Unterschied?

Jeder Gedanke löst Gefühle in Ihnen aus, und die meisten Gefühle sind durch unsere individuellen Erfahrungen positiv oder negativ eingefärbt. Individuell sind diese Erfahrungen insofern, als jeder Einzelne von uns zu bestimmten Gedanken ganz eigene Gefühle hat. Der Gedanke „Schule" löst zum Beispiel in einem Menschen Stress- und Angstgefühle aus, bei einem anderen hingegen Freude und Heiterkeit, je nachdem, wie seine Erfahrungen dazu waren und welche Erinnerungen er damit verbindet. Nahezu jedes Gefühl hängt also mit einer oder mehreren Erfahrungen zusammen und bekommt damit noch einmal eine besondere Wertigkeit. Das Gefühl wird also durch die eigens erlebte Erfahrung aufgeladen und damit zur Emotion.

Eine Emotion ist also ein durch ein Erlebnis aufgeladenes Gefühl – ein potenziertes und verstärktes Gefühl –, im positiven wie im negativen Sinn. Wie Sie bei der Übung feststellen konnten, zieht jeder Gedanke eine Reihe von Gefühlen nach sich, die Sie körperlich spüren. Gekoppelt an die eigenen Erlebnisse rufen diese nun zu Emotionen aufgeladenen Gefühle noch weit heftigere Reaktionen in Ihnen hervor. Diese Reaktionen können von Ihnen als positiv oder als negativ empfunden werden, doch das ist gar nicht der entscheidende Punkt.

Was ich Ihnen nun verdeutlichen möchte, ist, dass die Heftigkeit der Reaktionen das Entscheidende ist. Die körperlichen Reaktionen können aufgrund der individuellen Emotionen so stark auftreten, dass es dem körperlichen, geistigen und seelischen Gleichgewicht eines Menschen abträglich sein kann.

Emotionen haben mit dem ursprünglichen Gefühl oft nicht mehr viel gemeinsam und stellen eine Art

Übertreibung oder Übersteigerung dar. Emotionen bringen uns aus unserer inneren Mitte, doch diese ist Voraussetzung für die körperliche, geistige und seelische Gesundheit. Sind wir starken Emotionen ausgesetzt, verhalten wir uns in der Regel hoch emotional. Dementsprechend reagiert unser Körper heftig, und dies erzeugt Stress. Selbst anfangs als positiv empfundene Emotionen rufen je nach Heftigkeit und Dauer Stress hervor. So können sich zum Beispiel Gedanken der Verliebtheit zu Gedanken krankhafter Abhängigkeit steigern. Oder denken Sie daran, wie man bei einem gesunden Hungergefühl bereits geistig das Bild vor sich hat, dass man köstliche Speisen genießt, und wie einem daraufhin das Wasser im Mund zusammenläuft und man dann zur Tat schreitet. Genauso können bereits gestörte Gefühle zum Thema Körpergewicht und Kalorien in einer zwanghaften Fixierung auf oder Abneigung vor Essen enden. Der Betroffene hat dann entweder ständig ein vermeintliches Hungergefühl – aus Kummer oder Langeweile – und isst zu viel, oder er ignoriert wahrhafte Hungergefühle und lehnt damit die natürlichen Bedürfnisse seines Körpers ab.

Alles beginnt mit einem Gedanken – er ist das Saatkorn

Gehen Menschen über einen längeren Zeitraum hinweg trüben Gedanken nach, so wird ihr Körper die entsprechenden Signale von sich geben und sich früher oder später über eine Krankheit ein Ventil schaffen, um sich der Flut an negativen Energien zu entledigen, die sich aufgestaut haben.

Denken Sie auch daran, dass Sie mit jedem Gedanken gleichzeitig Ihr Unterbewusstsein programmieren. Ihr Unterbewusstsein zeichnet alles auf und speichert damit alles, was Sie denken. Es steuert als eine Art innere Antriebskraft den Transport des geistigen Samenkorns in die Realität. Dabei ist zu beachten, dass das Unterbewusstsein das Wörtchen „nicht" nicht aufzeichnet, da alles existent ist, was wir geistig in die Welt setzen, eben auch das Negative. Somit übernimmt es automatisch nur den Inhalt, der um das Wort „nicht" herum platziert ist. Das heißt, wenn Sie denken, dass Sie nicht zunehmen möchten, registriert Ihr Unterbewusstsein „zunehmen" und setzt dies um.

Im Umkehrschluss bedeutet dies jedoch auch, dass Sie Ihr Unterbewusstsein steuern und für sich arbeiten lassen können, indem Sie positiv denken und Ihre Gedanken positiv formulieren. Indem Sie sich vorstellen, was Sie sich wünschen, und zwar in bejahender Wortwahl, schaffen Sie die Voraussetzung, dass Ihr Unterbewusstsein dies auch umsetzen kann. Denken Sie jedoch nicht mehr, was Sie „nicht" wollen, sondern was Sie sich stattdessen wünschen. Richtig ist also die bejahende Form der Tatsache, die Wirklichkeit werden soll.

Wir können nicht vermeiden, dass Gedanken erscheinen, aber wir können sie daran hindern, uns zu beherrschen!

Unser grundsätzliches Problem in Bezug auf unser Denken besteht darin, dass wir einem ständigen inneren Monolog ausgesetzt sind und dass wir fatalerweise glauben, diesem hilflos ausgeliefert zu sein. Sind Sie es nicht leid, nahezu zwanghaft diesem niemals endenden inneren Gedankenstrudel zuzuhören?! Wie besessen kreisen unsere Gedanken um Geld, Liebe, Sex, Essen, um Schönheit und um den Job. Und die Besessenheit unserer Gedanken setzt sich meist in unserem Handeln fort, das sich dementsprechend maßlos gestaltet und irgendwann in einer Katastrophe endet. Und dann leiden wir wieder, genauso maßlos, wie wir diese Gedanken in einer Endlosspirale in unserem Kopf so lange wiederholt haben, bis unser krankhaftes Gedankenmuster das ihm entsprechende emotionale Fehlverhalten hervorrufen musste.

Die Flut an täglichen Gedanken beeinflusst unser Wohlbefinden oder Unwohlsein, je nach Beschaffenheit der Gedanken und den damit verbundenen Gefühlen und Emotionen. Was Sie denken, ziehen Sie an, und durch die stetige Wiederholung dieser Gedanken werden sich diese in Ihrem Leben manifestieren. Das heißt, wenn Sie immer wieder denken, dass Sie sowieso versagen, dann werden Sie auch versagen. Wenn Sie jedoch denken, dass Sie Ihr Glück finden, dann wird es auch so für Sie kommen. Sie bestimmen mit Ihren Gedanken im Jetzt, was morgen für Sie eintreten wird. Wenn Sie gedanklich immer wieder schmerzhafte Ereignisse aus der Vergangenheit wiederholen, so transportieren Sie die damit verbundenen Gefühle und Emotionen in Ihr heutiges und auch zukünftiges Leben und ziehen dementsprechende Ereignisse an. So kann sich die Vergangenheit immer wiederholen, wenn auch in etwas abgewandelter Form. Das heißt, es finden ähnlich schmerzhafte Ereignisse mit ähnlichem Ausgang statt, jedoch mit anderen Personen und an anderen Schauplätzen. Warum also lassen Sie die Vergangenheit nicht einfach da, wo sie ist, im Gestern?

Steigen Sie sofort aus dieser Unglücksspirale aus! Warum noch weiter leiden, bis Ihr Leben vorbei ist? Sie können noch heute Ihr Leben in eine freudvolle Richtung bringen. Ich habe einmal einen weisen Spruch gelesen, der lautet: *„Die Qualität deines Lebens hängt von der Beschaffenheit deiner Gedanken ab."* Wie wahr, finden Sie nicht? Sie haben doch sicherlich auch schon einmal die Erfahrung gemacht, dass Sie gut gelaunt aufgestanden sind und bereits eine Stunde später schlecht drauf waren, da ein kurzer Gedanke Ihnen die Stimmung vermiest hat. Eigentlich erschreckend, wie schnell ein Gedanke uns aus dem Gleichgewicht bringen kann.

Die positive Nachricht ist, dass wir mit unseren Gedanken auch ganz gezielt unser Wohlbefinden und unser Leben steuern können. Denn wir selbst sind die Herren unserer Gedanken!

Wir sind den Gedanken und Emotionen nicht hilflos ausgeliefert. Jeder, wirklich jeder von uns kann seine Gedanken steuern, aber das bedarf natürlich unermüdlicher Übung. Sie können sofort damit anfangen – und bitte bleiben Sie dabei! Denn nur stetige Übung wird Ihnen positive Erfolge bescheren. Was Sie jahrzehntelang an negativen Gedanken angehäuft haben, muss erst einmal aufgedeckt, durch positive Affirmationen ersetzt und umprogrammiert werden. Das erfordert sehr viel Übung, so wie auch ein Instrument oder eine Sportart erlernt und stetig trainiert werden muss. Das kann Jahre in Anspruch nehmen, wenige Tage oder auch nur einen kurzen Moment. Es hängt davon ab, wie intensiv, gründlich und konsequent Sie das durchführen, und zwar immer wieder, sobald negative Gedanken auftauchen.

Sie können jederzeit neu anfangen, jeden Tag, jede Minute und jede Sekunde. Geben Sie nicht gleich auf, wenn Sie wieder in ein negatives Gedankenmuster gefallen sind. Was gestern war, spielt keine Rolle; es ist jedoch wichtig für Ihr weiteres Leben, was JETZT ist. Und JETZT können Sie neu anfangen und es besser machen, damit Ihre Zukunft positiver verläuft als Ihre Vergangenheit! So wie es Ihnen in Fleisch und Blut übergegangen ist, beispielsweise Auto zu fahren, muss es Ihnen ins Bewusstsein und ins Unterbewusstsein übergehen, gute Gedanken zu hegen. Irgendwann sind Sie in der Lage, wirklich positiv zu denken, und das in nahezu jeder Lebenssituation.

Natürlich werden Sie noch Tiefs erleben, aber Sie werden sich schneller daraus befreien und wieder aufstehen können, um im Leben weiterzugehen. Selbst aus schwierigen Phasen in Ihrem Leben können Sie dann eine positive Lehre ziehen, und zwar nicht erst hinterher, sondern bereits während dieser

Zeit der Prüfung. Wenn Sie das Licht am Horizont sehen, dann können Sie ihm entgegengehen und es erreichen, auch wenn auf dem Weg dorthin Stolpersteine liegen, die es zu überwinden gilt. Wenn Sie nur Dunkel am Ende des Tunnels sehen, werden Sie keinen Grund dafür finden, den Tunnel wieder zu verlassen. Dann stecken Sie fest, irren herum und leiden so lange, bis Sie entweder keine Kraft mehr haben und endgültig aufgeben oder dann doch noch irgendwo das Licht entdecken, das ihre Rettung sein wird.

Aber wie findet man aus diesem Gedankenstrudel heraus?, werden Sie jetzt fragen. Es gibt verschiedene Techniken, um Gedanken zu steuern. Sie können zum Beispiel als distanzierter Beobachter all Ihre Gedanken wie einen Fluss vorbeiziehen lassen, ohne darin einzutauchen. Wenn Ihnen dies gelingt, dann können Sie auch jederzeit Ihren Gedankenfluss zum Stillstand bringen, und dann spüren Sie den Frieden des gegenwärtigen Moments. Dann sind Sie Herr über Ihre Gedanken, und dann haben die Gedanken keine Macht mehr über Sie. Sie werden dann in der Lage sein, die Macht der bewussten Gedankensteuerung dazu einzusetzen, mit Ihren neuen, guten Gedanken Ihr Leben in eine positive Richtung zu bringen.

Wie Sie negative Gedanken durch positive Gedanken ersetzen können

Durch Affirmationen

Sie ersetzen einen negativen geistigen Glaubenssatz durch das positive Äquivalent und programmieren Ihr Unterbewusstsein mit Hilfe dieser positiven Affirmation um, indem Sie diese stetig wiederholen. Wichtig dabei ist, dass die Affirmation durchweg positiv formuliert wird.

Übung

Sobald Sie bemerken, dass Sie sich gerade schlecht fühlen, sollten Sie dem Gedanken nachgehen, der Sie dazu gebracht hat. In der Regel handelt es sich um mehrere Gedanken, eine Art Gedankenkette also, die Sie wahrscheinlich schon seit längerer Zeit geistig wiederholen. Gehen Sie Glied für Glied diese Gedankenkette durch, und versuchen Sie, jeden einzelnen negativen Gedanken positiv neu zu formulieren.

Ein Beispiel: Sie denken immer wieder, dass Sie zu viel zu erledigen haben und nicht wissen, wie Sie das tagtäglich noch schaffen sollen, da Sie keine Kraft mehr haben.

Ersetzen Sie diese negative geistige Programmierung durch folgende positive Affirmation: „Ich gehe jetzt Schritt für Schritt meinen Aufgaben nach und ich habe alle Kraft und Zeit zur Verfügung, die ich dafür benötige. Ich gebe heute mein Bestes, um mit Leichtigkeit zu erledigen, was für mich zu erledigen ist. Was ich heute nicht schaffe, werde ich morgen schaffen, und es ist in Ordnung, wenn ich eine Pause benötige."

Entweder Sie sprechen die positive Affirmation immer wieder laut aus, bis sie selbst davon überzeugt sind, oder Sie wiederholen sie einfach im Geiste, bis das negative Gedankenmuster nicht mehr auftaucht. Wichtig ist, dass Sie beim Formulieren der positiven Affirmation darauf achten, dass diese keine Verneinungen und negativ aufgeladenen Worte enthält. Sagen Sie also auf keinen Fall: „Ich möchte nicht mehr missgünstig sein." Sagen Sie stattdessen: „Ich bin zufrieden, wie ich bin, und ich lasse andere sein, so wie sie sind."

Sie können Ihre selbst formulierten positiven Affirmationen auf einem Zettel notieren und diesen dann an Ihrem Spiegel oder Kühlschrank befestigen, damit Sie die Affirmationen immer lesen, wenn Sie daran vorbeigehen. Sie werden sofort spüren, wie Sie sich besser fühlen, wenn Sie einen negativen Gedanken durch den entsprechenden positiven ersetzt haben.

Durch geistige Bilder
Sie wandeln eine negative Vorstellung in Ihrem Kopf in ein positives Bild um und stellen sich vor, dass das

positive, geistige Szenario bereits eingetreten ist. Dabei ist nicht nur Ihre Achtsamkeit gefragt, mit deren Hilfe Sie das negative Bild überhaupt erst entlarven, sobald es in Ihren Gedanken auftaucht – Sie müssen es auch geistig löschen und für ungültig erklären. Dann ersetzen Sie es sofort durch Ihre Wunschvorstellung, die Sie sich ganz plakativ in allen Farben und Formen im Geiste ausmalen. Konzentrieren Sie sich ganz intensiv darauf, dass dieser Wunsch bereits wahr geworden ist. Hierzu sind Ihr Vorstellungsvermögen und Ihre Willensstärke erforderlich. Diese Technik der Visualisierung spielt insbesondere bei der Realisierung von Wünschen eine große Rolle, dazu mehr im Kapitel „Wünsche".

Übung

Wenn Sie zum Beispiel immer wieder Gedanken darüber plagen, dass Sie sich für unattraktiv und übergewichtig halten, dann erklären Sie nun diese Vorstellung für unsinnig und ungültig.

Sehen Sie sich nun vor Ihrem geistigen Auge als attraktive, sympathische Person, die regelmäßig ihren Lieblingssport treibt, und spüren die Freude, die Sie erfüllt, wenn Sie ihre Übungen erfolgreich beendet haben. Sie erkennen, wie Sie infolge des regelmäßigen Sports abgenommen haben und sich Ihr Körper gefestigt hat, und Sie sind sehr stolz darauf, dies ganz alleine geschafft zu haben. Sie lächeln und genießen das Gefühl der Zufriedenheit und des Glücks, sich nun als neuen Menschen wahrzunehmen.

Üben Sie konsequent und so lange, bis dieses Bild förmlich in Fleisch und Blut übergegangen ist und sich damit manifestiert. Nur durch stetige Übung werden Sie erreichen, dass Ihre negativen Gedankenmuster die Macht über Sie verlieren und sich auflösen. So können Sie auch Ihre geistige Blockade lösen, die bisher alle Ihre Versuche sabotiert hat, erfolgreich an Gewicht zu verlieren. Natürlich ist es hierzu auch erforderlich, dass Sie Ihr Essverhalten korrigieren, aber dies wird Ihnen sehr viel leichter fallen, wenn Sie erst einmal gedanklich darauf eingestellt sind.

Sie können sich zum Beispiel auch Ihre Gedanken als Wolken vorstellen, und sobald Sie bemerken, dass gerade eine dunkle Wolke Ihre Stimmung trübt, atmen Sie tief durch die Nase in ihren Bauch ein und pusten diese Wolke kräftig weg, entweder wortwörtlich oder im Geiste, so, wie es Ihnen leichter fällt. Machen Sie das so oft, bis die dunkle Wolke verschwunden ist. Sie muss nicht mehr aufziehen, denn Sie schicken lächelnd Schönwetter-Schäfchenwolken hinterher ...

Wenn Sie schon etwas Übung darin haben, dunkle Wolken zu vertreiben, können Sie die Wolken einfach mal vorbeiziehen lassen. Sie sind einfach nur Beobachter und müssen sich nicht mehr mit jeder Wolke beschäftigen. Das heißt, Sie können die Wolken einfach so weiterziehen lassen, wie sie sind, ohne sie ändern zu wollen. Es gibt zum Beispiel dunkle

Wolken, Schleierwolken, Gewitterwolken, Regenwolken, und es gibt Schäfchenwolken und Wolken, die sich öffnen und die Sonne durchstrahlen lassen. Sie sehen sie, aber Sie verwickeln sich nicht mehr darin. Sie wollen nicht mehr alles ändern, sondern akzeptieren einfach die Situation, wie sie ist, in dem Wissen, dass sowieso alles vorbeigeht.

In diesem Übungsstadium können Sie die Gedanken einfach vorbeiziehen lassen, ohne sich in jeden einzelnen zu verstricken und damit emotionale Reaktionen zu ernten. Sie werden einfach zum distanzierten Beobachter Ihrer Gedanken und genießen dies. Sie lassen Ihre Gedankenwolken vorbeiziehen und werden plötzlich feststellen, dass der Himmel auch frei von Wolken sein kann. Sie gehen plötzlich keinem Gedanken mehr nach, sondern werden innerlich leer und ganz ruhig und atmen tief ein und tief aus.

Jetzt ist da nur noch Ihr Atem ... und Sie selbst! Wenn Sie auch nur einmal den Moment der Gegenwärtigkeit bewusst erlebt haben – in dem Ihr Geist leer ist und Ihre Gedanken ruhen –, dann können Sie das Gefühl des Friedens erahnen, wie es ist, im göttlichen Seinszustand zu verweilen.

Wie man lernen kann, positiv zu denken

Mich hat immer wieder die Frage beschäftigt, warum es uns Menschen eigentlich so schwerfällt, grundsätzlich Gutes zu denken. Es ist wirklich erstaunlich und zugleich erschreckend, wie leicht es uns dagegen fällt, negativ zu denken. Wir sind wahrlich Meister darin, uns vorzustellen, wie etwas schiefgeht, wie wir zum Beispiel eine Prüfung vermasseln, und darin, uns immer wieder schuldig zu fühlen. Warum sind wir nicht meisterhaft darin, uns vorzustellen, dass wir der beste Ehepartner sind, dass unsere Kinder ihren Weg finden werden und dass wir den beruflichen Erfolg verdient haben? Warum sind wir nicht vollkommen überzeugt, dass wir gute Menschen sind und alles dafür tun, dass es uns selbst und anderen in unserer Umgebung gut geht?

Stellen Sie sich immer wieder einmal die Frage, ob Sie wirklich stets Ihr Bestes geben und alles tun, was in Ihrer Macht steht, um eine Situation zu meistern. Jeder von uns hat schon die Ausrede benutzt „Ich wollte doch nur das Beste für dich …", in die sich unser Ego flüchtet, wenn es sich angegriffen fühlt. Wollten Sie wirklich immer nur das Beste für den anderen, oder haben Sie nicht vielmehr Ihrem Gegenüber das übergestülpt, was in Ihrer Vorstellung das vermeintlich Beste für ihn sein sollte, damit Sie nichts an sich selbst ändern mussten? Da waren offensichtlich Ihre eigenen Gedanken in der Schieflage, und damit Sie dies erkennen, bevor Sie das eigene Ego weiter in die Irre führt, sollten Sie regelmäßig innehalten, sich zur Ruhe bringen und tief ein- und ausatmen, um sich selbst wieder spüren zu können. Und dazu müssen Sie Ihre Gedanken zum Stillstand bringen (können)! Ganz einfach, mühelos und ohne Druck. Dann sind Sie wirklich ruhig und bei sich, dann sind Sie im göttlichen SEIN(s-Zustand). Dann sind Sie wirklich gegenwärtig und Sie selbst. Ihr Geist ist dann nicht mehr ein vom Ego gesteuertes, wild gewordenes Pferd, das sich in Folge der unzähligen, wirren Gedanken aufbäumt, durchgeht und dabei seinen Reiter (damit sind Sie gemeint!) abwirft. Geben Sie die Zügel nicht mehr aus der Hand!

Lassen Sie es nicht mehr zu, dass die Gedanken Macht über Sie haben, indem Sie sich mit ihnen identifizieren! SIE SIND NICHT IHR VERSTAND! Ihr Verstand ist nur eines von vielen Instrumenten, die Ihnen zur Verfügung stehen. Sobald Sie zum Beobachter Ihrer Gedanken werden, treten Sie automatisch aus dieser irreführenden Identifikation mit Ihrem Denken heraus, und damit verlieren diese Gedanken ihre Macht über Sie. Hören Sie auf damit, das Ruder aus der Hand zu geben und durchs Leben zu trudeln. Sie sind der Bootsführer, der das Ruder (die Gedanken) führt und damit das Boot (Ihren Geist) steuert!

Aber nun zurück zur Frage, warum es uns Menschen eigentlich so schwer fällt, einen Geist voller guter Gedanken zu haben und grundsätzlich positiv zu denken. Das liegt daran, dass wir uns so sehr von unserem göttlichen Kern entfernt haben! Von unserem SEIN, so wie wir im göttlichen Sinne geschaffen

80

wurden. Wir haben vergessen, wie es ist, einfach zu SEIN. Wir haben vergessen, wie es ist, ohne ständiges Gedanken-Wirrwarr im Kopf zu leben. Diese unzähligen Gedanken verursachen solchen Lärm in unserem Kopf, dass wir uns selbst nicht mehr hören. Wir halten es für normal, dass wir geistig einer ständig wachsenden Gedankenflut ausgesetzt sind, weil es offensichtlich jedem Menschen so geht. Aber das ist nicht normal und nicht natürlich! Wir identifizieren uns mit unserem Denken und demzufolge mit unserem Verstand. Doch das ist ein großer Irrtum – die Illusion, der wir immer wieder erliegen! WIR SIND NICHT UNSER VERSTAND.

Es ist im göttlichen Sinne und normal, es ist natürlich, dass unser Geist ruhig ist und frei von Gedanken, und diese Ruhe und diesen Frieden spüren Sie, wenn Sie in diesem kurzen Moment der Gegenwärtigkeit, im JETZT sind. Üben Sie ab sofort, im JETZT zu sein. Das Leben, Ihr Leben ist JETZT und nicht gestern oder morgen!

Alles beginnt mit einem Gedanken, jedes Wort und jede Tat. Seien Sie sich dieser Tatsache bewusst, denn Sie können mit Ihren Gedanken Ihr Leben in eine leidvolle oder in eine glückliche Richtung lenken.

Wünsche

Wer lebt, hat Wünsche und Träume;
wer wahrhaftig lebt, verwirklicht sie.

Wie herrlich ist es doch, sich seinen Träumen hinzugeben. Ich meine damit Tag- und Wunschträume und nicht diejenigen, die während der Nachtruhe aufkommen, wenn Eindrücke verarbeitet werden, unser Geist sich reinigt und unsere Seele auf Reisen geht, um Kraft zu schöpfen. Sie vergessen Raum und Zeit, wenn Sie träumen, und Sie schwelgen dann meist auf einer Welle der Glückseligkeit. Ganz eng mit diesen Träumen sind unsere Wünsche verknüpft, denn träumen wir von jemandem oder von etwas, dann wünschen wir uns fast automatisch, diese Person in unsere Arme zu schließen, diesen Gegenstand in unseren Händen zu halten.

Unsere Wünsche sind essenziell für uns, eine Quelle, aus der wir jederzeit Kraft und Mut schöpfen können, und sie treiben uns an. Wenn wir wünschen, dann fühlen wir uns lebendig und sind noch ein wenig wie Kinder, aus denen nahezu pausenlos Wünsche heraussprudeln. Kinder sind völlig mühelos dazu in der Lage, aus der Reinheit des Herzens und ohne Berechnung zu wünschen, und dabei freuen sie sich so intensiv, als hätte sich ihr Wunsch bereits erfüllt.

Lächeln und strahlen Sie auch, wenn Sie an Ihre innigsten Wünsche denken, wenn Sie davon träumen, dass sich Ihre Wünsche erfüllen werden? Fühlen Sie die Freude, die jede Ihrer Körperzellen durchdringt, und spüren Sie, wie Ihr Herz klopft und Ihr Atem durch Ihren Körper fließt? Ein wunderbares Gefühl der Leichtigkeit stellt sich ein. Und mit dieser Leichtigkeit besteigen Sie mühelos die Stufen Ihres Lebensweges, sofern Sie dazu in der Lage sind, Ihre Wünsche jederzeit geistig abzurufen und in allen Farben und Formen vor Ihrem inneren Auge aufleben zu lassen. Dann sind Sie bereits auf dem besten Weg dazu, Ihre Wünsche zu verwirklichen, und jede Sekunde, die verstreicht, bringt Sie Ihrem Wunschtraum näher.

Stolpersteine auf dem Weg zur Wunscherfüllung

Damit Sie auf dem manchmal langen Pfad zum Ziel nicht vom Weg abkommen, gibt es einiges zu beachten. Jeglicher Zweifel, Zwang, Druck und jegliches Anhaften ersticken einen Wunsch im Keim, auch wenn Sie noch so heftig dessen Verwirklichung herbeisehnen! Zudem sollte der Wunsch aus vollem Herzen kommen – ein reiner Herzenswunsch sein und nicht ein von Ego und Gier gesteuertes Produkt der Berechnung. Denn Letzteres kann Sie zwar dem Wunsch vermeintlich näher bringen oder ihn sogar erfüllen, aber die Genugtuung wird nur von kurzer Dauer sein. Sie werden entweder schnell das wieder verlieren, was Ihnen für kurze Zeit eigen zu sein schien, oder Sie werden mit unangenehmen Begleiterscheinungen zu kämpfen haben und sich wünschen, dass Sie diesen Wunsch besser nie ins Leben gerufen hätten.

Was aus negativer Quelle entspringt, wird auch negativ enden. Wenn Sie Geister rufen, dann kommen sie auch, und dann werden Sie sie vielleicht nie wieder los! Somit sollte man sich auf das Gute besinnen und sich ehrlich hinterfragen, woraus ein Wunsch entspringt und welche Gefühle damit einhergehen.

Versprechen Sie sich von einem Wunschtraum, dass allein dessen Realisierung Sie glücklich machen kann, und sind Sie geradezu notorisch unglücklich, weil sich ihr Wunsch immer noch nicht erfüllt hat? Dann werden Sie mit hoher Wahrscheinlichkeit noch lange warten, hoffen und unglücklich sein, denn dann sind Sie in die Falle der „Anhaftung" geraten. Was Sie nicht loslassen können, das kann entweder nicht zu Ihnen kommen oder nicht bei Ihnen bleiben. Was Sie festhalten, wenn auch nur geistig und nicht unbedingt physisch, das entzieht sich Ihnen – ein kosmisches Gesetz. Und dann leiden Sie, als Ergebnis der Anhaftung, wie der Buddhismus uns lehrt. Und Sie leben zudem in der Illusion, dass Sie nur glücklich sein können, wenn Sie dieses oder jenes besäßen, doch das ist ein großer Irrtum. Wenn Sie nicht einfach so glücklich sein können, egal, wer oder was Ihnen gerade fehlt, dann werden Sie auch nicht glücklich sein, wenn dieses oder jenes um Sie herum ist, denn dann werden Sie immer das Haar in der Suppe finden! Das Haus, das Sie sich gewünscht haben und schließlich besitzen, ist dann plötzlich nicht mehr groß genug, hat vielleicht versteckte Mängel oder macht sehr viel Arbeit. Der Mann oder die Frau, den/die Sie unbedingt wollten, entpuppt sich als jemand anderer, als ursprünglich gedacht. Und dann müssen Sie schmerzlich der eigenen Projektion ins Auge blicken, die Sie ihm oder ihr aufzwangen, anstatt von Anfang an genauer hinzusehen. Wenn Sie ohne etwas oder jemanden nicht leben können, dann werden Sie auch nicht mit ihm leben können.

Wollen Sie etwas erzwingen, dann wird dieses Etwas auf sich warten lassen, denn mit Druck erzeugen Sie automatisch Gegendruck, und damit sind Sie auch schon in die nächste Falle getappt. Wonach Sie greifen, das entzieht sich Ihnen, auch das ist ein wichtiges kosmisches Gesetz. Wurzelt Ihr Wunsch in Gier, Zwang und Druck, dann sollten Sie ihn dringend überdenken. Die Nichterfüllung oder auch vermeintliche Erfüllung eines solchen Wunsches wird Sie früher oder später mit diesen negativen Eigenschaften und den damit verbundenen Konsequenzen konfrontieren, damit Sie lernen, von solchen „Dämonen" Abstand zu nehmen.

Was Sie säen, das ernten Sie. Daher: Hören Sie auf Ihr Herz! Was wünscht sich Ihr Herz? Nur die Erfüllung eines Herzenswunsches wird auch Ihr Herz erfreuen.

Was ist wirklich wichtig?

Uns Menschen sollte längst klar geworden sein, dass wahres Glücklichsein und wahre Zufriedenheit nur von innen, aus uns selbst heraus kommen und dass wir nur dann, wenn wir mit offenen Augen durchs Leben gehen, die Geschenke entdecken, die dort auf uns warten. Schaffen wir es, jeden Tag die vielen kleinen Glücksmomente zu entdecken und zu genießen, zum Beispiel wie die Sonne uns küsst und wärmt, wie die Blumen am Wegesrand blühen und ihren Duft versprühen, wie unsere Kinder herumtollen und lachen, wie unser Partner uns ansieht und wie wir einfach atmen – dann sind wir sehr reich. Reich an Liebe, geistiger Reife, Klarheit, innerem Frieden und natürlich Glück! Selbstverständlich kann es einen auch mit einem Glücksgefühl und mit Befriedigung erfüllen, wenn man sich einen materiellen Wunsch erfüllt, aber dieses Gefühl währt nur kurz, und sehr bald will man mehr oder etwas anderes – ein unendlicher Kreislauf, der letztendlich nur der Wirtschaft nutzt. Das können Annehmlichkeiten sein, aber nicht das wahre Glück.

Wer das wahre Glück in sich gefunden hat, der ist auch in der Lage, ohne viele äußere Annehmlichkeiten ein glückliches Leben zu führen. Denn schnell kann ein Leben im materiellen Wohlstand zu Ende sein. Ein Unfall, ein Konkurs, eine Scheidung, eine schwere Krankheit – und alles ist plötzlich weg. Was dann? Woraus zieht ein Mensch dann noch sein Glücksgefühl und seine Zufriedenheit? Die Sonne scheint dann noch immer, und die Blumen blühen noch immer – sofern wir endlich gelernt haben, unsere Umwelt zu schützen –, aber sieht dies der Betroffene, oder sieht er nur, dass nun sein Haus und sein Geld weg sind?

Das heißt nicht, dass ich alle materiellen Dinge und das Streben danach verurteile, auf keinen Fall! Wir leben in einer materiellen Welt, und es ist eine der guten Seiten, dass man sich gewisse Annehmlichkeiten schaffen kann. Unser Leben unterliegt dem Prinzip der Dualität. Alles hat zwei Seiten, es gilt daher stets gut abzuwägen. Sie müssen kein Asket sein und alles verdammen, was mit Geld und Konsum zu tun hat. Ich glaube, das ist nicht unbedingt der richtige Weg. Geld an sich ist nichts Schlechtes. Geld ist ein neutrales Tauschmittel, aber was wir damit verbinden und was wir damit oder daraus machen, ist oft alles andere als gut.

Man kann ganz sicher auch im göttlichen Sinne leben, wenn man sich etwas gönnt und sich verwöhnt, denn das ist eine Form der Selbstliebe. Aber man darf dabei niemals den Blick für das Wesentliche im Leben verlieren, und das ist der springende Punkt! Wenn Sie Ihr Heil in der Anhäufung materieller Güter suchen, dann haben Sie den Blick für das Wesentliche verloren. Wenn Sie dem Irrtum unterliegen, dass Geld und materieller Reichtum alles andere aufwiegen, dann leben Sie in einer Blase der Illusion, und diese wird irgendwann platzen. Wenn der Antrieb Ihres Handelns in der Gier nach Materiellem wurzelt und nicht in der Liebe, dann haben Sie den

Blick für das Wesentliche verloren. Ohne die wahre Liebe in sich entdeckt und ohne die wahre Zufriedenheit gefunden zu haben, wird auch der reichste Mann nie wirklich glücklich sein.

Sehen Sie sich einmal die „Stars" genau an, die in Reichtum schwelgen und alles zu haben scheinen. Wer von ihnen ist wirklich glücklich? Wer kann noch ohne Tabletten einschlafen, ohne Drogen den Tag bewältigen, eine Ehe ohne Seitensprünge führen? Wer von ihnen kann noch ehrlich und von Herzen lachen und nicht nur ein einstudiertes, falsches Lächeln und eine antrainierte Attitüde aufsetzen, damit die Kameras das Bild einfangen, das die Fans sich wünschen? Wo ist der wahre Mensch hinter der Sonnenbrille?

Sehen Sie den Menschen in die Augen, dort offenbart sich alles. Nicht umsonst sagt man, die Augen sind das Fenster zur Seele. Wahres Glück, wahre Liebe, wahre Zufriedenheit und wahren Reichtum sieht man in den Augen eines Menschen. Wenn ein Mensch sein höheres Selbst entdeckt und gefunden hat, dann lebt er im SEIN, im göttlichen Sinne. Dann lebt er so, wie Gott ihn geschaffen hat, ohne jegliche Illusion. Dann erkennt er seine Vollkommenheit, seine Talente, lebt in der Fülle und kann gar nicht mehr anders, als glücklich zu sein. Jegliche Gedanken der Angst, des Mangels, der Unzufriedenheit und der Selbstverurteilung gehören dann der Vergangenheit an und sind als das entlarvt, was sie sind: Illusionen!

Glück fängt im Kleinsten an, nicht im Größten

In der Nähe meiner ehemaligen Wohnung saß meist den ganzen Tag lang ein Obdachloser auf einem Karton am Boden oder auf einem mit Zeitungen bedeckten Bierkasten. Immer, wenn ich auf dem Weg zu meinen Einkäufen an ihm vorbeikam, saß er mit leuchtenden Augen da, lauschte seinem kleinen Transistorradio und schenkte den Vorübergehenden ein Lächeln. Ich habe ihn wirklich nie missmutig am Gehweg sitzen sehen, dafür eine Menge missmutiger und unzufriedener Leute, die achtlos an ihm vorbeigingen. Vielleicht sollten gerade sie einmal kurz stehenbleiben und sich diese Blume am Wegesrand ansehen, die dort blüht.

Dieser obdachlose und offensichtlich glückliche Mann erinnerte mich jedes Mal daran, wo das Glück wirklich zu finden ist. Gerade dann, wenn ich mich wieder mal über eine Lappalie ärgerte – dass es eine war, fiel mir auf, wenn ich an ihn dachte –, dann hielt ich kurz inne und besann mich wieder auf das, was wirklich essenziell im Leben ist.

Halten auch Sie immer wieder mal inne. Was benötigen Sie wirklich? Was ist wirklich wichtig? Hören Sie in sich hinein und auf das, was Ihr Herz sich wünscht und nicht Ihr Ego. Sie werden lernen, das zu unterscheiden, wenn Sie sich wieder auf sich selbst besinnen. Dann werden Sie Ihre Stimme im Gewirr der eigenen Gedanken und der Meinungen anderer Menschen heraushören. Keiner kann Sie verurteilen, wenn Sie sich nicht selbst verurteilen. Wenn Sie wirklich von ganzem Herzen fühlen, dass etwas richtig ist, dann vertrauen Sie darauf und nicht auf das, was andere für richtig halten.

Es ist unendlich wichtig, dass Sie sich selbst kennenlernen und zu sich stehen, auf sich vertrauen und sich annehmen. Wer sonst soll es denn tun, wenn nicht Sie? Und nur wenn Sie sich wirklich kennen, sind Sie auch in der Lage, entscheiden zu können, was gut für Sie ist und was nicht. Und dies ist die Voraussetzung dafür, wahre Herzenswünsche erkennen und aussprechen zu können, um mit deren Erfüllung Ihr Leben zu bereichern. Selbstverständlich wünschen und erfüllen Sie sich auch weiterhin große und kleine materielle Dinge für Ihr Leben, sozusagen als Annehmlichkeit und Sahnehäubchen obendrauf, aber Sie suchen nicht mehr Ihr Heil darin. Denn nicht hinter allem, was glitzert, steckt auch ein Diamant.

Wie sich Ihre Wünsche erfüllen

Erst einmal sollten Sie sich in Ruhe Gedanken darüber machen, was Sie sich wirklich wünschen. Irgendeinen Wunsch hat jeder Mensch, und für den Anfang genügt es auch, sich etwas Einfaches oder Kleines zu wünschen, um zu üben. Danach können Sie sich an die größeren Wünsche wagen.

Der Wunsch muss ganz klar und konkret formuliert werden und darf, ebenso wie die Affirmationen, keine Verneinungen enthalten. Sagen Sie also nicht, was Sie nicht wollen, denn dann konzentrieren Sie sich automatisch auf das, was Sie sich auf keinen

Fall wünschen, und diese Fokussierung bewirkt, dass sich genau das manifestiert. Daher ist es so wichtig, dass Sie sich innerlich ganz klar darüber sind, was Sie sich konkret wünschen. Es genügt völlig, seinen Wunsch gedanklich zu formulieren, Sie können ihn aber auch notieren und ihn laut aussprechen. Wählen Sie die Methode, die Ihnen intuitiv leichter fällt.

Übung: Wunschvisualisierung

Stellen Sie sich nun bildlich vor, und lassen Sie dabei Ihrer Kreativität und Fantasie freien Lauf, wie Ihr Wunsch aussieht. Malen Sie dieses mentale Bild in den schönsten Farben und Formen, und lassen Sie dabei Ihren Verstand völlig ausgeschaltet. Er würde Ihr Bild nur begrenzen oder Ihnen vorgaukeln, dass dieser Wunsch sowieso nie erfüllt werden kann, und Letzteres wäre die größte Blockade, die Sie innerlich errichten können. Ihr Verstand würde auf diese Art und Weise alles sabotieren, was Sie sich so sehr erhoffen, und damit jede Wunscherfüllung im Keim ersticken. Was Sie selbst nicht für möglich halten, kann auch nicht möglich werden! Begrenzen Sie sich daher nicht, und wünschen Sie aus vollem Herzen das, was Sie sich wirklich erträumen.

Malen Sie Ihr mentales Bild mit Begeisterung und völliger Hingabe – wie ein Kind. Denken Sie nicht, sondern träumen Sie. Und vergessen Sie nicht, sich selbst in das Bild zu integrieren, das ist ganz wichtig!

Lassen Sie vor Ihrem inneren Auge einen imaginären Film ablaufen, wie sich Ihr Wunsch bereits verwirklicht hat und wie Sie sich als Protagonist über Ihre Wunscherfüllung freuen. Lassen Sie diese Freude in jede Ihrer Zellen strömen. Schwelgen Sie in diesem wundervollen Gefühl der Freude und Dankbarkeit, und halten Sie Ihr visualisiertes Bild konzentriert aufrecht.

Dies mag Ihnen am Anfang vielleicht schwerfallen, aber üben Sie das Visualisieren, und Sie werden sehen, wie es fast selbstverständlich für Sie wird. Die Kunst der Visualisierung kann Ihnen in vielen Bereichen Ihres Lebens sehr hilfreich sein, zum Beispiel beim Ersetzen negativer Gedankenmuster in positive, und sie kann Ihr Leben in eine glückliche Richtung lenken.

Sie können jederzeit und an jedem Ort wünschen. Und Sie können so viele Wünsche absenden, wie Sie möchten, es gibt keinerlei Begrenzung. Es ist nur wichtig, dass Sie das Wünschen konzentriert und zugleich mühelos und in Leichtigkeit vollziehen.

Sie können zum Beispiel ein kleines Wunsch-Ritual daraus machen, indem Sie sich einen besonderen Ort aussuchen, eine Kerze anzünden und die Engel dazubitten, die sich übrigens immer sehr darüber freuen, wenn wir sie mit einbeziehen und sie uns unterstützen dürfen.

Engel-Wunschgebet

Ihr lieben Engel und geistigen Helfer, ich bitte euch jetzt zu mir. Bitte helft mir, dass sich mein größter Herzenswunsch nach ... (z.B. einem Kind, einem Lebensgefährten, einem erfüllenden Beruf usw.) erfüllt. Schickt mir bitte deutliche Zeichen, damit ich meinen Weg finde, und führt und beschützt mich dabei. Ich danke euch. Amen.

Sie können sich vermeintlich banale Dinge wünschen, um erst einmal zu üben und (für die Skeptiker unter Ihnen) zu überprüfen, ob diese Methode auch funktioniert. Wünschen Sie sich zum Beispiel auf Ihrem Heimweg vom Büro grüne Ampeln. Und einen Parkplatz direkt vor Ihrem Haus, sofern Sie nicht einen eigenen besitzen. Oder wünschen Sie sich, dass ein schöner Platz in ihrem Lieblingslokal frei wird, sobald Sie es betreten. Oder dass Sie eine Gehaltserhöhung bekommen. Sie können auch jedem Ihrer Wünsche eine Zeitangabe hinzufügen. Denn Sie möchten ja nicht ewig auf die Gehaltserhöhung oder auf das neue Auto warten. Ihr Unterbewusstsein und das Universum sind zwar losgelöst von Raum und Zeit, aber Ihnen hilft unter Umständen diese Zeitangabe, dem Kosmos die Ernsthaftigkeit und Dringlichkeit Ihres Wunsches zu vermitteln.

Seien Sie also so konkret wie es nur geht. Denn je genauer Sie Ihren Wunsch formulieren und visualisieren, umso schneller kann er sich manifestieren. Den wirklich richtigen Zeitpunkt und die Vielfalt der Möglichkeiten in Bezug auf die Wunscherfüllung kennt sowieso nur das Universum. Sie können ganz sicher sein, dass sich Ihr Wunsch auf die bestmögliche Art und Weise und zum bestmöglichen Zeitpunkt erfüllen wird. Auch wenn Sie das manchmal nicht sofort erkennen können. Sie werden zu einem späteren Zeitpunkt dankbar feststellen, dass es gut war, so wie es gekommen ist.

Und vergessen Sie nicht: Sie müssen sich selbst in Ihr Wunschbild integrieren! Stellen Sie sich also immer vor, dass Sie der Protagonist Ihrer visualisierten Wunscherfüllung sind. Wenn Sie voller Neid an Ihren Nachbarn denken, während Sie sich einen neuen, schwarzen Sportwagen mit roten Ledersitzen wünschen, dann wird es höchstwahrscheinlich auch Ihr Nachbar sein, der dieses Auto erhält. Und Sie hatten offensichtlich eine Lektion zum Thema Neid nötig und bekamen sie prompt geliefert. Denn nun hat der Nachbar zwei tolle Sportwagen in seiner Garage, und Sie schrauben immer noch an Ihrer Rostbeule herum.

Auch Wünsche folgen den kosmischen Gesetzen

Das, was Sie anderen nicht gönnen, wird auch Ihnen nicht vergönnt sein! Aus diesem Grund gilt es, den Antrieb eines Wunsches stets zu hinterfragen und gegebenenfalls zu revidieren. Wünschen Sie sich am besten nur für sich selbst etwas und aus einer positiven Motivation heraus! Für Menschen in Ihrem Umkreis können Sie nicht unbedingt beurteilen, was für diese am besten ist – es wäre auch anmaßend –, außer vielleicht Gesundheit und ein glückliches Leben in Liebe, Frieden und Fülle, denn das wünschen wir uns alle.

Natürlich erfüllen sich auch vage abgegebene Wünsche, denn man weiß ja nicht immer bis ins kleinste Detail, wie zum Beispiel der neue Job sein oder die neue Wohnung aussehen soll, aber dazu müssen Sie eine große Portion (Gott-)Vertrauen mitbringen, denn der realisierte Wunsch kann sich völlig anders präsentieren, als Sie es vermutet haben. Der bestellte Traummann sieht vielleicht ganz anders aus, als Sie dachten. Sie müssen einfach darauf vertrauen, ganz genau hinsehen und offen dafür sein, dass Sie wirklich das Beste erhalten – was sich später auch herausstellen wird. Außer, Sie haben eben nicht vertraut und genau hingesehen, sodass Ihr „gelieferter" Traummann an Ihnen vorbeigelaufen ist.

Der Kosmos präsentiert Ihnen immer die bestmögliche Variante, die gerade zum Zeitpunkt der Wunscherfüllung angesagt ist. Denn Sie werden bestimmte Erfahrungen damit machen müssen, etwas zu lernen haben. Aber wenn Sie noch nicht offen oder empfänglich dafür sind, werden Sie einige Chancen verpassen und vielleicht noch immer als Single herumlaufen, obwohl Ihnen das Universum bereits mehrmals den besten Lebenspartner präsentiert hat!

Seien Sie auch mit Stoßgebeten vorsichtig, wie zum Beispiel „Ich wünschte, ich wäre jetzt unabhängig und alleine!", denn dann könnten der Partner oder die Familie schnell weg sein, auf welche Art auch immer.

Damit sich jeder positive Wunsch erfüllen kann, ist es unerlässlich, ihn nach der Visualisierung loszulassen und fest darauf zu vertrauen, dass er sich erfüllt. Mit dem Akt des Loslassens und Vertrauens begeben Sie sich in eine entspannte und offene Haltung. Und nur in dieser Haltung sind Sie empfänglich für die göttliche Führung und die Zeichen des Universums. Diese Hinweise „von oben" können in Form von Engelsbotschaften erfolgen oder zum Beispiel durch einen Impuls, der Sie plötzlich dazu auffordert, jemanden anzurufen, eine bestimmte Zeitschrift oder ein Buch aufzuschlagen, das Radio oder den Fernseher einzuschalten, weil dort eine Information übermittelt wird, die Sie unbedingt benötigen, um Ihrem Wunsch näherzukommen.

Wenn Sie die Botschaften des Universums hören und ihnen folgen, werden Sie Ihr Ziel schnell erreichen. Denn das Universum benötigt Ihr Zutun, damit sich der Wunsch realisieren kann, und leitet Sie auf Ihrem Weg dorthin. Wenn Sie die göttlichen Instruktionen überhören, weil Sie angespannt und ungeduldig sind, zweifeln, hadern und damit Ihre innere Stimme nicht mehr hören, dann verlassen Sie den Weg, der zur Erfüllung Ihres Wunsches führt.

Loszulassen, bedingungslos zu vertrauen und offen zu sein für das, was die eigene Intuition gerade empfiehlt, stellt für uns Menschen wohl den schwierigsten Part beim Wünschen dar. Gerade wenn wir etwas unbedingt wollen, können wir so schwer, falls überhaupt, loslassen. Aber genau dies ist die Voraussetzung dafür, dass das Universum ungestört an der Erfüllung des Wunsches arbeiten kann. Es ist ein kosmisches Gesetz, dass sich einem das entzieht, wonach man greift, und dass man das nicht bekommt oder gleich wieder verliert, was man festhalten will. Sie müssen nach dem Visualisieren in der Lage sein, den ersehnten Wunsch sofort wieder loszulassen. Und Sie müssen bedingungslos darauf vertrauen können, dass er sich erfüllt. Hier werden besonders die Skeptiker unter Ihnen auf die Probe gestellt.

Mühelos gewinnt man die Welt – mit Mühe verliert man sie

Vielleicht sollten Sie sich erst einmal einfache Dinge wünschen, an deren Erfüllung Sie nicht so „kleben" wie an den vermeintlich wichtigen. Und wenn Sie dann sehen, wie schnell es mit der Wunscherfüllung klappt, haben Sie wohl auch mehr Vertrauen, dass sich größere Wünsche manifestieren.

Der Kosmos unterscheidet nicht nach großen oder kleinen Wünschen, er funktioniert nach seinen eigenen Gesetzen. Und da Sie nun einige dieser kosmischen Gesetze kennengelernt haben, dürfen Sie sich diese auch zunutze machen. Was Sie säen, das ernten Sie. Säen Sie gute Saat, ernten Sie Gutes, und natürlich umgekehrt.

Loslassen und Vertrauen sind das beste Umfeld, damit der Samen gut keimen und sich die Pflanze bestens entwickeln kann. Wenn Sie einen brütenden Vogel immer wieder stören und ihm ins Nest gukken, wann denn endlich die Jungen schlüpfen, dann wird die „Saat" zugrunde gehen, da die Vogelmutter nicht die notwendige Ruhe (Loslassen) und Sicherheit (Vertrauen) hatte, ihre Jungen auszubrüten.

Wünschen Sie also nach Herzenslust und aus vollem Herzen, und lassen Sie den Wunsch dann gleich wieder los. Vertrauen Sie darauf, dass er sich erfüllt, seien Sie offen und folgen Sie den himmlischen Botschaften. Sie weisen Ihnen den Weg zur Wunschrealisierung.

Visualisieren, loslassen, vertrauen und den Hinweisen des Universums folgen – das ist der sichere Weg zur Wunscherfüllung.

Toleranz

Es ist mir egal, was andere machen,
aber ich möchte nicht wie mein Nachbar sein.

Wo steckt die „Toleranz" im vorangehenden Satz? Haben Sie beim Lesen gestutzt? Wir halten uns meist für tolerant und modern, aber unsere wahre Einstellung und unser Verhalten offenbaren etwas anderes. Es ist einfach, da tolerant zu sein, wo man selbst nicht betroffen ist. Und es ist leicht, über etwas hinwegzusehen, wenn wir nicht herausgefordert werden. Wo endet Ihre Toleranz? Wo denken Sie, dass eine bestimmte Grenze überschritten wird, und wer bestimmt das Maß an „Normalität", mit dem wir gerade noch konform gehen können?

Handelt es sich um Toleranz, wenn wir in einer Haltung von Desinteresse und Teilnahmslosigkeit durchs Leben gehen? Sicherlich nicht. Viel eher bedeutet Toleranz, dass wir anderen Menschen unvoreingenommen begegnen können, dass wir offen und interessiert sein sollten, aber dass wir nicht mit allem und jedem einer Meinung sein müssen. Und dass wir wirklich akzeptieren, dass es noch andere Meinungen gibt. Und vor allem, dass wir nicht sofort über alles ein Urteil fällen.

Wer oder was gibt uns das Recht, über etwas zu urteilen oder jemanden zu verurteilen? Wissen wir immer um die Umstände, die etwas oder jemanden dazu gebracht haben, so zu erscheinen, wie wir es bzw. ihn wahrnehmen? Und wie steht es eigentlich um unsere Wahrnehmung? Stellen wir nicht immer wieder fest, dass diese sich oft erheblich von der anderer Menschen unterscheidet und sich meist aus sehr begrenzter Sicht darstellt? Wo wäre es unbedingt angebracht, helfend einzuschreiten, und wo sollte man sich besser nicht einmischen? Und wie erkennen wir die entsprechende Situation?

Des Weiteren sollten wir immer wieder hinterfragen, ob im Falle unserer Intervention diese auf Mitgefühl oder vielmehr auf Anmaßung und einem Sich-zu-wichtig-Nehmen gründet? Und ob unser Nicht-Tun und Heraushalten dem Desinteresse und dem Phlegma zuzuordnen sind oder einer authentischen, respektvollen Haltung und einem Akt der Humanität? Denn nur so können wir uns wirklich selbst kennenlernen und unsere unbewussten und bewussten Impulse herausfinden, um diese als verantwortungsvoll denkender, sprechender und handelnder Mensch überprüfen und verbessern zu können. Dies ist ein Teil unserer geistigen Entwicklung, der nicht außer Acht gelassen werden darf.

Toleranz findet im Großen und im Kleinen statt, oder sie fehlt im Großen und im Kleinen. Sie lässt sich in ihrer vielfältigen Ausprägung gleichermaßen an Gruppierungen wie auch an Individuen beobachten. Sie geschieht gegenüber Gruppierungen oder gegenüber einzelnen Personen, oder sie wird eben vermisst. Toleranz lässt sich nicht auf ein bestimmtes

Richtmaß eichen und aufgrund ihrer Subjektivität nicht in ein Schema pressen. Woran soll man sich also orientieren?

Dass auf Toleranz um nichts auf der Welt verzichtet werden darf, darauf finden wir seit Bestehen der Menschheit unzählige traurige Hinweise und Beispiele. Toleranz muss einen unverzichtbaren und essenziellen Bestandteil unseres Lebens ausmachen! Wie viele Menschen werden unglücklicherweise noch immer aufgrund fehlender Toleranz alleingelassen, ausgegrenzt, ausgeschlossen, ausgerottet, ausgestoßen, beschämt, benachteiligt, boykottiert, davongejagt, deportiert, disqualifiziert, eliminiert, entmachtet, entwürdigt, erniedrigt, exkommuniziert, in die Flucht geschlagen, gebrandmarkt, gefoltert, gegeißelt, getadelt, getötet, kaltgestellt, misshandelt, umgesiedelt, ungerecht behandelt, verachtet, verbannt, verdammt, verdrängt, verspottet, vertrieben, verunglimpft und verurteilt!

Toleranz betrifft nicht nur die ganze Gesellschaft, die Politik, die Religionen, sondern jeden Einzelnen von uns! Und Toleranz beginnt in unseren Köpfen, in unseren Gedanken, und setzt sich über unsere Worte und Handlungen fort. Toleranz muss in unserer Gesellschaft und auf unserem Planeten Erde eine noch weit größere Rolle einnehmen, als sie es bisher tat. Toleranz muss viel mehr sein als nur das „Dulden" anderer Kulturen, Überzeugungen, Sitten, Rituale, Handlungen und Lebensweisen. Toleranz verlangt Akzeptanz, Anerkennung, Respekt, humanitäres Denken, Mitgefühl, Freiheit und vieles mehr.

Aber wo muss Toleranz beginnen? Wenn die Grenze zu niedrig gezogen wird, führt sie schnell zu Intoleranz und Verurteilung. Wird die Toleranzgrenze zu hoch angesetzt, enden wir in der Willkür und im totalen Chaos. Beides führt zu unermesslichem Leid.

Wenn wir einmal innehalten, um still zu werden und hören zu können, was unser Herz sagt, dann spüren wir, wo für uns Toleranz gelten muss, und zwar gleichermaßen für uns selbst wie für die anderen. Toleranz kann nur da sein, wo auch Mitgefühl, Akzeptanz, Anerkennung, Ehrlichkeit, Unabhängigkeit, Freiheit sowie seelische, geistige und körperliche Unversehrtheit für jeden Einzelnen von uns gewahrt sind. Geht unsere Freiheit im Denken und Handeln so weit, dass sie jemand anderem schadet, dann haben wir die Grenze der Toleranz überschritten und müssen unser Tun überdenken und verändern. Hier ist jeder von uns aufgerufen, seine Gedanken und sein Wirken ständig zu hinterfragen.

Natürlich sind die Wertesysteme einzelner Länder, Völker und anderer Gruppierungen auf dieser Erde sehr unterschiedlich. Das zeigt auch, dass Werte in der Regel konstruiert sind und dann aufgrund der jeweiligen Akzeptanz der betreffenden Gesellschaft für allgemeingültig erklärt und schließlich übernommen werden. Dennoch wissen wir, bewusst oder unbewusst, dass in unserem Innersten ein universelles Wertesystem oder ein System der Ideale angelegt ist. Dieses kann nicht von der Politik oder von einer Religion bestimmt oder außer Kraft gesetzt werden. Unabhängig von Hautfarbe, Sprache oder Konfession wissen wir zum Beispiel alle, wie gut wir uns fühlen, wenn uns ein ehrliches Lächeln begegnet, wie viel Freude uns ein Geschenk bereitet, das aus freiem Herzen überreicht wird, und wie gut es tut, wenn uns wahres Mitgefühl begegnet, wenn wir Hilfe erhalten und wenn wir so geschätzt werden, wie wir eben sind – und dies alles ohne jegliche berechnende Hintergedanken.

Übung: Bin ich wirklich tolerant und vorurteilsfrei?

Lesen Sie folgende Beispiele, versetzen Sie sich in die jeweilige Situation hinein, und fragen Sie sich, welche der Reaktionen (a oder b) Ihnen näherliegt.

Sie haben eine Zugehfrau, die ihre Arbeit gründlich verrichtet und Ihnen ein sauberes Zuhause schafft. Sie sind sehr zufrieden mit ihr. Eines Tages finden Sie Ihre geliebte Uhr nicht mehr am gewohnten Platz.
a) Sie suchen überall und denken dann, dass sie schon wieder auftauchen wird.
b) Sie werden stutzig und überlegen, ob es etwas mit Ihrer Zugehfrau zu tun haben könnte.

Im Urlaubshotel in Sardinien gibt es eine Familie, die regelmäßig das Buffet abräumt, bevor Sie an der Reihe sind. Zudem beobachten Sie, dass diese Familie das meiste auf dem Teller liegenlässt.

a) Sie erfahren, dass die Familie aus Russland kommt, und denken sofort, dass dieses Verhalten typisch ist. Sie versuchen, sich in den folgenden Tagen am Buffet besser durchzusetzen und strafen die Leute mit bösen Blicken.

b) Sie ärgern sich kurz über diese Rücksichtslosigkeit, denken jedoch nicht weiter darüber nach und genießen Ihren Urlaub.

Sie kaufen eine Gartenschere, die beim ersten Einsatz kaputt geht.

a) Sie sehen sofort nach, ob „Made in China" draufsteht, und werfen sie wütend weg, da Sie es ja schon immer gewusst haben, dass dort nur Dinge von minderer Qualität hergestellt werden.

b) Sie suchen sofort den Kassenzettel und tauschen die Schere um.

Wenn wir ganz ehrlich sind, müssen wir wahrscheinlich zugeben, dass auch wir nicht ganz frei von Vorurteilen sind. Hinter jeder Pauschalisierung verbirgt sich bereits ein Funke der Intoleranz, der schnell zum Feuer entfacht werden kann. Wir sollten uns daher stets auf das JETZT besinnen und wirklich bei der Sache bleiben, anstatt schnell in Emotionen und Polemik zu verfallen.

Wir sind alle Menschen, völlig unabhängig davon, in welchem System wir gerade leben, und niemand von uns ist etwas Besseres oder Schlechteres – niemand! Jeder Einzelne von uns trägt die Verantwortung für sein Denken und Handeln, und jeder Einzelne von uns wird zur Verantwortung gezogen. In jeder Begegnung trifft ein Mensch auf einen anderen Menschen, nicht mehr und nicht weniger! Alles andere ist ein Konstrukt unserer eigenen Gedanken oder der Gedanken anderer, die auf uns einwirken, bewusst oder unbewusst. Vorurteile, Manipulation, Infiltration, systematische Gehirnwäsche, Diktatur und jegliche Lehren extremistischer Art führen letztlich dazu, dass Menschen dieses universelle geistige Wertesystem übergehen oder vergessen und angefüllt von Hass, Missgunst, Neid, Verblendung, Unwissenheit und Wahn nicht mehr sehen können, dass uns immer ein Mensch gegenübersteht. Daher ist Toleranz so unerlässlich und essenziell. Toleranz ermöglicht jedem ein lebenswertes und humanes Leben. Das muss unser aller Ziel sein. Und es muss für jeden von uns auf dieser Erde erreichbar sein und verwirklicht werden.

Ist Jakob tolerant?

Jakob ist ein bodenständiger, fleißiger Mann. Er hat eine kleine Bäckerei und wohnt allein in einem alten Dorfhaus, seine Frau ist vor Jahren gestorben. Er sieht sich als guter Christ und besucht einmal wöchentlich den Gottesdienst. Pflichtbewusst geht er seinen täglichen Aufgaben nach, und nach getaner Arbeit gönnt er sich im Wirtshaus gerne ein oder zwei Glas Bier. Hier tauschen sich die Leute über alles aus, was eben so in einem Dorf passiert. Wer wieder ein Kind bekommen hat, wer gestorben ist, wer eine heimliche Liebschaft pflegt, wer eine große Anschaffung gemacht und wer etwas ausgefressen hat. Man lamentiert über den Dorfpfarrer, den Bürgermeister, die Friseurin und den Metzger. Schließlich ist alles der Rede wert, finden die Dorfbewohner, und jeder will seine Meinung kundtun.

Eines Tages kommt eine neue Familie in das Dorf. Vater, Mutter und drei Kinder, alle dunkelhäutig. Wie ein Lauffeuer verbreitet sich die neue Nachricht. Man erzählt sich von Wilden, die aus dem Urwald kommen, und die neuen Bewohner werden bei ihren Besorgungen argwöhnisch beobachtet. Es könnte ja gut sein, dass diese Wilden stehlen und randalieren, also sperren die Dorfbewohner von da an ihre Haus- und Gartentüren besonders sorgfältig zu, man muss sich ja schützen. Die Mütter bitten ihre Kinder, nicht mit diesen Wilden zu spielen, und die Männer beraten sich im Wirtshaus, was zu tun sei, wenn eine von ihren Familien angegriffen würde.

Nach einer Woche hat sich herumgesprochen, dass es sich um einen afroamerikanischen Missionar handelt, der zum Erfahrungsaustausch für zwei Monate in dieses Dorf gekommen ist. Es stellt sich zudem heraus, dass diese dunkelhäutige Familie hochgebildet ist. Deren Kinder bringen den Dorfkindern in diesen zwei Monaten lustige Spiele und Lieder bei. Der Dorflehrer erzählt von nun an den Schülern über die Sitten und Bräuche anderer Länder. Der Dorfpfarrer spricht jetzt in seinem Gottesdienst über Integration und Nächstenliebe. Die Dorffriseurin weiß nun, wie man afrikanisches Haar flicht, und der Bürgermeister gibt sich seit dieser Zeit ganz weltmännisch. Jakob bäckt noch immer Brötchen. Er ist ein bodenständiger, fleißiger Mann, aber er besucht nun nicht mehr den Gottesdienst.

Wir sehen uns unvoreingenommen an,
was andere machen, und gehen unseren Weg –
verantwortungsvoll und im Vertrauen, dass alles
gut ist, so wie es kommt und wieder geht.
Wir haben immer eine Wahl. Und wir können uns
jederzeit für den guten Weg entscheiden.

Liebe

Jeder von uns hat eine bestimmte Vorstellung von der Liebe; viele von uns haben sie mindestens schon einmal in ihrem Leben fühlen und erleben dürfen, und nahezu jedermann glaubt zu wissen, worum es sich bei der Liebe handelt. Dennoch behaupte ich, dass die Liebe für die meisten unter uns noch immer ein Mysterium darstellt. Fast alle Menschen denken bei der Liebe zuallererst an das romantische Band der Liebe, das an eine andere Person geknüpft und in der Regel auf eine Lebensgemeinschaft ausgerichtet ist. Doch wahre, göttliche Liebe ist in Wirklichkeit viel mehr als das. Sie stellt etwas weit Größeres und Umfassenderes dar und lässt sich schwer mit Worten umschreiben, da ihre unendliche Fülle, Wärme und Kraft einzig und allein gefühlt und mit dem Geist erfasst werden kann. Wahre Liebe kann sich auf alles in diesem Universum richten, sei es auf Menschen, Tiere, Pflanzen oder zum Beispiel auf eine bestimmte Musik, die einem unbeschreibliche Freude bereitet. Für uns Menschen steht jedoch häufig ganz oben auf der Wunschliste, die wahre große Liebe zu finden, die ewig andauern und uns unendlich glücklich machen soll.

Diesbezüglich versuche ich, den Schleier ein wenig zu lüften, um mit Mythen aufzuräumen, die uns

Menschen zwar auf den ersten Blick schmeichelnd, zauberhaft und erstrebenswert erscheinen, jedoch in Wahrheit in die Irre führen und falsche Erwartungen schüren, die früher oder später in großen Enttäuschungen enden müssen.

Was ist nun Liebe?

Die wahre, reine, göttliche Liebe trägt grundsätzlich jeder Mensch in sich, ungeachtet seiner individuellen Kindheitsgeschichte, seines gesellschaftlichen Hintergrundes, seiner Nationalität und seiner geistigen Haltung in Bezug auf Religion, Politik und andere Lebensthemen. Die wahre Liebe gründet auf dem Gedanken und dem Gefühl der göttlichen Fülle und der Unendlichkeit. Wahre Liebe entspringt der göttlichen Harmonie und Vielfalt. Wahre Liebe ist durch und durch rein, positiv und stimmig. Wahre Liebe kommt dort zum Vorschein, wo alles andere wegfällt. Wahre Liebe existiert dort, wo alle negativen Kräfte verschwunden sind.

Übung

Lesen Sie die folgenden Aussagen langsam und bewusst. Machen Sie nach jedem Satz eine Pause. Fühlen Sie in sich hinein. Atmen Sie ruhig und tief ein und aus. Was spüren Sie, wenn Sie diese Worte auf sich wirken lassen?

Wahre Liebe ist in ihrem Ursprung
ein göttlicher Funke, der sich unendlich
verstärken und ausweiten kann.

Wahre Liebe entspringt der Selbstlosigkeit
und ist ein reines Gefühl des Herzens.

Wahre Liebe ist ein Akt des Gebens
und geschieht einfach so.

Wahre Liebe kann jeder Mensch
fühlen und geben.

Wahre Liebe kann sich auf jedes Lebewesen
richten, auf Menschen, Tiere, Pflanzen.

Wahre Liebe verdient jedes Lebewesen,
ohne Ausnahme.

Wahre Liebe bekommt man ohne
Aufforderung geschenkt.

Wahre Liebe fördert unser seelisches,
geistiges und körperliches Wachstum.

Wahre Liebe fordert uns auf die ehrlichste
und tiefste Art und Weise.

Wahre Liebe erschüttert uns in ihrer Ganzheit
und weckt uns auf.

Wahre Liebe lässt alles Lichtvolle
in uns aufleben.

Wahre Liebe bringt unsere tiefsten Gefühle
an die Oberfläche.

*Wahre Liebe bedeutet Lachen
und Weinen zugleich.*

*Wahre Liebe zeigt uns so,
wie wir wirklich sind.*

*Wahre Liebe ermöglicht es uns,
uns selbst kennenzulernen.*

*Wahre Liebe enthüllt
unsere tiefsten Wunden.*

*Wahre Liebe vermag
unsere Wunden zu heilen.*

Wahre Liebe lässt uns aufblühen.

Wahre Liebe macht glücklich.

Wahre Liebe macht klar.

Wahre Liebe macht weit.

Wahre Liebe macht empfindsam.

Wahre Liebe öffnet unsere Herzen.

*Wahre Liebe macht uns weich
und geschmeidig.*

*Wahre Liebe gewährt Freiheit,
uns selbst und anderen.*

Wahre Liebe vereint.

Wahre Liebe lässt los.

Wahre Liebe bedeutet völlige Hingabe.

Wahre Liebe beflügelt und trägt uns.

Wahre Liebe erzeugt eine unendlich große, positive, schöpferische Kraft.

Wahre Liebe kennt nur positive Gefühle.

Wahre Liebe ist zärtlich.

Wahre Liebe ist leise.

Wahre Liebe ist stark.

Wahre Liebe dauert an.

Wahre Liebe genügt sich selbst.

Und was kann nicht Liebe sein?

Liebe wird irrtümlicherweise oft mit Verblendung, Blindsein, Projektion, Erwartung, Gier, Rausch, Leidenschaft, Besitzdenken, Anspruchsdenken, Abhängigkeit und Angst, zum Beispiel Angst vor dem Alleinsein, verwechselt. Diese und andere Antriebskräfte wurzeln jedoch nicht in der wahren Liebe sondern entspringen einzig und allein den Gefühlen der Angst und der Minderwertigkeit. Diese sind klare Anzeichen für fehlende Selbstliebe und mangelnde Selbstakzeptanz. Auf diesem kargen Boden kann die Pflanze der Liebe nicht keimen, wachsen und gedeihen.

Übung

Lesen Sie nun auch folgende Aussagen langsam und bewusst. Legen Sie wieder nach jedem Satz eine Pause ein. Fühlen Sie in sich hinein. Atmen Sie ruhig und tief ein und aus. Was spüren Sie, wenn Sie diese Worte auf sich wirken lassen? Achten Sie auf jedes noch so kleine Gefühl. Wie reagiert Ihr Körper?

Wahre Liebe kann man nicht einfordern oder nehmen.

Wahre Liebe ist keine Entschädigung, wofür auch immer.

Wahre Liebe erwartet nicht.

Wahre Liebe verbiegt nicht.

Wahre Liebe verbirgt nicht.

Wahre Liebe verblendet nicht.

Wahre Liebe macht nicht blind.

Wahre Liebe berauscht nicht.

Wahre Liebe macht nicht empfindlich.

Wahre Liebe macht nicht schwach.

Wahre Liebe ist nicht gierig.

Wahre Liebe verwundet nicht.

Wahre Liebe beansprucht nicht.

Wahre Liebe besitzt nicht.

Wahre Liebe beurteilt und bewertet nicht.

Wahre Liebe selektiert nicht.

Wahre Liebe hält nicht fest.

Wahre Liebe will nicht beschneiden.

Wahre Liebe will nicht verändern.

Wahre Liebe engt nicht ein.

Wahre Liebe schließt nicht aus.

Wahre Liebe bedeutet nicht Hervortun.

Wahre Liebe ist nicht laut.

Wahre Liebe will nicht immer mehr.

Wahre Liebe bedeutet nicht verliebt sein!

Wahre Liebe bedeutet nicht Selbstaufgabe.

Wahre Liebe bedeutet nicht Opfer sein.

Wahre Liebe kann man nicht verlieren.

*Wahre Liebe hört nicht auf, wenn
eine Beziehung endet.*

*Wahre Liebe erzeugt keine negativen
Gefühle und Kräfte.*

Wahre Liebe schlägt nicht in Hass oder Wut um.

Wahre Liebe kann nicht auf einem
Mangelgefühl aufbauen. Was Sie selbst nicht
haben, können Sie auch nicht geben.
Und was Ihnen vermeintlich fehlt, kann Ihnen
auch kein anderer Mensch geben.

Mangeldenken und jegliche Gefühle der Angst entspringen dem Ego, das uns immer wieder einreden
will, dass wir unvollständig und unzulänglich sind.
Da wir Menschen eher dazu neigen, uns dem negativen Denken hinzugeben, anstatt die positiven Möglichkeiten zu erkennen, glauben wir widerstandslos,
dass unser Ego recht hat. In diesem Fall wenden wir
uns unserem dämonischen Ich und nicht unserem
göttlichen Ich zu. Damit geben wir uns fast automatisch der destruktiven Betrachtungsweise hin und
nehmen diese negative Programmierung bewusst
und gleichzeitig unbewusst auf, bis sie letztendlich zu
unserer eigenen Wahrheit wird. Wir glauben irgendwann wirklich, dass wir unvollständig, unbegabt,
unfähig, verwundbar, unbedeutend, unattraktiv und
minderwertig sind, und wir hoffen demzufolge auf
die zweite, bessere Hälfte, die uns ergänzen und vollständig machen soll.

Welch große Bürde lastet hier bereits auf der potenziellen Partnerin oder dem derzeitigen Lebensgefährten! Hätten Sie Lust, solch einen Aufgabenberg
zu übernehmen? Könnten Sie solch einer Erwar-
tungsflut gegenübertreten, ihr standhalten und sie
sogar noch vollständig befriedigen? Ich bin sicher,
das kann keiner von uns. Und das muss auch keiner

von uns. Hier hat nicht die vermeintliche Traumfrau plötzlich an Reiz eingebüßt oder der vermeintliche Traummann sein Prinzenkostüm abgelegt, nein! Hier haben der verzweifelte Jäger und die erwartungsschwangere Suchende ihre Hausaufgaben nicht gemacht! Denn sie selbst fühlen sich einsam, deprimiert, unbedeutend, gelangweilt, enttäuscht, frustriert, unzulänglich und verzweifelt und stellen den Anspruch, dass der Partner oder die Partnerin sie selbstbewusst, beliebt, glücklich, attraktiv, erfüllt und begehrenswert machen soll oder zumindest von Zeit zu Zeit diese Gefühle in ihnen wecken. Andernfalls werden dieser Frosch und diese Langweilerin abgelegt, denn man spürt ja keinerlei Leidenschaft mehr. Man ist nicht auf Händen getragen und glücklich gemacht worden. Und man ist überhaupt nur enttäuscht worden. Oh je!

Wer mit sich selbst nicht zurechtkommt,
dem gelingt es auch nicht mit anderen Menschen.

Wer sich selbst nicht akzeptieren und annehmen kann, und zwar mit allen Stärken und Schwächen, die nun einmal jeder hat, der kann nur in die Erwartungsfalle tappen und in der Enttäuschung enden. Wer „er-wartet", der wartet immer auf irgendetwas! Dieser Denkfehler und die damit verbundene Selbst-Täuschung müssen förmlich „ent-täuscht" werden. Wenn wir uns unzulänglich und ungeliebt fühlen, dann ziehen wir gemäß dem göttlichen Gesetz der

Anziehung (Gleiches zieht Gleiches an) genau den Partner in unser Leben, der uns diese Minderwertigkeit, diese Verwundbarkeit und diese Unvollständigkeit spiegelt. Damit schaffen wir uns ein hervorragendes Spielfeld, um unsere falschen Erwartungen zu schüren, und zugleich einen Kriegsschauplatz, um mit unseren daraus folgenden großen Enttäuschungen und letztendlich selbst zugefügten Verletzungen um uns zu werfen. Die Partnerschaft mutiert zu einem nicht enden wollenden Machtkampf, und am Ende geben beide Partner auf, geistig blutend und körperlich sowie seelisch schwer angeschlagen. Mit solch destruktivem Verhalten sabotieren wir uns einzig und allein selbst und vertreiben äußerst erfolgreich jeden noch so geeigneten Lebenspartner.

Auf der anderen Seite bietet uns diese Spielwiese eine wundervolle Chance für seelisches und geistiges Wachstum. Aber nur, wenn wir diese göttliche Aufgabe erkennen und annehmen, kann der Schleier der Verblendung von uns fallen. Dann werden wir endlich in der Lage sein, den Partner oder die Lebensgefährtin mit den Augen der Liebe zu sehen. Dann können wir für einen Augenblick fühlen, was wahre Liebe wirklich bedeutet. Dann ist alles in Ordnung, so wie es gerade ist. Dann sind wir eins mit uns und unserem Leben – und mit unseren Lieben.

Illusionen versperren uns den Weg
zur erfüllten Partnerschaft.

Es ist kindisch zu verlangen, dass der andere immer attraktiv, sexy, unterhaltsam, inspirierend, reizvoll und charmant zu sein hat. Können Sie das jederzeit bieten? Falls ja, Gratulation! Dann gehören Sie einer äußerst seltenen Art an. Und Ihrem Gegenüber muss man in diesem Fall viel Gleichmut und eine riesige Portion Mitgefühl wünschen.

Wenn unser Leben für uns nicht spannend, reizvoll und erfüllend zu sein scheint, dann müssen wir schleunigst und ganz allein für uns daran arbeiten, in uns selbst diese Gefühle wieder zu entdecken und zu wecken. Das sollte und muss für jeden von uns eine ernst zu nehmende Aufgabe sein. Und das können und werden wir auch schaffen, wenn wir uns wirklich dafür einsetzen und unsere Ärmel hochkrempeln, um den Schritt zu tun, den wir bisher immer von den anderen verlangt haben, irrtümlicherweise! Wir müssen selbst Verantwortung für uns und unser Leben übernehmen, um dieses erfüllend und lebenswert zu gestalten.

Ja, Sie selbst sollten Ihr Leben gestalten und sich glücklich machen und nicht jemand anderer. Da ist er wieder, dieser fatale Irrtum, man könne die Verantwortung abgeben. Den Schwarzen Peter hat dann der andere. Ganz schön einfach, aber das funktioniert nicht!

Wenn Sie es schaffen, mit sich selbst zufrieden zu sein, zumindest zeitweise, dann sind Sie auch in der Lage, Zufriedenheit in einer Partnerschaft zu finden. Der andere ist dann nicht mehr der Handlanger oder Hofnarr, der Sie umschwärmen und bespaßen soll.

Er ist vielmehr gleichberechtigter Lebensgefährte und ein Mensch, den man mit den Augen der Liebe sieht. Gerade auch dann, wenn dieser Mensch Fehler macht, mal blass aussieht und nicht so gesprächig ist. Und wenn er eine andere Meinung zu etwas hat. Das ist jedermanns Recht, und das sollte man auch so stehenlassen können. Vielleicht haben beide ein bisschen recht, und vielleicht irren beide. Es muss nicht immer jemand gewinnen und die Oberhand haben, eine Beziehung ist kein Machtkampf!

Aus der Sicht Gottes sind wir immer vollständig und liebenswert, genau so, wie wir eben sind. Aber wir Menschen können uns meist nicht in dieser Ganzheit erkennen, und wo wir Unzulänglichkeit sehen, da ist auch Unzulänglichkeit. Und wo wir Integrität sehen, da ist auch Integrität. Wo wir kranke Gedanken aussenden, da muss Krankheit entstehen, und wo wir Liebe schenken und ihr Raum lassen, wird Liebe gedeihen.

Was wir säen, das ernten wir. Das gilt für alles in unserem Leben. Und das ist ein wundervolles göttliches Prinzip, das wir jederzeit im Guten für uns einsetzen können.

Der fatale Irrtum liegt darin, dass wir dieses kosmische Gesetz meist im negativen Sinne einsetzen. Wenn der Boden karg, die Saat schlecht ist und die liebevolle Pflege fehlt, dann kann nichts Gutes entstehen.

Ein weiterer großer Irrtum besteht darin, Liebe mit sexueller Anziehung und Leidenschaft zu verwechseln. Damit tappen wir in die nächste Falle. Indem wir mit einem anderen Menschen intim werden, bevor wir ihn überhaupt erst einmal näher kennengelernt haben, nehmen wir uns die Chance auf ein ehrliches Aufeinander-Zugehen. Wie reizvoll ist doch die Phase, in der man sich mit einem Menschen bekannt macht, und zwar nicht im Schnellzugtempo, sondern nach und nach und in gesundem Maße! Alles braucht seine Zeit, um zu reifen. Aber Sie wollten sofort alles haben und Sie wollten den Rausch. Und Sie wollten den anderen so sehen, wie er in Ihrem eigenen inneren Wunschbild existierte. Doch Sie sahen eine Projektion Ihres Gegenübers und nicht den wahren Menschen. Und Sie erwachten aus dem Rausch und waren wieder einmal ernüchtert. Und Sie standen schon wieder mit leeren Händen da.

Falls Sie ein paar Treppen überspringen, weil Ihnen alles zu langsam geht, werden Sie später vom Leben eingeholt, stolpern und fallen einige Treppen hinunter. Letztendlich müssen Sie dann einige Treppen tiefer wieder ganz von vorne anfangen.

Falls es Ihnen überhaupt nicht wichtig ist, eine tiefe, ehrliche Beziehung zu einem anderen Menschen aufzubauen, dann sind Sie sowieso nicht auf dem Pfad der Liebe unterwegs. Das ist natürlich ganz und gar Ihre eigene Angelegenheit. Aber wundern Sie sich nicht, falls die Leidenschaft und der Reiz sich irgendwann nicht mehr steigern lassen, mit welchen Personen oder Hilfsmitteln auch immer.

Dieser Weg stellt eine andere Form der Täuschung dar und führt irgendwann zwangsläufig zur Enttäuschung. Denn auch Ihnen wird immer etwas fehlen und Sie werden auch immer auf der Suche nach etwas oder jemandem sein, das oder der Ihren Hunger stillen soll. Und dieser Hunger wird Sie nach und nach innerlich auffressen. Diesen unstillbaren Hunger haben einzig und allein Sie verursacht, und nur Sie können ihn wieder abstellen.

Das Leben hinterlässt seine Spuren, und wenn Sie ein Leben auf der Überholspur oder ein Leben ohne Moral führen, dann wird man Ihnen dies irgendwann ansehen. Dann können Sie zwar noch den Anspruch auf die junge, attraktive Prinzessin oder den knackigen Märchenprinzen erheben, aber Sie werden diese nicht mehr finden. Sie finden aber sicherlich irgendwann die Hexe im Prinzessinnenkostüm und die Kröte im Prinzengewand, die Ihnen eine wichtige Lektion erteilen werden. Was aus Ihrer Sicht in einer bestimmten Situation fehlt, das fehlt letztendlich Ihnen. Was Sie selbst nicht geben können, das können Sie auch nicht von jemand anderem einfordern. Sie würden sowieso nie zufrieden sein, unabhängig davon, was der andere macht.

Werden Sie weich und mitfühlend,
schenken Sie Liebe – sich selbst und anderen.
Laden Sie die Liebe in Ihr Leben ein und
öffnen Sie die Tür Ihres Herzens,
damit sie eintreten kann.

Sie kommen nicht daran vorbei: Sie müssen sich ändern, wenn Sie eine Situation ändern wollen. Geben

Sie selbst erst einmal das, was Sie gerne haben möchten, und nehmen Sie Abstand von großen Erwartungen. Versuchen Sie, immer im Jetzt zu sein und einen Menschen so zu sehen, wie er wirklich ist, und nicht, wie Sie ihn sehen wollen. Und handeln Sie in einer bestimmten Situation aus dem Jetzt und nicht aus einer vergangenen Erfahrung heraus, die Sie vermeintlich verwundet zurückgelassen hat. Dann werden Sie auch nicht mehr überreagieren und alles mit verletzenden Worten zerstören. Entlarven Sie ab jetzt Ihre eigenen destruktiven Denkmuster und Projektionen, die sich in der Vergangenheit eingeschliffen haben, und seien Sie bereit, ab sofort neue Wege zu gehen und Ihren Partner in einem neuen Licht zu sehen. So, wie er wirklich ist. Und das jeden Tag von Neuem. Denn jeder Tag ist ein neuer Tag!

Der wahre potenzielle Traummann und die wahre potenzielle Traumfrau kommen oft auf Samtpfoten daher und treten ganz leise in Ihr Leben. Und wenn Sie dann nicht bereit sind, weil Sie immer noch da und dort suchen und vor lauter Rastlosigkeit und Verzweiflung hin und her hetzen, kann es sein, dass Sie diese Chance auf wirkliche Liebe verpassen. Die wahre Liebe ist oft nicht auf den ersten Blick erkennbar, daher ist es so wichtig, sich Zeit zu nehmen, um den anderen wirklich kennenzulernen. Und die wahre Liebe gibt sich manchmal sehr spät zu erkennen. Manchmal auch zu spät, wenn die Beziehung schon zerbrochen ist und man mit etwas Abstand plötzlich zu sehen beginnt, welchen Schatz man da in den Händen halten durfte. Doch man hat ihn mit Füßen getreten. Und dann weint man bittere Tränen, plagt sich mit Wut und Schuldgefühlen und fühlt sich am Ende noch kleiner als zuvor. Und schon sind wir wieder am Anfang dieser unglücklichen Spirale.

Auch mir ist es öfter passiert, dass ich mich mit den vermeintlich falschen Männern plagte, weil ich immer einem inneren Bild hinterherlief, wie er nun zu sein und auszusehen hatte, und vor lauter Projektion und Wunschdenken den wahren Menschen übersah. Natürlich waren dies für mich wertvolle und wichtige Übungsprojekte, die mich schmerzhaft reifen und lernen ließen, dass man den Schleier der Verblendung mitsamt der eigenen Erwartungshaltung vollständig entfernen muss, um den Menschen so sehen zu können, wie er wirklich ist.

Wie viele Frösche haben Sie schon geküsst?

Sind Sie auch schon einmal aus allen Wolken gefallen, als er oder sie sich plötzlich als jemand völlig anderes entpuppte, als Sie anfangs annahmen? Es ist unerlässlich, dass Sie erst einmal sich selbst richtig kennenlernen und Ihre Verletzungen aus der Kindheit und alten Beziehungen verarbeiten und hinter sich lassen, bevor Sie eine neue Beziehung eingehen. Denn nur, wenn Sie die Integrität erreichen, die Ihnen ein gesundes Maß an Selbstbewusstsein, Zufriedenheit und innerem Frieden beschert, wirken Sie auch wie ein Magnet auf diejenigen potenziellen Lebenspartner, die diese gesunde Grundhaltung unbewusst spüren und sich davon angezogen fühlen. Wenn Sie eins mit sich selbst sind und sich selbst akzeptieren, annehmen, ja sogar lieben können, dann haben Sie auch eine gute Basis für eine gesunde Beziehung. Und dann haben Sie etwas zu geben und etwas, woraus Sie Kraft und Liebe schöpfen können. Dann sind Sie auch in der Lage, innezuhalten und in sich hinein-zuhorchen, was das Herz sagt. Und dann hören Sie auch das, was Ihr Herz zu Ihnen sagt, wenn Sie auf einen anderen Menschen treffen.

Haben Sie sich nicht schon oft darüber geärgert, nicht von Anfang an auf Ihr Gefühl gehört zu ha-ben? Stattdessen übergeht man innere Warnungen und stürzt sich, gefangen von Verblendung und Lei-denschaft, in etwas hinein, was nur schmerzhaft en-den kann.

Leidenschaft ist ein trügerischer und zerstöreri-scher Wegbegleiter. Das Wort Leidenschaft trägt be-reits in sich, was sie verursacht und „schafft", näm-lich nichts anderes als „Leiden". Wenn Sie einmal Worte genauer ansehen und hineinfühlen, was diese Worte aussenden, wenn man sie ausspricht, dann liegt die Lösung meist schon auf der Hand. Wahre Liebe bewegt sich nicht in Extremen. Sie geschieht in der Mitte, in unserer Mitte.

Wahre Liebe existiert im Gleichgewicht – im Gleichgewicht unseres jeweiligen Seins und im Gleichgewicht der Verbindung zwischen zwei Men-schen. Wahre Liebe ist so umfassend, dass wir uns ihr völlig hingeben. Die Frage nach dem „Warum" oder dem „Wie weit kann und soll ich gehen" stellt sich hierbei gar nicht. Und wenn sich beide in wahrer Liebe einander hingeben, dann entsteht etwas Wunderbares. Dann erwacht weit mehr als nur Leidenschaft, die schnell abklingt und einen bitteren Nachgeschmack und die unersättliche Gier nach mehr hinterlässt. Dann kann man ein wenig von dem empfinden, was man göttliche Liebe nennt, und dann erhält man eine Ahnung davon, wie sehr Gott uns liebt und mit den Augen der Liebe betrachtet.

Und noch etwas ganz Wichtiges: Diese wahre, göttliche Liebe geht weit über eine Beziehung hinaus. Manchmal haben wir unsere Hausaufgaben in einer Beziehung gemacht und unsere Lektionen gelernt, und dann kann es sein, dass diese Beziehung zu Ende geht, weil sie ihren Auftrag erfüllt hat. Manchmal haben wir unsere Hausaufgaben nicht gemacht und weigern uns, an uns selbst zu arbeiten. Dann werden diese Herausforderungen immer wieder in unser Leben treten und immer schwieriger werden. Da helfen auch keine schnellen Partnerwechsel mehr, denn die Aufgaben bleiben die gleichen. Sie kommen nur aus dieser Spirale heraus, wenn Sie sich selbst ändern. Und wenn Sie lernen, was es heißt, wirklich zu lieben.

Wenn Sie wirklich geliebt haben, dann können Sie den Partner in Liebe gehen lassen, und Ihre Liebe zueinander währt fort, wenn auch in einer anderen Form als während der Partnerschaft.

Wahre, göttliche Liebe erlebt mancher Mensch zum allerersten Mal in seinem Leben, wenn er ein Kind in den Armen hält. Kinder zeigen uns, was wahre Liebe bedeutet. Und diese Liebe zu unseren

Kindern lässt uns auch die Liebe zu unserem Lebenspartner in einem anderen Licht sehen.

Schenken Sie sich selbst und anderen, was Sie
sich für sich von ganzem Herzen wünschen, und
Ihnen wird geschenkt und gegeben, was für die
jeweilige Situation erforderlich ist. Wahre,
göttliche Liebe genügt sich selbst.

Hingabe

Hingabe ist der Schlüssel zum Glück.

Was mich immer wieder erschreckt, ist, dass zunehmend eine gewisse Oberflächlichkeit der Menschen in Ihrer Haltung dem Leben sowie anderen Menschen, Lebewesen und Dingen gegenüber um sich greift. Nichts und niemand scheint mehr bleibenden Wert zu besitzen, und immer schneller werden Menschen und Dinge ausgetauscht und ersetzt, sei es am Arbeitsplatz oder im privaten Leben. Tiere werden mitunter einfach ausgesetzt oder bestenfalls im Tierheim abgegeben, sobald sie lästig werden. Pflanzen werden einfach weggeworfen, wenn sie nicht sofort blühen und gedeihen. Vieles wird unter dem Gesichtspunkt ausgesucht, so wenig Pflege wie nur möglich in Anspruch zu nehmen. Man möchte immer noch mehr Zeit sparen und immer noch weniger Energie investieren, und das in Bezug auf fast jeden und alles.

Viele Menschen wissen gar nicht mehr, wie sehr es zum Beispiel Freude bereitet, Pflanzen anzusäen, sie liebevoll zu umhegen und beim Keimen und Wachsen zu beobachten, bis sie in ihrer vollen Pracht erblühen. Nein, das dauert zu lange. Nein, das ist zu anstrengend. Nein, man möchte einfach nur etwas Lebendiges in der Wohnung stehen haben, damit diese nicht so kühl, kahl und leblos wirkt. Im gleichen Atemzug darf jedoch dieses Lebewesen Pflanze keinerlei Anforderungen stellen; sie soll einfach nur wachsen, blühen und ihren Zweck erfüllen. Sie soll also bereitwillig funktionieren. Aber wir sind nicht mehr bereit, das Unsrige dazu beizutragen und unseren Dienst zu tun. Welch fataler Widerspruch zeigt sich in solch lebensverachtendem und respektlosem Denken!

Wie Maßlosigkeit und Machstreben unsere Welt vergiften

Wir wollen immer mehr haben und immer weniger dafür bezahlen. Wir wollen immer mehr Ertrag, aber nichts mehr investieren. Wir wollen immer größere Früchte ernten, aber keine guten Samen dafür einpflanzen. Wir wollen uns zunehmend selbst verwirklichen, immer mehr Partner und Dinge ausprobieren, alles noch mehr ausreizen, aber wir wollen immer weniger Zeit für jedes Einzelne aufwenden. Deutlicher gesagt: Wir wollen nehmen, aber nichts dafür geben. Und noch schlimmer: Wir wollen immer mehr nehmen in unserer unersättlichen Gier, und wir sind immer weniger dazu bereit, etwas dafür zu geben. Aber das geflügelte Wort „Alles hat seinen Preis" trifft mehr denn je den Punkt: Je mehr wir Plündern, umso großer wird irgendwo auf der anderen Seite das Loch sein. Und irgendwann fallen wir selbst hinein, in diesen gierig wuchernden Schlund.

Im Grunde sind wir bereits hineingefallen, denn

wir sind schon längst dabei, die schlechte Ernte für unsere verdorbene Saat einzufahren. Wir beklagen uns über mangelnde Qualität bei Kleidung, Lebensmitteln und zum Beispiel Kinderspielzeug, auf der anderen Seite wollen wir so wenig wie nur möglich bezahlen. Die Hersteller möchten in ihrem nicht enden wollenden Gewinnstreben immer mehr einnehmen, aber um im preisumkämpften Markt mithalten zu können, wird an allen Ecken und Enden gespart. An Arbeitskraft und an Rohstoffen.

Die Industrieländer profitieren, während Länder der sogenannten Dritten Welt immer mehr ausgebeutet werden und ins Abseits geraten. Und Billigproduktionsländer wie China gewinnen weiterhin an Macht. Einerseits zeigen wir uns über die menschenverachtende Politik Chinas entrüstet, andererseits kaufen wir dessen Billigprodukte. Einerseits schimpfen wir über giftige Zusätze, andererseits lassen wir uns vom günstigsten Angebot einfangen. Ich erwähne das Beispiel China stellvertretend für andere, ähnlich gelagerte Fälle.

Eine Neuorientierung ist unerlässlich.
Sie beginnt bei uns selbst.

Wir betreiben Raubbau an der Natur und an uns selbst, und wir wundern uns über Naturkatastrophen und Klimawandel. Wir sind einerseits nicht mehr in der Lage, schwierige Lebensphasen mit dem Partner zusammen durchzustehen, und beklagen uns andererseits über fehlende Moral. Wir gehen lieblos mit unseren Nächsten um und wundern uns über die niedrige Gewaltschwelle in der Gesellschaft. Alles beginnt bereits in der eigenen Familie, bei uns selbst. Hier ist jeder Einzelne gefragt, Verantwortung zu übernehmen; dies ist nicht nur eine Aufgabe der Gesellschaft. Wir sind alle betroffen, Sie und ich! Wir dürfen nicht mehr passiv vor dem Fernseher sitzen, uns all die negativen Informationen einflößen lassen, uns vorgaukeln lassen, dass hier das Leben stattfindet. In dieser wertvollen Zeit geht in Wirklichkeit das Leben an uns vorbei!

Widmen Sie die wenige, wertvolle freie Zeit Ihren Kindern und Ihrem Lebenspartner. Und beschaffen Sie sich notwendige Informationen über alles, was Sie konsumieren, sei es über das Internet oder über Bücher. Informieren Sie sich über alles, was Sie selbst und Ihre Familie betrifft. Und setzen Sie beim Kauf gleichzeitig Ihre Intuition ein. Die gesunde Kombination aus Intuition und Verstand wird Sie gut durch den Angebots-Dschungel des Lebens manövrieren.

Fangen Sie im Kleinsten an. Es genügt schon, wenn Sie für sich und Ihre Familie Verantwortung übernehmen und dementsprechend agieren. Sie müssen nicht gleich Weltwunder schaffen und berühmt dafür werden. Nein, Sie sollen sich eben nicht schon wieder innerlich ausrechnen, was Sie dafür bekommen. Sie bekommen nichts und zugleich alles!

Die Schönheit des Lebens neu entdecken und dankbar sein

Wir müssen unbedingt wieder lernen, innezuhalten, zu genießen und wertzuschätzen: die Menschen, die Natur, die Dinge. Die unersättliche Gier muss ein Ende haben, denn sie entfernt uns nur noch mehr von uns selbst.

Sie wünschen sich ein eigenes Haus, ein größeres Auto und eine Yacht? Stellen Sie sich erst einmal ernsthaft die Frage, was Sie bereits haben. Ich meine damit nicht nur Materielles, sondern vor allem auch das, was man nicht mit Geld kaufen kann, wie Gesundheit, inneren Frieden, einen liebevollen Lebenspartner, Kinder, ehrliche Freunde, einen sinnvollen Beruf und erfüllende Hobbys. Halten Sie hier inne. Genau an diesem Punkt müssen Sie runter vom Gaspedal. Und genau an diesem Punkt entscheidet sich, ob Sie glücklich sind oder nicht.

Glück ist, wenn Sie Ihr Leben so annehmen können, wie es gerade jetzt ist, genau in diesem Moment. Glück liegt nicht irgendwo in der Zukunft versteckt! Glück ist eine Lebenseinstellung und kein Artikel im Regal eines Kaufhauses. Die Freude, die man empfindet, wenn man sich etwas gekauft hat, hält nur kurz an und verlangt nach mehr – eine verhängnisvolle Endlosschleife, die nur der Wirtschaft nutzt. Hetzen Sie nicht schon wieder dem Gedanken nach mehr hinterher. Freuen Sie sich doch erst einmal über das, was Sie jetzt umgibt, und genießen Sie das endlich einmal so richtig.

Wenn ich das Kleine nicht schätzen kann, dann gelingt mir dies auch nicht beim Großen. Stellen Sie sich vor, es gibt Leute, die haben unvorstellbar viel Geld und bereits eine Yacht. Und worüber denken diese Leute unter anderem nach? Ob sie sich vielleicht nicht eine noch größere Jacht kaufen sollten, da es einige Menschen gibt, die noch mehr haben als sie selbst. Fällt Ihnen auf, wie krankhaft solche Gedanken sind? Und dass diese destruktiven Gedanken einem Mangelgefühl entspringen? Dieses Mangelgefühl kann definitiv nicht durch das fortwährende Streben nach mehr befriedigt werden. Nein, wir müssen in uns selbst hineinsehen und den Vorhang wegschieben, um sehen und erkennen zu können, was wirklich hinter unserem Mangelgefühl steht. Ab wann kann Zufriedenheit eintreten? Und wie lange hält diese Zufriedenheit vor? Wann kann man sich glücklich heißen? Was bedeutet überhaupt Glück? Und was hat Glück mit Hingabe zu tun?

Worin wurzelt unsere Motivation,
wohin laufen wir so atemlos?

Wir werden von klein auf davon beeinflusst und geprägt, was von außen auf uns einströmt und uns als Wertesystem vorgegeben wird, sei es durch unsere Familie, die Medien oder durch gesellschaftliche Strömungen. Diesem Einfluss sind wir alle ausgesetzt, als Teil einer konsumorientierten und materiell eingestellten Gesellschaft.

Es ist nichts Schlechtes dabei, dass wir in einer materiellen Welt leben, aber schlecht ist mitunter das, was wir daraus machen. Geld an sich ist nichts Schlechtes, aber die Triebfeder unseres Strebens nach Geld und dem Anhäufen materieller Güter ist oft krank. Wir hinterfragen gar nicht mehr, ob das eine oder das andere überhaupt richtig und sinnvoll ist. Wir überprüfen gar nicht mehr, was uns vorgesetzt wird, seien es materielle Dinge oder gesellschaftliche Ideale. Wir rennen vorgegebenen Trends hinterher und stellen uns gar nicht mehr die Frage, ob es für uns zuträglich ist, dieses oder jenes nachzuahmen. Was für den anderen gut ist, muss nicht gut für uns sein. Wir sehen nicht mehr genau hin, und wir lassen uns etwas von außen überstülpen, was als attraktiv angepriesen wird. Das ist manchmal auch sehr bequem, nicht wahr?! Das lenkt uns so erfolgreich von uns selbst und unseren Problemen ab. Wir suchen bei Problemen in unserem Leben die Lösungen im Außen und gehen damit der nächsten Illusion auf den Leim. Das Glück liegt nicht im Außen, sondern in uns selbst. Und genau dort müssen wir suchen, um es zu finden. Und ein Schlüssel dazu ist die Hingabe!

Wie wir ins Leben eintauchen und wahrhaft leben können

Hingabe kann sich dort entfalten, wo wir innehalten. Dort, wo wir endlich einmal zur Ruhe kommen und nach innen hören. Dort, wo wir uns mit allem, was wir sind, hineinbegeben und hineinfühlen – in eine Situation, in eine Tätigkeit, in die Natur, in einen anderen Menschen, in das Leben an sich. Wahre Hingabe bedeutet, jetzt und in jedem weiteren einzelnen Moment offen dafür zu sein, was das Leben mit sich bringt. Und vor allem, dieses auch annehmen zu können.

Hingabe bedeutet völliges Aufgehen. Hingabe bedeutet, sich völlig einzulassen. Hingabe bedeutet wortwörtlich, sich voll und ganz *hin-zu-geben*. Hingabe lässt unser wahres, göttliches Ich zum Vorschein kommen und entlarvt unser Ego. Dieses Ego, unser kleines, dämonisches Ich, stellt in Wirklichkeit die Wurzel unseres Ärgers, unseres Leids, unserer Krankheiten, unserer meist selbst verursachten Dramen dar. Hingabe beginnt ab dem Moment, da wir unseren Widerstand gegen das Leben, gegen bestimmte Vorfälle und Situationen, gegen andere Menschen und vor allem gegen uns selbst fallenlassen können. Denn erst dann sind wir in der Lage, uns in den Fluss des Lebens zu begeben. Und dann sind wir fähig, in die Leichtigkeit und Mühelosigkeit einzutauchen, die uns die Kraft, die Offenheit, die Gegenwärtigkeit und das (Gott-)Vertrauen verschaffen, und wir können die Anforderungen des Lebens meistern. Aus diesem Blickwinkel heraus können wir plötzlich erkennen, wo wir wahrhaft Liebe schenken und nicht nur geben, um im Gegenzug letztlich lieblos zu nehmen.

Mit diesem Wissen haben wir die Möglichkeit, unser Leben in eine positive Richtung zu lenken und glücklich zu sein. Diese Einsicht verhilft uns dazu, unsere destruktiven Denkmuster aufzudecken und durch konstruktive, liebevolle Gedanken zu ersetzen, nach und nach. Die negativen Gedankenmuster, die sich oft über Generationen geistig angesammelt haben und unbewusst an die Kinder und Kindeskinder weitergegeben wurden, machen es uns schwer, oft sogar unmöglich, das Leben zu genießen.

Wir alle gehen immer wieder dem Irrglauben auf den Leim, dass wir jederzeit die Kontrolle über unser Leben hätten und behalten müssten. Doch dies ist die nächste große Illusion in unserem Denken! Wenn Sie dies endlich erkennen, werden Sie fast automatisch den sinnlosen Kampf einstellen, der Sie nur endlos ermüdet und auslaugt. Gehen Sie nicht nur in den inneren Waffenstillstand, sondern finden Sie inneren Frieden. Das, was Sie stets unermüdlich antrieb, war nur das eigene dämonische kleine Ich, das Ihnen einzureden versuchte, dass Sie wertlos, ungeliebt und erfolglos seien und sich daher ein glückliches Leben schwer erkämpfen müssten. Das ist aber ein fataler Trugschluss, der Ihnen bisher sicherlich nur kurzzeitig Glück und Zufriedenheit eingebracht hat, falls überhaupt.

Wie wir unsere destruktiven Gewohnheiten hinter uns lassen

Wir müssen damit aufhören, im ständigen inneren Zwiegespräch, das einem Wahn nahekommt, aus vergangenen Mustern heraus zu agieren. Damit wiederholen wir nur unsere selbst inszenierten Dramen.

Wenn wir es schaffen, jetzt sofort aus unserer destruktiven Gedankenspirale auszusteigen, dann haben wir die wahre Chance auf ein glückliches Leben. Und dann manövrieren wir uns nicht mehr ständig in vermeintlich schwierige Situationen hinein, sondern reagieren aus dem jeweiligen Augenblick heraus. Dann bringt Sie nicht mehr gleich alles aus der Fassung und aus Ihrem Gleichgewicht. Und dann haben Sie auch die Gegenwärtigkeit, Achtsamkeit und Kraft, das Leben mit seinen natürlichen Höhen und Tiefen zu meistern. Dann verwickeln Sie sich nicht mehr in neue Streitigkeiten, sondern entlarven die „Prüfung", die Ihnen das Leben in fast jeder neuen Situation stellt, und können lächelnd weitergehen, um etwas einfach mal so stehen zu lassen, wie es ist, ohne es ständig mühsam verändern zu wollen. Wir können nicht andere Menschen kontrollieren oder verändern. Wir können auch nicht das Leben an sich kontrollieren, und es liegt in der Natur des Lebens, dass es auf und ab geht. Wenn wir dies akzeptieren können, dann treten wir aus unserer Verteidigungshaltung heraus. Und wenn wir lernen, mit Hingabe zu leben, in selbstverständlicher Mühelosigkeit und Leichtigkeit und nicht unter ständig selbst auferlegtem Zwang, dann sind wir endlich frei. Dann haben wir die Freiheit, uns in jeder Situation für diejenige Haltung und Einstellung zu entscheiden, die für uns stimmig und zuträglich ist. Mit Hingabe kann jede als noch so lästig empfundene Pflicht zum Vergnügen werden!

Jeder Mensch bekommt seine Prüfungen, seine

Seelenaufgaben, doch wie Sie sie nehmen und mit ihnen umgehen, das entscheiden ganz alleine Sie. Warum suchen Sie immer noch ständig das Drama? Warum kreieren Sie immer noch Probleme, wo gar keine sind? Genießen Sie es, wenn es gut in Ihrem Leben läuft, und suchen Sie nicht schon wieder das Haar in der Suppe, indem Sie sich von Ihrem dämonischen Ich einreden lassen, dass Sie es nicht verdient hätten, dass ein Haken zu suchen wäre oder sowieso bald wieder der Hammer kommt. Dieses Ego existiert einzig und allein in unserer Vorstellung und bestimmt unser destruktives Denken. Wir sind aber nicht unser Ego, und wir sind nicht unser Denken! Das Ego stellt eine der größten Illusionen der Menschheit dar und ist ein fataler Irrglaube. Das Ego ist lediglich ein Gedanke, ein geistiges, fiktives Konstrukt, das wir irrtümlicherweise mit unserem wahren Ich verwechseln und gleichsetzen.

Somit tappen wir immer wieder in diese eine (Denk-)Falle, die unser Leben äußerst erfolgreich sabotiert. Auf diesem Weg werden Sie nie inneren Frieden, Ruhe und Zufriedenheit finden. So werden Sie immer wieder rastlos durch das Leben hetzen, um das im Außen zu suchen, was einzig und allein in Ihnen selbst verankert ist. So werden Sie weiterhin materielle Dinge anhäufen, sich nur kurz an ihnen erfreuen, um bereits den nächsten Eroberungen nachzujagen. So werden Sie sich auch zukünftig mit geistigem Müll in Form von destruktiven Gedanken überlasten und von einer Krankheit in die nächste stolpern. So werden Sie auch weiterhin nach neuen

Reizen gieren, weil Ihnen die Wertschätzung für das Kleinste fehlt. So werden Sie weiterhin die wirklich wertvollen Momente und Menschen übersehen und verpassen, da Sie ständig auf der Suche sind und mit Scheuklappen durch das Leben galoppieren.

Entspannen Sie sich, finden Sie sich,
werfen Sie alten Ballast ab, springen Sie in den
Fluss des Lebens und lassen Sie sich treiben.

Werden Sie jetzt still und kommen Sie innerlich zur Ruhe, damit Sie endlich einmal hören können, was Ihre Seele wirklich wünscht und was Ihr Herz wirklich sagt. Sie müssen keine Angst davor haben, was dann zum Vorschein kommt! Sie können es wirklich aushalten! Versuchen Sie es einfach einmal!

Erden Sie sich, indem Sie sich vorstellen, Sie seien ein großer Baum mit starken und unendlich langen Wurzeln, die in den Boden hineinwachsen. Lassen Sie die Gefühle hochkommen, die Sie jahrzehntelang unterdrückt haben, nach und nach und jedes so, wie es gerade möchte. Machen Sie einmal ganz langsam. Sie haben alle Zeit dieser Welt, hören Sie auf zu hetzen. Sehen Sie sich Ihre Gefühle ganz neutral an, ohne sich in ihnen zu verwickeln oder sie zu beurteilen. Es sind nur Gefühle und nichts anderes. Sagen Sie im Geiste „Danke" zu ihnen, dafür dass sie da sind. Denn sie haben ihre Berechtigung, sie möchten Ihnen etwas sagen. Diese Gefühle haben eine wertvolle Nachricht für Sie: nämlich, was Sie tun können, damit es Ihnen wieder besser geht. Und wie Sie selbst dazu beitragen können, dass dieses innere Mangeldenken aufhört. Nehmen Sie sich dieser Gefühle an, umarmen Sie sie im Geiste und geben Sie ihnen, wonach sie verlangen. Sei es freundlicher zu sich selbst zu sein, sich selbst mehr Zeit einzuräumen, sich selbst zu vergeben, sich bei jemand anderem zu entschuldigen, seinem Partner liebevoller zu begegnen, anderen Menschen mehr Freundlichkeit entgegenzubringen, ein neues Instrument spielen zu lernen, sich endlich aus einem unbefriedigenden Job zu lösen, um sich selbstständig zu machen, oder einfach mal schöne Musik einzulegen, ihr zu lauschen oder dazu zu tanzen. Einfach das zu machen, wozu Sie wirklich Lust haben. Und dies in Hingabe und voller Freude.

Dann wird ein kleines Wunder geschehen. Dann kann plötzlich jedes dieser bisher schmerzenden Gefühle in Frieden gehen, denn es hat nun seinen Dienst erfüllt. Und dann muss es nicht mehr in Ihnen bohren, um angehört zu werden. Dann werden Sie nach und nach freier. Dann fällt Schale für Schale alles ab, was Sie unnötigerweise geistig auf Ihren Rücken geladen haben. Dann geben Sie Ihren Widerstand auf. Dann wird es für Sie leichter. Dann wird das gesamte Leben leichter, und dann kommen Sie Ihrem wahren Kern, Ihrem wahren göttlichen Ich nahe. Dann können Sie die Angst fallen lassen und sich vertrauensvoll dem Fluss des Lebens hingeben. Diese Hingabe ist dann weder ein Akt der Passivität oder des Sich-gehen-Lassens, sondern ein Akt des Loslassens, der

Öffnung und der Befreiung aus allen Ängsten und Zwängen. Leicht und mühelos wird sich dann Ihr Leben anfühlen.

Selbst wenn es vermeintlich schwierig wird, können Sie ab jetzt Ihre selbst konstruierten Kontrollmechanismen weglassen, da Sie inzwischen gelernt haben, dass diese sowieso nicht funktionieren. Unabhängig davon, was im Außen passiert, haben Sie es jederzeit ganz allein in der Hand, wie Sie damit umgehen und wie es demzufolge in Ihnen aussieht. Sie können überall und jederzeit entspannen, auch in einer schwierigen Situation! Und Sie können lernen, sich in eine vertrauensvolle Lebenshaltung zu begeben, indem Sie sich voll und ganz dem Leben hingeben. Indem Sie sich allem, was Sie tun, auch Ihren Alltagspflichten, voll und ganz hingeben. Hingabe macht weich und geschmeidig und gibt uns die Chance, unsere blockierende Starre abzulegen. Wenn Sie weich und geschmeidig in Ihrem Denken, Sprechen und Handeln werden, dann können Sie alles überstehen.

Sie sind dann wie der Bambus, der tief und fest mit dem Boden verwurzelt und gleichzeitig so flexibel ist, dass ihn selbst der stärkste Sturm nicht brechen kann. Denn der Bambus neigt sich im Rauschen des Windes und findet dennoch immer wieder in seine ursprüngliche Form zurück. Sie wissen, dass alles steter Veränderung unterworfen ist und demzufolge auch die schlimmste Situation irgendwann vorbeigeht. Und Sie wissen jetzt, dass Sie jederzeit alle Kraft haben, die Sie zum Leben benötigen, sofern Sie diese nicht mehr von Ihrem fiktiven dämonischen Ego beschneiden lassen. Hingabe heißt, selbst die kleinste Aufgabe mit Freude zu erfüllen, und Hingabe erzeugt Begeisterung. Mit Hingabe können wir das Leben in Demut und Dankbarkeit annehmen und inneren Frieden finden. Setzen Sie diesem endlos erscheinenden, ermüdenden und sinnlosen Kampf ein Ende – mit Hingabe.

Übung: Möglichkeiten, Hingabe zu leben

Überlegen Sie sich für die folgenden Beispiele konkrete Möglichkeiten, wie die beteiligten Personen Hingabe leben können.

Rita und Hannes sind ein junges Paar und haben einen zweijährigen Sohn, Benjamin. Hannes kommt abends gestresst von der Arbeit heim und möchte nur seine Ruhe haben. Aber Benjamin läuft ständig um ihn herum und quengelt, Hannes soll endlich mit ihm spielen. Hannes schaltet den Fernseher an und beschäftigt sich beiläufig mit Benjamin. Rita fühlt sich oft mit der ganzen Arbeit alleingelassen und reagiert schnell genervt, wenn Benjamin nicht schlafen gehen will. Dann legt sie ihn rasch in sein Gitterbettchen und lässt ihn schreien, in der Überzeugung, dass er sich schnell beruhigen wird. Wenn seine Windel voll ist, trägt sie ihn zum Wickeltisch, auch wenn er gerade in sein Spiel vertieft war. Sie ärgert sich heftig darüber, wenn Benjamin dann einen Wutanfall bekommt und sich dagegen wehrt. Sie erledigt das Wickeln immer schnell.

Hingabe schafft Vertrauen. Hingabe schenkt volle Aufmerksamkeit. Hingabe geschieht liebevoll. Hingabe geht mit Achtsamkeit, Geduld und Zuwendung einher. Hingabe lässt das Ego voll und ganz hinter sich. Hingabe ist kein Sich-Opfern. Hingabe geschieht in vollem Bewusstsein. Hingabe gewährt Respekt. Hingabe gewährt Freiheit. Hingabe heißt, sich voll und ganz dem Leben zuzuwenden. Hingabe geschieht ohne jeglichen Zwang. Hingabe schaut nicht auf die Uhr. Hingabe macht auch alltäglichste Aufgaben zum Vergnügen. Hingabe bedeutet, sich voll und ganz einzubringen. Hingabe bedeutet, Verantwortung zu übernehmen. Hingabe ist das liebevolle Geschenk der Eltern an ihre Kinder. Hingabe bedeutet, bedingungslos und aus vollem Herzen zu lieben.

Markus ist ein Frauentyp. Er ist sehr stolz darauf, schon viele Frauen gehabt zu haben, und es gibt ihm ein gutes Gefühl, angehimmelt zu werden. Er ist rastlos, sucht ständig den Reiz des Neuen und genießt die Spannung, die sich aufbaut, bis eine Frau sich mit ihm einlässt. Er liebt den Rausch der Leidenschaft und fühlt sich bei einer Frau wohl, solange sie ihm dieses Gefühl geben kann. Es fällt ihm leicht, neue Beziehungen einzugehen, und er löst sich ebenso schnell wieder davon, wenn er anfängt, sich zu langweilen.

Aber er kann nicht alleine sein, dann fühlt er sich unwohl und unausgeglichen. In seiner Gier nach Leidenschaft will Markus stets noch mehr bekommen. Sein Antrieb sind Gefühle eines inneren Mangels. Markus ist nicht dazu in der Lage, sich ernsthaft und wahrhaftig auf jemanden einzulassen; er grenzt sich lieber ab. Es ist nicht nur schwierig für ihn, auf eine Frau einzugehen, er weiß überhaupt nicht, wie das funktioniert. Wahre Liebe hat er bisher noch nicht erlebt; er weiß nicht einmal genau, wie wahre Liebe sich anfühlt. Nach einer intimen Begegnung befindet er sich kurzzeitig in Ekstase. Danach folgt eine Leere, die ihn weiter vorantreibt. Wie es der Frau geht, will er nicht wissen. Es ist ihm unangenehm, und er weicht aus, wenn man ihn danach fragt.

Hingabe will Vereinigung, erfordert Offenheit, will sich vertiefen und mit ganzem Herzen einbringen. Hingabe schenkt Leidenschaft im Sinne von Begeisterung. Sie berechnet nicht, was zurückkommt, sie gibt Liebe und schafft Freude – auf beiden Seiten. Sie entspringt einem Gefühl der Fülle.

Kurt ist jemand, der sich vornehmlich mit Luxusgütern schmückt und auf diese Art seinen wirtschaftlichen Erfolg im Beruf nach außen darstellen will. Er ist ein eher unauffälliger Typ Mann, und er ist fest davon überzeugt, dass alles, was teuer ist, ihn selbst aufwertet und demonstriert, dass er ganz oben angekommen ist. Er hat nicht das Gefühl dafür entwickelt, was Schönheit wirklich bedeutet. Die Schönheit einer Blume, die Schönheit der aufgehenden Sonne, die Schönheit eines Lächelns. Seine Hobbys wählt er unbewusst danach aus, wie sie seinem vermeintlich hohen Status entsprechen, und sie sind konsumorientierten Charakters. Kreative Beschäftigungen sind ihm fremd. Seine Wohnungseinrichtung wirkt zusammengewürfelt, übertrieben und kühl.

Seine Freunde haben kürzlich einen modernen, großen Flachbild-Fernseher gekauft. Kurt denkt sofort, dass sein eigener, etwas älterer Flachbild-Fernseher nun nicht mehr gut genug sei, und kauft einen Apparat, der noch größer ist als der, den seine Freunde haben. Bei deren nächsten Besuch muss er ihnen diesen sofort präsentieren. Dies verschafft ihm ein gutes Gefühl, ein Gefühl der Überlegenheit.

Er befindet sich in einem ständigen inneren Vergleich mit anderen Menschen und beurteilt diese danach, wie viel Geld sie haben, welche Marken sie tragen und wie groß die Wohnung oder das Haus ist, in dem sie wohnen. Dass er sich damit oft hochmütig und verurteilend gegenüber anderen verhält, ist ihm nicht bewusst. Seine Freunde haben sich inzwischen von ihm abgewandt. Kurt kann dies bis heute nicht verstehen und fühlt sich in seinem Stolz verletzt.

Hingabe schafft Freunde. Hingabe möchte nicht protzen oder sich über jemand anderen erheben.

Hingabe vermittelt das Gefühl der Einheit. Hingabe ist erst da möglich, wo Stolz, Hochmut und Eitelkeiten wegfallen. Hingabe kostet auch die kleinen Freuden des Lebens aus. Hingabe entspringt einem gesunden Selbst.

Melanie ist eine fleißige Frau und sehr ehrgeizig. Sie arbeitet sich in ihrem Beruf ganz nach oben und hat alles, was viele sich wünschen: ein großes Auto, teure Kleidung und eine Luxuswohnung. Ihre letzte Beziehung scheiterte daran, dass ihr Freund auch Karriere machen wollte, aber es ihm nicht so schnell gelang wie Melanie. Er fühlte sich ihr unterlegen und suchte sich eine andere Frau. Zeit für Freunde und Hobbys hat Melanie schon seit längerer Zeit nicht mehr. Sie hat weder Kraft noch Lust, ins Kino zu gehen, ein Essen für Freunde zu kochen oder Klavier zu spielen. Sie fühlt sich zunehmend kraftlos und befindet sich einige Monate später mit einem Burn-out-Syndrom in ärztlicher Behandlung.

Hingabe geschieht in der Stille. Hingabe bringt Ruhe. Hingabe genießt. Hingabe bereichert das Leben, und Hingabe lässt den Funken auf andere überspringen. Hingabe spendet Kraft und fördert. Hingabe macht zufrieden. Hingabe entspringt einem gesunden Geist. Hingabe erfüllt das Herz.

Bernhard ist Arzt und genießt sein gutes Leben. Er ist stolz darauf, es geschafft zu haben. Er ist sehr schnell und weiß sich fast immer zu helfen. Diagno-

sen zu stellen, ist wie ein Sport für ihn. Ein Patient wird von ihm automatisch als krank eingestuft. Er ist fest davon überzeugt, dass Schmerzen mit Medikamenten ausgeschaltet werden können und der Patient dann gesund ist. Die Lebensumstände des Patienten interessieren ihn nicht.

Hingabe hört genau hin. Hingabe schenkt Wertschätzung. Hingabe schenkt Zeit. Hingabe will nicht beeindrucken. Hingabe lässt das Ego hinwegschmelzen. Hingabe will helfen. Hingabe ermöglicht die Aktivierung der Selbstheilungskräfte. Hingabe kennt keine Zeit. Hingabe geht in die Tiefe. Hingabe geschieht ganzheitlich.

David ist ein begnadeter Musiker. Er übt nahezu besessen, stundenlang, und wird ständig von dem Gedanken angetrieben, die Weltspitze zu erobern. Er spielt technisch brillant und ist von seinem Erfolg berauscht. Als er in einem Wettbewerb „nur" den zweiten Platz belegt, stürzt er in ein tiefes Loch.

Hingabe will nichts erreichen, sie genügt sich selbst. Hingabe sucht nicht nach Bestätigung. Hingabe macht geschmeidig. Hingabe verzaubert. Hingabe erfreut Körper, Geist und Seele. Hingabe lässt Raum und Zeit vergessen. Hingabe ermöglicht Wunder.

Rosemarie ärgert sich darüber, dass sie ständig krank ist. Sie hat das Gefühl, tagein, tagaus in einem Hamsterrad zu laufen, und wundert sich, dass es ihr nicht

146

besser geht, obwohl sie sich so sehr anstrengt, alles
zu erledigen. Sie läuft von einem Arzt zum nächsten
und ruft täglich Freundinnen an, um ihnen ihr Leid
zu klagen. Wenn sich alle um sie sorgen und nach
ihr fragen und wenn die Ärzte ihr Medikamente ver-
schreiben, fühlt sie sich besser.

Hingabe schenkt Respekt, sich selbst und anderen.
Hingabe wärmt das Herz. Hingabe vereint Körper,
Geist und Seele. Hingabe fördert Gesundheit. Hingabe geschieht ohne Überheblichkeit. Hingabe sucht
nicht nach Aufmerksamkeit von außen. Hingabe
entspringt einem inneren Gefühl der Fülle. Mit Hingabe lebt es sich leicht und mühelos.

Anna ist Psychologin und für ihre langjährige Erfah-
rung bekannt. Sie hat viele Stammklienten. Sie ana-
lysiert mit Vorliebe die Vergangenheit ihrer Klienten
und Klientinnen und holt jedes auch noch so kleine
Problem an die Oberfläche. Jedes davon wird so in-
tensiv wie nur möglich durchgearbeitet. Sie genießt
das Gefühl, von ihren Klienten gebraucht zu werden.

Hingabe findet in der Gegenwart statt. Hingabe
lässt los. Hingabe folgt dem Fluss des Lebens. Hingabe gewährt Unabhängigkeit. Hingabe übersteigert
nicht. Hingabe verwickelt sich nicht. Hingabe bedeutet Leichtigkeit. Hingabe sieht nicht Probleme,
sondern Aufgaben und Lösungen. Hingabe eröffnet
neue Wege. Hingabe geschieht jetzt und vertraut
dem Fluss des Lebens.

*Glück bedeutet, dass Sie Ihr Leben so
annehmen können, wie es gerade jetzt ist,
genau in diesem Moment.
Hingabe ist der Schlüssel zu diesem Glück.
Geben Sie sich jedem Moment liebevoll hin,
genießen Sie das, was Sie tun und schenken Sie sich
damit Freude und Lebenskraft.*

Mitgefühl

Ich wünschte, mehr Mitgefühl würde fließen.
Dann wäre die Welt in uns und die Welt um uns
ein wärmerer und liebevollerer Ort.

Es bestürzt mich, wenn ich daran denke, wie viel Gefühlskälte und Grausamkeit auf unserer Erde herrschen. Und es schmerzt mich, wenn ich darüber nachdenke, wie wenig Zuwendung wir uns selbst und anderen geben. Wie soll Liebe geschenkt werden, wenn wir uns innerlich leer fühlen, und wie soll Freundlichkeit herrschen, wenn wir uns selbst gegenüber so hart sind? Wie soll Güte entstehen, wenn wir uns so unbarmherzig dagegen wehren, unsere Augen, Ohren und Herzen zu öffnen?

Wir wissen um die Unmenschlichkeiten auf dieser Welt, und dennoch leben wir einfach so weiter, als würden sie nicht geschehen. Wir konsumieren tagtäglich Schreckensmeldungen aus den Medien und stumpfen gleichzeitig immer mehr ab. Wir reden über die Schicksalsschläge anderer und sind insgeheim darüber erleichtert, dass es nicht uns getroffen hat. Wir gieren nach Sensationen, um uns mit dem Wissen darum in den Vordergrund zu stellen. Wir fühlen uns manchmal sogar schlecht, weil wir so denken, fühlen und handeln, und dennoch ändern wir uns nicht.

Was kann ich als Einzelner tun, wenn jemandem am anderen Ende der Welt Unrecht geschieht, werden Sie jetzt fragen? Sie können vielleicht nicht sofort vor Ort sein, um direkt einzugreifen, aber Sie können Mitgefühl üben, indem Sie liebe- und lichtvolle Gedanken an diejenigen Menschen senden, die Trost und Beistand brauchen. Das müssen nicht unbedingt Leute sein, die Sie kennen. Sie können geistig all denjenigen Kraft und Zuversicht senden, die es in diesem Augenblick benötigen. Formulieren Sie diesen mentalen Satz des Mitgefühls einfach so, wie er Ihnen spontan einfällt, und stellen Sie sich innerlich vor, wie dieser Lichtgedanke dort eintrifft, wo auch immer er benötigt wird.

Wie wir im Einklang mit den kosmischen Gesetzen positiv leben

Wir wissen inzwischen, dass alles im Universum eins ist, dass nichts verloren geht und dass auch alles existiert, was wir gedanklich kreieren, im Guten, wie im Bösen. Wir haben damit die Möglichkeit, auf das Geschehen in unserem eigenen Umfeld und auch auf das Weltgeschehen an sich mental Einfluss auszuüben. Jeder gute Gedanke kommt einem Samen gleich, der auf den Boden fällt und die Fähigkeit in sich trägt, zu keimen, zu wachsen und zu gedeihen. Durch die stetige Wiederholung eines Gedankens wird dieser nach und nach manifestiert und letztendlich in die Realität umgesetzt. Das geschieht mit lichtvollen wie auch mit dunklen Gedanken. Durch die kosmische Anhäufung all der Gedanken – aus welcher Ecke der Erde sie auch kommen –, die Liebe und Licht in sich tragen, entsteht in ihrer Summe ein kollektiver Gedanke der Liebe und des Lichts, der aufgrund seiner hohen Schwingung und seiner großen Durchdringungskraft auch da wirken wird, wo noch Dunkelheit und Negativität vorherrschen.

Da wir in einer Welt der Dualität leben, müssen wir lernen, wie wir den dunklen Mächten entgegentreten und sie am besten hinter uns lassen können. Wir müssen uns das Dunkle und Negative ansehen, aber wir dürfen uns nicht darin verwickeln! Wir müssen uns dessen bewusst sein, dass das Dunkle auch dort anzugreifen versucht, wo Licht herrscht, und wir müssen dagegen gewappnet sein und uns innerlich schützen. Wir müssen diesen destruktiven Kräften selbstbewusst ins Auge sehen, um sie entlarven und ihnen ihre Kraft nehmen zu können, aber wir dürfen uns nicht in ihren Bann ziehen lassen.

Wir haben die Macht, das Dunkle zu vertreiben, indem wir ihm mit unserem Licht entgegentreten, aber dazu müssen wir uns erst einmal dieser Macht bewusst sein und lernen, diese Kraft sinnvoll einzusetzen. Dazu ist es wichtig zu wissen, dass das Negative besonders gut dort andocken kann, wo zum Beispiel Angst, Gier, Zorn, Eifersucht, Stolz, Schadenfreude, Missgunst und andere niedere Gesinnungen des Menschen vorherrschen. Diese triebhaften, unzuträglichen menschlichen Einstellungen haben eine sehr niedrige und verdichtete Schwingungsenergie, die es anderen dunklen Energien mit ähnlich geringer Frequenz leicht macht, hier anzuknüpfen.

Sie bemerken das, wenn Sie sich zum Beispiel gerade über etwas geärgert haben und dann zu allem Überfluss noch andere Dinge passieren, die Ihnen die noch verbleibende Kraft abziehen. Zu guter Letzt sind Sie am Abend nur noch wütend, erschöpft und aggressiv.

Die Erklärung dafür ist, dass sich durch den Ärger Ihre Aura öffnet und Ihre Schwingungsfrequenz auf ein niedrigeres Niveau abfällt. Dies macht nicht nur die Bahn für schädliche Krankheitsviren und Bakterien frei, es werden auch Situationen und Personen angezogen, die sich in einer ähnlich niederen Energiefrequenz befinden und die Ihnen damit noch weiteren Ärger verschaffen. Das lässt Ihren Energielevel letztendlich völlig absinken. Mehr dazu im Kapitel „Energieräuber".

Für meine Erläuterungen zum Thema Mitgefühl genügt es, wenn Sie grob darüber Bescheid wissen, dass wir mit unseren Gedanken etwas initiieren, was nicht nur auf uns selbst einwirkt, sondern auch auf andere. Diese Gedankenenergien sind unabhängig von Raum und Zeit, sie fließen völlig problemlos von einem Menschen zum anderen und von einem Ort zum anderen. Ihre Gedanken kommen also dort an, wo Sie sie geistig hingeschickt haben. Besonders feinfühlige Menschen spüren zum Beispiel, wenn jemand an sie denkt, und wenn sie besonders sensibel sind, können sie auch erahnen, wer ihnen diese oder jene Gedanken gesandt hat. An der Schwingung der Gedanken kann man spüren, ob es sich um positive oder negative Gedanken handelt, und an der Schwingung des Absenders kann man diesen erkennen, vorausgesetzt, die Intuition des Empfängers ist gut trainiert.

Es hat also durchaus sehr schwerwiegende Auswirkungen, wenn Sie anderen Menschen und überhaupt anderen Lebewesen gegenüber negative Gedanken und Gefühle hegen. Sie schaden damit nicht nur sich selbst, indem Sie mit negativen Gedanken, Worten und Handlungen Ihr Energieniveau absenken. Aufgrund des kosmischen Gesetzes der Anziehung (Gleiches zieht Gleiches an) und des universellen Gesetzes von Ursache und Wirkung (auch Karma genannt) sorgen Sie letztendlich dafür, dass auch Ihnen etwas Unangenehmes passieren wird. Das Ausmaß dessen, wie unangenehm dies sein wird, und der Zeitpunkt des Eintretens ergeben sich meist aus der Intensität Ihres niederen Beweggrundes. Das lässt sich rückwirkend meist sehr gut beobachten, und bei kleineren Vergehen greift man sich oft selbst schmunzelnd an den Kopf.

Ich bedanke mich sehr gerne für diese Lektion von oben, wenn ich mich dabei ertappe, dass ich mich zum Beispiel innerlich über jemanden lustig gemacht habe oder eine spöttische Bemerkung habe fallen lassen. Meist folgt die Wirkung auf dem Fuß in Form einer Gegenenergie oder eines schlechten Gewissens. Dann sinkt noch einmal das eigene Energielevel, und schon hat man gut damit zu tun, sich von diesen negativen Schwingungen zu reinigen, indem man sich wieder neu erden und mit neuen positive Energien aufladen muss, bis das innere Gleichgewicht wieder hergestellt ist. Das kann Minuten, Stunden, Tage oder sogar weit länger dauern, je nach Ausmaß der negativen Einwirkung und je nach Fähigkeit, mit solchen energetischen Auswirkungen umzugehen. Genaueres darüber, wie man sich zum Beispiel vor energetischen Angriffen anderer schützt, beschreibe ich ebenfalls im Kapitel „Energieräuber".

Mitgefühl ist ein großes Geschenk – für uns selbst und für andere

Wir müssen wieder Mitgefühl üben und dürfen uns nicht weiter dazu hinreißen zu lassen, uns unbarmherzig über unsere Mitmenschen hinwegzusetzen, da wir damit eine grundlegend ablehnende Haltung einnehmen und eine Atmosphäre der Kaltherzigkeit und Brutalität schaffen, auf körperlicher wie auch auf geistiger Ebene. Geben wir nur vor, Mitgefühl zu haben, so fällt auch dies auf uns zurück, und wir werden die Konsequenzen früher oder später zu tragen haben.

Mitgefühl zu praktizieren, ist für uns zu einer schwierigen Übung geworden. Wir wissen eigentlich gar nicht mehr so richtig, wie das funktioniert, da wir in der Regel so auf uns selbst und unsere vermeintlichen Probleme fixiert sind, dass es uns gar nicht mehr interessiert, wie es anderen Menschen geht. Wir haben es nahezu vergessen, wie es ist, sich jemandem zuzuwenden, und zwar voll und ganz.

Mitgefühl entspringt dem Herzen, und Mitgefühl

zu praktizieren ist eine wundervolle Übung, um das Herzchakra zu animieren und Liebesenergie fließen zu lassen. Mitgefühl macht einen selbst weich und öffnet im gleichen Maße das eigene Herz wie das Herz des anderen. Mitgefühl stellt eine Form der Kommunikation von Herz zu Herz dar. Es ist ein Akt des Altruismus, der heute zu einer kostbaren Seltenheit geworden ist.

Selbst und gerade in der eigenen Familie zeigt sich bereits der Mangel an Mitgefühl: Man geht nicht mehr aufeinander ein, hört sich nicht mehr zu und wendet sich sogar voneinander ab. Gerade in der eigenen Familie müssen wir damit beginnen, Mitgefühl zu üben. Doch Sie können natürlich grundsätzlich jederzeit, an jedem Ort und an jeder Person Mitgefühl üben, zum Beispiel mit einem freundlichen Lächeln, dem Überreichen eines liebevollen Geschenks zum Trost oder einfach mit Aufmerksamkeit im Gespräch.

Übung

Beobachten Sie sich selbst einmal genau, und spüren Sie dem nach, was in Ihnen vorgeht, wenn Sie jemandem die Frage stellen, wie es ihm geht.

1. *Sind Sie in diesem Moment wirklich daran interessiert, wie es dem anderen geht, oder sehen Sie dies nur als Begrüßungsfloskel an?*

2. Fragen Sie aus echtem, tiefem Interesse oder aus Gründen der Neugier, der Missgunst oder der unterschwelligen Hoffnung, dass es dem anderen schlechter geht als Ihnen?

3. Hören Sie wirklich zu, wenn der andere Ihnen erzählt, wie es ihm geht?

4. Bereiten Sie, während der andere antwortet, innerlich schon vor, was Sie zu sagen gedenken?

5. Sind Sie während des Gesprächs mit Ihrer Aufmerksamkeit bei dem anderen oder bei sich selbst, oder wechselt die Aufmerksamkeit, je nachdem, wer gerade spricht?

6. Können Sie sich von ganzem Herzen mit dem anderen freuen, wenn er Ihnen erzählt, dass es ihm sehr gut geht?

7. Fühlen Sie in sich hinein, ob der andere Ihnen wirklich erzählt, wie es ihm in Wahrheit geht?

8. Spüren Sie es, wenn es dem anderen entgegen seinen Beteuerungen schlecht geht?

9. Wenn ja, schenken Sie ihm Zeit und Zuwendung, indem Sie ihm zu verstehen geben, dass Sie bemerkt haben, dass es ihm nicht gut geht, und indem Sie ihm Ihr Mitgefühl aussprechen?

10. Oder antworten Sie mit einer Floskel, wie „Das wird schon wieder", nur um schnell Ihre Ruhe zu haben und das Gespräch beenden zu können?

11. Wenn Sie erst zu einem späteren Zeitpunkt erfahren, dass es dem anderen nicht gut geht, wären Sie dann bereit, diesem Menschen nachträglich Ihr Mitgefühl auszudrücken, und zwar ernsthaft und aus ganzem Herzen?

12. *Möchten Sie gar nicht wissen, wie es dem anderen wirklich geht?*

Wenn wir dieser Übung achtsam und einfühlsam nachgehen, werden wir mit großer Wahrscheinlichkeit feststellen, dass unsere Aufmerksamkeit anderen gegenüber in der Regel schnell abfällt und sich wieder auf uns selbst richtet. Wir erkennen, wie schwer es uns fällt, wirklich gegenwärtig und im Jetzt zu sein und unsere Selbstbezogenheit aufzugeben. Es wird ganz deutlich, wie häufig unsere Gedanken um die immer gleichen Dinge kreisen und wie sehr wir mit unserem inneren Monolog und unseren vermeintlichen Problemen beschäftigt sind. Und wir müssen zugeben, dass wir nahezu automatisch jeden und alles verurteilen, der oder das uns begegnet, und dass wir zudem versuchen, alles verstandesgemäß in inneren Schubladen abzulegen.

Wir sollten dem ins Auge sehen, dass auch wir der Dualität unterworfen sind und Kräfte in uns wirken, die negativ und destruktiv sind. Wir sollten bewusst akzeptieren können, dass jeder von uns auch negative Eigenschaften in sich trägt. Diese zu unterdrücken oder zu verleugnen, führt nur dazu, dass sie mehr an die Oberfläche drängen.

Daher sind wir gut damit beraten, uns diese unzuträglichen Neigungen anzusehen, um Ihre Auslöser erkennen und bearbeiten zu können. Wir sollten uns aber auch dessen bewusst sein, dass wir negativen

Eigenschaften wie zum Beispiel Eifersucht, Neid, Missgunst, Kontrolldenken, Machtstreben, innere Unzufriedenheit, Gier, Wut, Hass, Unbarmherzigkeit und Grausamkeit nicht ausgeliefert sind. Es liegt immer in unserer Hand, entweder diesen negativen Trieben nachzugeben oder ganz bewusst positiv zu agieren. Wir müssen daher unseren Geist schulen und lernen, unsere Gedanken zu lenken. Wir haben immer die Wahl, und wir können uns jederzeit für den guten Weg entscheiden, selbst in sehr kurzen Momenten. Aber dazu benötigen wir eine große Portion Gegenwärtigkeit und eine gute Intuition, um auch in Sekundenbruchteilen entscheiden zu können, was in einer bestimmten Situation angebracht ist und was nicht.

Erkennen Sie erst hinterher, dass Sie falsch gehandelt haben, dann können Sie auch nachträglich Gutes tun, indem Sie etwas klarstellen, sich entschuldigen, jemand anderem und sich selbst vergeben. Sehen Sie sich die Situation mit ein wenig Abstand und so neutral wie möglich noch einmal genau an, und ziehen Sie Ihre Lehre daraus, damit Sie beim nächsten Mal besser denken, sprechen und handeln. Nur so, durch stetiges Hinterfragen und beharrliches Üben, können Sie zu einem besseren Menschen reifen. Das Praktizieren von Mitgefühl gehört zur Königsdisziplin!

Wie man wahrhaftes Mitgefühl praktiziert

Mitgefühl geschieht, indem wir uns entweder jemandem direkt zuwenden, der uns gegenübersteht, oder indem wir jemandem geistig mitfühlende Gedanken zusenden, der nicht vor Ort ist. Dazu ist es nicht notwendig, dass wir diese Person persönlich kennen. Es spielt auch keine Rolle, um wie viele Menschen oder Lebewesen es sich handelt. Wenn Sie zum Beispiel in den Nachrichten hören, dass eine bestimmte Region von einer Naturkatastrophe heimgesucht wurde, und Menschen und Tiere leiden, dann können Sie mental auch der Gesamtheit dieser Betroffenen Ihr Mitgefühl aussprechen. Dazu ist es förderlich, dass Sie sich bewusst einen Moment Zeit nehmen, innerlich zur Ruhe kommen und sich intensiv auf die Betroffenen konzentrieren.

Wenn wir Mitgefühl üben, dann müssen wir darauf achten, dass wir voll und ganz bei der Sache sind, unser Ego weglassen und uns zurücknehmen. Wenn Sie in einer Situation sind, in der Sie dem Betroffenen direkt gegenüberstehen, ist es angebracht, dass Sie sich voll und ganz auf ihn einstellen. Es zählt in diesem Augenblick nur der Betroffene, und Sie zeigen ihm einfach, dass Sie da sind. Um zuzuhören, um beizustehen, um eben mitzufühlen.

Machen Sie dabei aber auf keinen Fall den Fehler, sich gleich wieder einzumischen, indem Sie vermeintlich gute Ratschläge erteilen oder eine Trostfloskel anbringen. Damit machen Sie sich nicht nur schon wieder selbst wichtig und setzen damit Ihr

Ego ein, Sie zeigen auf diese Weise dem anderen, bewusst oder unbewusst, dass Sie seine Situation nicht wirklich ernst nehmen. Daher müssen Sie sehr viel Sensibilität, Feingefühl und Einfühlungsvermögen einsetzen, um zu spüren, was dem anderen zuträglich ist und was nicht.

Wahres Mitgefühl entspringt einem reinen Herzen, und dieses Mitfühlen geschieht in einer Feinsinnigkeit, die sich kaum mit Worten beschreiben lässt. Sie müssen einfach spüren, wie zart und einfühlsam Mitgefühl geschieht. Wahres Mitgefühl fließt in Leichtigkeit und Mühelosigkeit, Anstrengung ist hier völlig fehl am Platz. Mitgefühl ermöglicht es, einen Menschen genau so anzunehmen, wie er ist, mit all seinen Unzulänglichkeiten und Schwächen. Mitgefühl umarmt den Menschen. Mitgefühl schenkt Zuwendung, Aufmerksamkeit, Geborgenheit und Liebe.

Was jedoch sehr wichtig ist: Mitgefühl darf keinesfalls mit Mitleid verwechselt werden! Mit einer Haltung des Mitleids wird „mitgelitten", und damit ist keinem geholfen, wie man auch auf der energetischen Ebene erkennen kann. Mitleid lässt den einen mitleiden und den anderen noch tiefer in das Loch des Leids fallen. Auf diese Weise befinden sich letztlich alle Beteiligten auf einem niedrigen und negativen Energielevel und ziehen sich gegenseitig noch weiter herunter. Während Mitleid im engeren Sinne aus einer Haltung der vermeintlichen Überlegenheit und des Hochmuts entspringen kann, wurzelt Mitgefühl im Herzen und geschieht aus dem gesunden

Wissen heraus, dass wir im Grunde alle göttlich, gleich und eins sind.

Sich dieses Unterschieds bewusst zu sein, schenkt uns die Einsicht, dass wir ab jetzt unsere Worte hinsichtlich ihrer jeweiligen Schwingung und Wirkung sorgfältiger wählen sollten. Das Wort Mitleid klingt zum Beispiel negativer und schwingt niedriger als das Wort Mitgefühl. Mitgefühl bietet dem anderen die Chance, sich angenommen, verstanden und damit respektiert zu fühlen. Mitgefühl vermittelt dem anderen, dass man ihm die Kraft zutraut, die Krise überwinden zu können. Mitgefühl birgt Zuversicht und Hoffnung, Zuwendung und Liebe in sich.

Mitgefühl ist kein Projekt – Mitgefühl ist eine natürliche Verhaltensweise, die wir wiederentdecken und in unser Leben integrieren müssen.

Wir sollten längst den geistigen Reifegrad erreicht haben, dass wir allen Lebewesen mit einer positiven Grundhaltung und zuträglichem Verhalten entgegentreten. Wir müssten längst die innere Einsicht erlangt haben, dass in uns menschliche Qualitäten wie Höflichkeit, Freundlichkeit, Mitgefühl, Güte und Liebe von Natur aus angelegt sind und dass es der natürliche Zustand wäre, automatisch mitfühlend zu agieren. Wir wissen jedoch alle, dass die meisten Menschen und leider auch wir oft weit davon entfernt sind, uns dementsprechend zu verhalten.

Wir haben uns von unserem göttlichen Kern entfernt und vergessen, dass anderes Leben respektiert und liebevoll behandelt werden muss – und zwar stets in guter Absicht und ohne jegliche Ausnahme. Dieses Wissen erteilt uns, wenn wir ehrlich zu uns sind, äußerst eindringlich den Auftrag, konsequent und beharrlich, mit bestem Willen und mit bester Absicht daran zu arbeiten, dass wir zu besseren Menschen werden. Damit wir jetzt und künftig aus einem Selbstverständnis heraus denken, sprechen und handeln, das ausschließlich guten Samen hervorbringt. Es ist unsere (Seelen-)Aufgabe, dass wir wieder unsere göttliche Natur zum Vorschein bringen, mit der wir ursprünglich in die vielen Leben zuvor und in dieses jetzige Leben geschickt wurden.

Wenn Sie diese sogenannte Buddhanatur und diesen „Erleuchtungsgeist" erst einmal erreicht und damit wiederentdeckt haben, dann bringt Sie nichts mehr aus dem Gleichgewicht. Und auch Sie bringen nichts mehr aus dem Gleichgewicht. Dann können Sie wahrnehmen, annehmen, mitfühlen, loslassen, lächeln und weitergehen. Der heutige 14. Dalai Lama repräsentiert diese Haltung des bedingungslosen Mitgefühls auf eine äußerst humorvolle und zugleich eindrucksvolle Art und Weise und zeigt damit, dass dies möglich ist.

Ich beende dieses Kapitel mit einem buddhistischen Gebet, das uns dabei unterstützen kann, Mitgefühl zu üben. Sie können dieses Gebet im Rahmen einer Meditation anwenden oder einfach den Tag damit beginnen und abschließen. Sprechen Sie dabei diese

Zeilen mehrmals hintereinander laut oder innerlich und lautlos aus und spüren Sie dabei aufmerksam in sich hinein:

Mögen alle Wesen frei von Leid und
von der Wurzel des Leids sein.

Möge ich frei von Leid
und von der Wurzel des Leids sein.

Mögen sich alle Wesen des Glücks
und der Wurzel des Glücks erfreuen.

Möge ich mich des Glücks
und der Wurzel des Glücks erfreuen.

(Teil des „Bodhisattva-Gelübdes" aus
dem tibetischen Buddhismus)

Wahrheit

Man sieht nur mit dem Herzen gut.
Das Wesentliche ist für die Augen unsichtbar.
Antoine de Saint-Exupéry, Der kleine Prinz

Schönheit liegt sprichwörtlich im Auge des Betrachters, und irgendwie gilt dies offensichtlich auch für die Wahrheit. Was jedoch beim Thema Schönheit für Vielfalt und Abwechslung sorgt, das führt beim Thema Wahrheit in ein verhängnisvolles Chaos. Denn was für den einen die Wahrheit schlechthin ist, kann für den anderen kompletter Unsinn oder völlig bedeutungslos sein. Wovon sich der eine motiviert fühlt, das empfindet ein anderer als Dummheit oder Provokation. Dass dies im Kleinen wie auch im Großen zu Streitigkeiten, zu Anfeindung und sogar zu Krieg führen kann, dafür gibt es endlos viele traurige Beispiele.

Der Kern des Problems ist, dass die Wahrheit je nach Land, Sprache, Mentalität, Religion, Kultur und Politik variieren kann und es sich damit um eine „relative" Wahrheit handelt. Vielmehr noch: Im Grunde sind die Lehren und Theorien, an denen sich das Individuum entsprechend seiner Herkunft und seines Umfeldes orientiert, meist von Meinungen, Interpretationen und Spekulationen überlagert. Am Beispiel der Religionen bedeutet dies, dass der Christ nicht mehr die originale Bibel, der Jude nicht mehr den ursprünglichen Talmud, der Moslem nicht mehr den originalen Koran und der Hindu nicht mehr die ursprüngliche Bhagavad Gita liest. Nein, letztendlich liest jeder eine Übersetzung und Interpretation der ursprünglichen Quellen. Hinzu kommen unter anderem die persönliche Meinung des Lesers, die Auslegung des Lehrers, die Deutung des Schülers, und somit schaffen wir ein Konstrukt der angeblichen Wahrheit, die oft nicht mehr viel mit der grundlegenden Botschaft gemein hat. Heutzutage werden in vielen anderen Bereichen des Lebens Inhalte zu Idealen stilisiert und werbewirksam nach außen propagiert, die jeglicher Grundlage entbehren. Heute ist dies und morgen jenes ein Trend. Das mag in der Mode zu Kreativität führen, in existenziellen Fragen und Wertvorstellungen endet es jedoch in einem Verfall der Humanität und in einer ernsthaften Gefährdung der ethischen Grundsätze.

Wie „falsche" Wahrheiten entstehen

Während der eine noch kritisch überprüft, was er an geistigem Gedankengut übernimmt, stellt ein anderer keinerlei Fragen und imitiert das, was ihm gerade gelegen kommt. Der Nächste folgt einfach nur seiner Stimmung und vermischt dies mit seiner Meinung. Dies führt zur Annahme und Weitergabe verdrehter Tatsachen, zu Verwirrung, Orientierungslosigkeit, Übersteigerung oder sogar zu Extremismus.

Hier greift nun das nächste Glied in der Kette dieser fatalen Entwicklung. Es werden lukrative Geschäfte damit gemacht, in Aussicht zu stellen, dass die Wahrheit über das Leben in bestimmten Kursen, Seminaren und Vorträgen vermittelt wird. Unzählige Menschen leben davon, andere von sich abhängig zu machen, indem sie vorgeben, die Wahrheit über bestimmte Themen zu lehren. In Wirklichkeit halten einige dieser Leute lediglich vermeintliches Wissen bewusst zurück oder verschleiern dieses, damit ihre Schüler solange wie möglich an ihnen festhalten, um auf die angebliche Wahrheit zu kommen. Dies muss meist auch noch teuer bezahlt werden.

Wer vorgibt, die Wahrheit gefunden zu haben, wird auf ein Podest gestellt und dem wird nachgeeifert. Auch welcher Weg der Wahrheitsfindung dienen kann, ist heutzutage eine Frage des Trends. Gestern war es der Besuch eines heiligen Ortes in Indien, heute sind es die Lehren des Buddhismus, morgen ist es Yoga und übermorgen die Kabbala. Wir laufen heute diesem und morgen jenem hinterher, nur vergessen wir, dass diese Wege mit der richtigen Einstellung, in einer Haltung des Respekts, der Freundlichkeit, des Mitgefühls, mit einer bewussten Achtsamkeit und einem klaren, offenen Geist beschritten werden sollten. Und wir vergessen in der Regel, dass wir den Weg, den wir für uns wählen, von Grund auf hinterfragen und immer wieder dahingehend überprüfen sollten, ob er überhaupt noch stimmig für uns ist.

Der Weg zur Wahrheit

Was nützt das Praktizieren der anspruchvollsten Yogastellungen, wenn ich gar nicht weiß, was Yoga überhaupt bedeutet, und was nützt das Wissen um die erfolgversprechendste Meditationstechnik, wenn ich sie nicht anwenden kann und es im Grunde nicht einmal schaffe, einfach nur still zu sitzen, meine Gedanken zur Ruhe zu bringen und innerlich leer zu werden. Was nützt der tägliche Besuch in der Moschee, wenn ich nicht dazu in der Lage bin, auch Menschen anderer Glaubensrichtungen mit Achtung und Respekt zu begegnen, und was nützt der wöchentliche Kirchenbesuch, wenn ich weder mich selbst noch andere liebevoll behandle. Doch wie sollen wir hinterfragen und überprüfen, was uns begegnet, wenn wir gar nicht mehr wissen, woran wir erkennen können, ob etwas stimmig für uns ist oder eben nicht? Wie sollen wir für uns selbst Entscheidungen treffen, wenn wir gar nicht mehr dazu fähig sind, in uns hineinzuhören? Wie sollen wir wissen, welcher Weg für uns der Richtige ist, wenn wir unsere innere Stimme gar nicht mehr wahrnehmen? Wie sollen wir herausfinden, ob wir einem Quacksalber auf den Leim gegangen sind, wenn wir gar nicht mehr unserer eigenen Intuition vertrauen?

Nicht der Verstand, der äußerst begrenzt ist und davon lebt, sich an Begrifflichkeiten festzubeißen, diese zu bewerten und sofort in Schubladen zu stecken, ist hierzu der Schlüssel, sondern die Intuition und ein offener, wacher Geist. Der Verstand dient dazu, diejenigen Informationen zu sammeln und auszuwerten, die rein objektiv eine Rolle spielen. Was passiert aber mit den „weichen" Tatsachen, die nicht so schnell erkennbar, nicht so einfach zu greifen und zu bewerten sind und die unter Umständen viel schwerer wiegen als die „harten" Fakten. Jeder Mensch auf dieser Erde, unabhängig von Herkunft, Sprache oder Konfession, trägt die Fähigkeit in sich, zu erkennen, wann es sich bei einem Thema um die Wahrheit handelt, und zwar um die einzige, göttliche, tiefe, spirituelle Wahrheit – die Essenz, auf der alles gründet. Dieses Erkennen ist wie ein Gedankenblitz und erscheint wie ein Licht, in dem wir plötzlich wirklich sehen – oft nur für einen kurzen Augenblick, aber in einer Deutlichkeit und Klarheit, die keine Zweifel mehr lässt. Eine Klarheit, die einem inneren Wissen und einem Wiedererkennen gleichkommt.

Ich war über viele Jahre immer wieder auf der Suche nach Antworten, die mir schlüssig erklären können, was hinter allem Leben in diesem Universum steht und was den Kosmos ausmacht. Nur was ich nach dem Lesen des einen oder anderen Buches, dem Besuch des einen oder anderen Seminars und des einen oder anderen vermeintlichen Meisters, Gurus oder selbst ernannten spirituellen Lehrers empfand, war, dass es sich oft um alles andere als die wirkliche göttliche Wahrheit handelte. Damit war ich zwar trotzdem einen kleinen Schritt auf meiner Suche weiter gekommen, denn ich erkannte zunehmend, was definitiv nicht wahr sein kann, und dies war durchaus auch eine wertvolle Erfahrung für mich. Aber ich hatte dennoch immer noch nicht das gefunden, was ich wirklich suchte. Irgendwann fielen mir die Schuppen von den Augen, und ich durfte plötzlich durch den Vorhang blinzeln, der mir bisher die Sicht auf das versperrte, was ich in meiner Hast auf der Jagd nach der Wahrheit ständig verpasst hatte.

Die Entdeckung der Wahrheit

Ich wurde dessen gewahr, dass diese eine göttliche, absolute Wahrheit in jedem Einzelnen von uns verankert ist! Sie ist in uns selbst zu finden, sie ist im Innen und nicht im Außen versteckt, und das Tor zu ihr öffnet sich durch unsere Intuition. Wenn ich von der einen göttlichen Wahrheit spreche, dann meine ich nicht nur die Wahrheit hinter der einen oder anderen Religion oder die Wahrheit hinter der einen oder anderen spirituellen oder wie auch immer gearteten Bewegung, Lehre oder Theorie. Nein, ich meine damit vielmehr die Quintessenz, auf der alles gründet. Alles, was wir bereits erfassen, und alles, was wir noch nicht erfassen können. Diese einzige göttliche und absolute Wahrheit ist auch die Essenz aller Religionen. Und sie liegt jedem Lebensthema zugrunde. Diese einzige göttliche Wahrheit ist das, was wir als wirklich „wahr" erkennen, wenn wir unsere eigenen Blockaden durchbrechen, die sich über Jahrzehnte aus dem Verstand, der Angst, aus Erklärungsversuchen und aus vererbten Gedanken- und erlernten Handlungsmustern aufgebaut haben.

Diese einzige göttliche, absolute Wahrheit ist die Grundlage, auf der ausnahmslos alles gründet. Wenn Sie das wirklich erkennen und erfassen, dann wissen Sie plötzlich, dass wir alle, wir Menschen, alle Lebewesen, alles Leben und alles, was das Universum im Gesamten ausmacht, eins sind. Dann wissen Sie, dass der Kosmos eine Einheit ist und dass wir ein Teil davon sind, jeder Einzelne von uns. Genauso, wie der Tropfen Wasser Teil des Ozeans ist, so wie er auch ein Teil von uns ist, da wir alle Wasser in uns tragen. Diese göttliche Einheit von allem können wir manchmal fühlen, wenn wir uns zum Beispiel in großer Begeisterung einer Tätigkeit hingeben, die uns voll und ganz ausfüllt, oder wenn wir allein und in Ruhe in der Natur verweilen. Dann vergessen wir Raum und Zeit, und dann verschmelzen wir mit allem, mit dem Universum. Dann sind wir eins mit uns selbst und mit allem, was uns umgibt. Dieses Wissen und Fühlen kommt der Empfindung eines Hellsichtigen gleich, der gerade eine Eingebung hat und in diesem Augenblick weiß, dass etwas richtig und wahr ist. In diesem Moment erkennen Sie die einzige göttliche Wahrheit, in diesem Moment sind Sie hellwissend!

*Jeder besitzt Intuition – diese Gabe gilt es
wieder zu verstärken.*

Genauso fühlt es sich auch an, wenn jemand:

- **hellsichtig** (Wahrnehmen durch Sehen, innere Bilder und Visionen),
- **hellhörend** (Wahrnehmen durch eine innere Stimme; diese positive Stimme entspringt den göttlichen Welten. Es handelt sich hierbei nicht um die negative Stimme des Egos, die im schlimmsten Fall in Geisteskrankheit enden kann!),
- **hellfühlend** (Wahrnehmen durch Intuition, innere Gefühle und Ahnungen) oder
- **hellwissend** (Wahrnehmen in Form eines inneren Erkennens und Wissens) ist.

Diese Kommunikationskanäle funktionieren nicht nur innerhalb der Dimensionen, die wir sehen können, sondern eben auch außerhalb davon. Das heißt, wir sind von geistigen Welten und Phänomenen umgeben, die wir in der Regel eben nicht so einfach sehen können, die dennoch existieren, was inzwischen auch die Wissenschaft einräumt. Insbesondere bei Naturvölkern und Menschen, die in Einklang mit sich selbst und der Natur leben, sind diese Kommunikationskanäle noch gut ausgeprägt. Dies ist jedoch keine spezielle Gabe, die nur einigen Auserwählten zufällt, wie gerne behauptet wird. In der Regel trägt jeder Mensch diese Anlagen in sich.

Wir können unsere Kommunikationskanäle trainieren und sensibilisieren, indem wir stetig üben, auf unsere innere Stimme zu hören, und damit unserer Intuition zu vertrauen lernen. Wichtig dabei ist, fest daran zu glauben, dass wir auch fähig dazu sind! Jedoch müssen wir zuerst einmal unsere Blockaden aufgrund von Erziehung, Prägung, Erfahrungen, Ängsten und Selbstzweifeln aufspüren und fallen lassen. Dazu benötigt der eine Hilfe von außen, der andere schafft es, indem er einfach ganz klar die Entscheidung trifft, dass sich jetzt alle Blockaden auflösen mögen, und dazu um Hilfe durch die göttliche Führung bittet.

Meist ist es so, dass der Mensch mit einem der vier Kommunikationskanäle besonders gut arbeiten kann oder eine Kombination aus denselben anwendet. Im Idealfall sind alle vier Kommunikationskanäle so gut entwickelt, dass alle gemeinsam angewandt werden können. Voraussetzung dafür ist ein hoher geistiger Reifegrad, den Sie erreichen können, wenn Sie konsequent an sich arbeiten und sich körperlich, geistig und seelisch weiterentwickeln. Die Kommunikationskanäle sind das Sprachohr Ihrer Intuition. Das Wiedererwecken und Trainieren Ihrer Intuition ist deshalb essenziell für Sie, da sie Ihnen neue Dimensionen aufzeigen und Ihr Leben unendlich bereichern kann. Mit dem Einsatz Ihrer Intuition können Sie viel besser und durch Übung immer schneller unterscheiden, wer und was Ihnen wirklich begegnet, wer und was Ihnen wirklich zuträglich ist und wen oder was Sie besser meiden bzw. schnell (mit liebevollen oder zumindest neutralen Gedanken) loslassen sollten. Und Ihre Intuition ist ein wertvoller Schutz, der Sie vor Manipulation und Betrug warnt.

Nichts geht verloren, alles ist da – die Reinkarnationslehre

In jeder unserer Zellen ist nicht nur unser genetisches Gut gespeichert, sondern jede einzelne Zelle zeichnet darüber hinaus alles auf, was uns im Leben widerfährt. Hierzu gibt es zahlreiche esoterische Ansätze, wie zum Beispiel die Reinkarnationslehre, auf die sich unter anderem die Rückführungstherapie stützt, indem sie davon ausgeht, dass Auslöser für körperliche oder psychische Probleme oft mehrere Leben zurückliegen. Derartige Beschwerden können demzufolge häufig gelöst werden, indem man die damalige Situation (zum Beispiel durch Hypnose) herbeiführt, der Patient diese wiedererkennt und in Begleitung des Therapeuten noch einmal durchlebt.

Gemäß der Reinkarnationslehre sind gleichermaßen Ereignisse aus vorhergehenden Leben in unseren Zellen gespeichert wie auch Erfahrungen aus unserer aktuellen Lebenszeit, wie zum Beispiel als Embryo im Mutterleib, als Kind, Jugendlicher und in allen weiteren Stadien. Darüber hinaus wird aber auch noch alles aufgezeichnet, was zukünftig in unseren weiteren Leben geschehen wird.

Wir selbst können diese „geistigen Dateien" oft nicht bewusst abrufen, aber vieles kann zum Beispiel von unserem Unterbewusstsein wieder ins Bewusstsein rücken, wenn eine Situation eintritt, die uns an etwas Vergangenes erinnert. Das kann das Hören einer Melodie sein, eine Begegnung, ein Geschmack oder ein Duft.

Einen weiteren Hinweis darauf, dass in unseren Zellen auch Ereignisse aus allen vorhergehenden Leben gespeichert sind, liefert unter anderem die Tatsache, dass wir bestimmte Affinitäten oder Aversionen hegen, die wir uns selbst nicht erklären können. Wir lernen zum Beispiel eine neue Sprache, und dies fällt uns so leicht, dass wir das Gefühl haben, diese Sprache schon einmal beherrscht zu haben. Wir kommen im Urlaub an einen Ort, der uns gut bekannt zu sein scheint, obwohl wir in diesem Leben noch nie dort waren. Wir treffen einen Menschen, mit dem wir schnell so vertraut sind, als ob wir uns schon Jahre kennen würden, und fühlen uns ihm seelenverwandt. Oder wir haben unerklärlich große Angst vor etwas, das uns in diesem Leben noch nie zugestoßen ist.

Ich bitte diejenigen, die nicht an Reinkarnation glauben, dennoch weiterzulesen: Beobachten Sie einfach Ihre Gefühle, während Sie diese Zeilen aufnehmen. Ich bat Sie im Vorwort darum, den Verstand nicht übermächtig werden zu lassen, sondern auf Ihre innere Stimme zu hören, während Sie dieses Buch lesen. Der Verstand versucht sofort zu selektieren, sich an Worten festzubeißen, zu beurteilen, zu vergleichen und einzuordnen. Was er nicht fassen kann, stuft er automatisch als wertlos ein und versucht dieses geistig zu entsorgen. Der Verstand ist jedoch nur ein sehr begrenztes Werkzeug und stellt im Gegensatz zu unserem irreführenden Eindruck nur einen sehr kleinen Anteil unseres Selbst dar.

Gerade diese Informationen, die unser Verstand nicht mehr fassen kann, eröffnen uns den Einblick in Welten, die uns noch weitgehend verborgen sind und die wir nur einsehen können, wenn wir es zulassen und unseren Geist dafür öffnen können. Hierzu müssen wir unsere eigenen inneren Grenzen aufheben und unserer Intuition vertrauen.

Der Akashaplan als Chronik einer Seele

Die Daten Ihrer Leben sind jedoch nicht nur auf der körperlichen, der Zellebene gespeichert, sie sind vor allem auch in der mentalen Ebene festgeschrieben und Ihrer Seele vertraut. Denn Ihre Seele überlebt Ihren Körper, der Ihnen jeweils nur für die Dauer eines Lebens zur Verfügung steht. Ihre Seele sucht nach dem Ende eines Lebens das Umfeld, die Personen und Situationen aus, die Ihnen diejenigen Aufgaben stellen, die Sie meistern sollten. Gelingt Ihnen dies nicht innerhalb eines Lebens, so werden Sie diese Aufgaben auf der mentalen Ebene und Seelenebene automatisch in das nachfolgende Leben und gegebenenfalls in weitere Leben mitnehmen, bis Sie diese Seelenaufgaben gelöst haben. Weder List noch Selbstmord hilft Ihnen aus diesen Aufgaben heraus. Es gibt lediglich die Möglichkeit, Ihre göttliche Führung darum zu bitten, die eine oder andere Aufgabe für Sie aufzulösen. Wenn es für Sie zuträglich ist, wird dies passieren, sonst jedoch nicht. Denn das Abarbeiten Ihrer Seelenaufgaben ist im Grunde die große Chance für Sie, sich geistig weiterzuentwickeln. Und Ihre Intuition kann Ihnen dabei die größten Dienste leisten! Haben Sie irgendwann alle

Seelenaufgaben erfüllt, dann haben Sie die Stufe der sogenannten Erleuchtung erreicht. Ihre Seele kann sich dann zur Ruhe setzen.

Dieser mentale Aufgabenkatalog, dem Ihre Seele folgt, wird „Akashaplan" genannt. Hier sind alle Herausforderungen aufgezeichnet, die Sie bereits gemeistert haben und die Ihnen zukünftig noch begegnen werden. Damit ist nicht gemeint, dass Ihr Schicksal schon von Anfang an vorgegeben sei, Sie haben jederzeit die Wahl zwischen vielerlei Optionen, Ihre Aufgaben zu lösen.

Seine individuellen Aufgaben hat sich der Mensch auf Seelenebene letztendlich selbst ausgesucht, bevor er auf der Erde inkarnierte und damit gleichzeitig vom Schleier des Vergessens eingehüllt wurde. So sucht sich ein Mensch vor seiner Geburt unter anderem seine Eltern und sein weiteres Umfeld aus, um damit die Voraussetzungen zu schaffen, die seiner Meinung nach die Lösung dieser Seelenaufgaben begünstigen. Das sind jedoch meist nicht die „günstigen" Umstände, wie wir es vermuten und hoffen. Es sind vielmehr Umstände, die oft sehr schwierig und anspruchsvoll sind und uns gerade deshalb aus unserer Bequemlichkeit und Unwissenheit wachrütteln sollen. Nur so gelingt es uns letztendlich, wieder in die Gegenwärtigkeit zu kommen und durch unseren Schleier des Vergessens hindurchzublicken, um uns wieder daran zu erinnern, wer wir wirklich sind.

Die Intuition verhilft Ihnen zu einem
erfüllten Leben.

Es gibt nicht einen einzigen, unveränderlichen Lebensweg, der fest vorgegeben wäre. Gott respektiert den freien Willen des Menschen. Das heißt, Sie haben immer die Möglichkeit, auszuwählen, welchen von mehreren möglichen Wegen Sie einschlagen möchten, und dementsprechend verläuft dann Ihr Leben weiter. Gott stellt Ihnen jedoch die Engel als Ihre geistigen Wegbegleiter zur Seite, damit Sie sich Hilfe holen können. Die Engel arbeiten im Sinne Gottes und respektieren demzufolge auch Ihren freien Willen. Die geistigen Begleiter dürfen aus diesem Grund nur dann helfend eingreifen, wenn Sie sie darum bitten – mit der Ausnahme von Notfällen, bei denen die Schutzengel wirken und oft Wunder vollbringen. Sie haben also jederzeit die Wahl zwischen vielen möglichen Wegen und die Hilfe dazu, diese zu bewältigen, sofern Sie das erkennen.

Es gibt jedoch einen Lebensweg, der am leichtesten für Sie zu bewältigen wäre, wenn Sie diesen entdecken, diesem folgen und sich nicht davon abbringen lassen. Und diesen für Sie zuträglichsten Lebensweg erkennen Sie durch Ihre Intuition und Ihre Gegenwärtigkeit!

Schicksal, Fügung oder Zufall?

Wenn Sie immer wieder den Weg ändern, aufgrund von falschen Verlockungen vom Weg abkommen oder generell dagegen ankämpfen, sich dem Fluss des Lebens hinzugeben, dann kreuzt Schicksal Ihren Lebensweg. Schicksal tritt dann ein, wenn Sie sich

ständig gegen das Leben und Ihre damit verbundenen Seelenaufgaben wehren und sich demzufolge
nicht geistig weiterentwickeln wollen. Wenn Sie dauernd unzufrieden sind und Ihr Leben nicht so annehmen können, wie es ist, dann wird etwas von oben
„ge-schickt", was Ihnen das Heil auf eine eindring-
lichere Art und Weise nahebringen soll. Sie werden
dann durch schwierige Situationen, wie zum Beispiel
Krankheit, Tod eines nahestehenden Menschen oder
Verlust von Hab und Gut lernen müssen.

Aber Achtung! Schicksal hat nichts mit Fügung zu
tun! Schicksal stellt sogar das Gegenteil der Fügung
dar. Fügung bringt erfreuliche Situationen in unser
Leben und eröffnet uns neue Wege, wenn wir mit
dem Leben im Fluss sind. So ergibt sich plötzlich
etwas, womit wir nicht gerechnet haben und was
wir als großes Glück empfinden. Fügung wird gerne
als Zufall bezeichnet. Bei einer Fügung handelt es
sich jedoch vielmehr um eine Koinzidenz, ein Auf-
einandertreffen von Ereignissen, die eher unbewusst
durch uns selbst und gleichzeitig bewusst durch unsere göttliche Führung initiiert wurden und denen
ein Sinn zugrunde liegt, der sich dem Betreffenden
meist erst zu einem späteren Zeitpunkt offenbart.

Das Thema Zufall ist noch einmal etwas anderes,
und es wird allgemein sehr kontrovers diskutiert, ob
es nun Zufälle gibt oder nicht. Ich persönlich sehe
den eher seltenen Fall des Zufalls als Wunder an.

Die Akashachronik als Bibliothek aller Seelen

So wie es für jeden Menschen einen Akashaplan gibt, so gibt es auch im Großen, also im übergeordneten Sinn eine Akasha (ein Wort aus dem Sanskrit, das für „Raum", „Himmel" und „Äther" steht), eine geistige Bibliothek, in der alles aufgezeichnet ist, was unser Universum, unseren Kosmos betrifft. In dieser Akashachronik ist alles Wissen gebündelt, hier ist die Quintessenz zu finden, auf der alles gründet und die ich am Anfang des Kapitels angesprochen habe. Hier finden wir alle Antworten auf unser Leben, das Leben an sich und alles, was existiert.

Mit der Schulung unserer Intuition und unserer mentalen Kommunikationswerkzeuge haben wir die einzigartige Möglichkeit, uns in diese Akashabibliothek einzuloggen. Diese Quintessenz an Informationen über alles, was uns ausmacht und umgibt, steht uns als kollektives geistiges Gedankengut zur Verfügung. Hier finden wir alle Antworten auf unsere Fragen, und hier haben wir angedockt, wenn wir zum Beispiel einen sogenannten „Geistes- oder Gedankenblitz" haben oder eine bahnbrechende Erfindung machen. Wenn wir etwas hören oder lesen, wenn uns, auf welche Art auch immer, etwas begegnet, das einen Teil dieser Quintessenz darstellt, dann erleben wir diesen Aha-Effekt, dann haben wir für einen Moment den klaren Blick auf das, was die wirkliche göttliche Wahrheit ist. Dann haben wir das klare Gefühl, dass das, was uns gerade in den Sinn kommt, zweifelsfrei wahr ist!

Eine weitere wichtige Tatsache, die ich bereits angesprochen habe, ist, dass wir alle Teil eines großen Ganzen sind. Somit sind wir auch Teil dieser geistigen Bibliothek, und es muss uns klar sein, dass alles, was wir denken, sprechen und tun, Teil eines großen Ganzen ist. Nichts geht verloren in diesem Universum, es liegt im Moment vielleicht nur für Sie im Verborgenen. Das gilt gleichermaßen für den verlegten Schlüsselbund wie für einen negativen Gedanken. Der Schlüsselbund ist immer noch da, aber eben an einem anderen Ort. Sie wissen nur gerade nicht, wo er zu finden ist. Er hat sich nicht in Luft aufgelöst, sondern liegt vielleicht unter der Fußmatte im Auto oder unter der Zeitung auf dem Tisch. Und auch ihn, wie ganz andere alltägliche Sachen, können Sie natürlich mit Ihrer Intuition aufspüren.

Wenn nichts im Universum verlorengeht, dann gilt das auch für Dinge, die man nicht anfassen kann. Wenn Sie zum Beispiel gedankliches Gift in Form von Neid, Gier, Eifersucht und Hass säen, dann existiert dieser Gedanke, und dann wirkt sich dieser Gedanke nicht nur für Sie selbst aus, indem er auf Sie zurückfällt, und für denjenigen, dem er galt. Nein, dieser Gedanke vergiftet zugleich durch seine geistige Existenz in unserem Universum auch das kollektive Gedankengut unserer Gemeinschaft. Daher ist es auch so wichtig, dass jeder für sich und seine Liebsten Verantwortung übernimmt und so denkt, spricht und handelt, dass Gutes in die Welt gesetzt wird.

Wahrhaft und verantwortungsbewusst leben als Teil des Kosmos

Wir können die Welt nur zu einem besseren Ort machen, wenn wir unseren Geist reinigen und unserer eigenen Seele und der Seele anderer Gutes zufügen. So wird nicht nur körperliches Wohlbefinden erzeugt, so erzeugen wir die liebevolle Energie, die unser Universum strahlen lässt. Wir müssen die Trennung, die in unseren Köpfen existiert und die wir nach außen tragen, unbedingt aufheben, und wir müssen uns dessen bewusst werden, dass alles, was wir in den Kosmos hinaustragen, eine Welle erzeugt. Und die Welle gestaltet sich nach der Beschaffenheit unserer Gedanken. Darum ist es auch so unbeschreiblich wichtig, dass wir Negativem Einhalt gebieten und Positivem gegenüber offen sind. Und da sich das eine vom anderen oft nicht so leicht unterscheiden lässt und da das Negative sich gleich dem Wolf im Schafspelz oft unter einem Mantel versteckt, müssen wir genau hinsehen, hinhören, unsere Intuition einsetzen und dementsprechend handeln.

Sagen Sie also nein, wenn Sie spüren, dass etwas gegen die Liebe, die Güte, das Mitgefühl und den Respekt vor dem Leben verstößt! Sagen Sie klar und deutlich NEIN, wenn etwas nicht der göttlichen Wahrheit entspricht! Achten Sie auf die Schwingung der Worte anderer, und achten Sie ganz bewusst auf Ihre Worte. Fühlen Sie in das hinein, was Sie aussprechen. Sagen Sie gute Worte, und vermeiden Sie verletzende und destruktive Worte. Die Worte Gier und Krieg fühlen sich definitiv anders an als die Worte Mitgefühl und Vergebung. Sie spüren jetzt sicherlich ganz klar und deutlich, was positiv klingt und schwingt und was negativ. Und so tragen Sie auch die Fähigkeit in sich, zu spüren, wann etwas wahr ist und wann nicht. Trainieren Sie Ihre Intuition und lernen Sie, auf sie zu vertrauen. Unsere Intuition ist ein weit größerer Schatz, als wir uns bisher vorgestellt haben. Und unser Verstand ist ein viel kleineres Werkzeug, als wir bisher dachten. Auch das ist die Wahrheit.

Im Zen-Buddhismus gibt es eine wunderbare Übung, um die Intuition zu schulen, das ist der Kōan. In der Regel setzen Zen-Meister diese Kōans ein, um ihre Schüler zum Nachdenken und Meditieren anzuregen. Ein Kōan ist eine Art Rätsel in Form eines Satzes, dessen Inhalt im ersten Augenblick völlig paradox und irreführend erscheint. Während der Verstand mit einem Kōan an seine Grenzen gerät, kann die Intuition dessen Aussage erfassen und deuten. Anhand der Art und Weise, wie ein Schüler seinen Kōan zu erklären versucht, erkennt der Meister, auf welchem geistigen Reifeniveau der Schüler sich gerade befindet. Es soll Schüler geben, die ihren Kōan auch nach Jahren intensiver Meditation nicht lösen konnten.

Als Übung für Sie ein
einfacher Kōan zum Einstieg
„Stehend im Wasser
klagen wir über Durst."

Was, glauben Sie, bedeutet dieser Kōan? Schenken
Sie sich die Zeit, intensiv darüber zu meditieren.

Meditation

Meditation – Einsicht – Erkenntnis –
Wandlung – Kontinuität

Die Meditation ist ein sehr weites Feld und hat unzählige Ausprägungen, dennoch liegt allen Medi-
tationsformen eine gemeinsame Absicht zugrunde:
Meditation dient dazu, den Geist zu schulen und zur
Ruhe zu kommen.

Meditation geht dabei weit darüber hinaus, etwas
mit dem Verstand erfassen und analysieren zu wollen. Die Meditation beschäftigt sich vielmehr umfassend mit dem Geist, der eine weit größere Dimension
einnimmt als das verstandesorientierte Denken.

Dabei gibt es mehrere Möglichkeiten der Meditationspraxis. Entweder dient Meditation dazu, einfach zur Ruhe zu kommen, sich zu entspannen und
den Geist wortwörtlich leer werden zu lassen. Oder
man widmet sich anhand der Meditation intensiv einem Thema, um dieses in seiner Ganzheit erfassen
zu können, wobei der Geist und die Intuition gefördert sind und der Verstand nur in sehr begrenztem
Rahmen agiert. Eine weitere Möglichkeit der Meditation dient dazu, alles zu beobachten, was geistig
erscheint, also jegliche wie auch immer gearteten
Gedanken. Man versucht, Erkenntnisse darüber zu

gewinnen, wie der eigene Geist funktioniert und wie man fehlgesteuerte Gedanken an deren Basis erkennen und ihnen schnell entgegenwirken kann. Hierbei verweilt der Meditierende in der distanzierten Haltung des objektiven Beobachters und betrachtet die Gedanken aus der Vogelperspektive, ohne sich darin zu verwickeln. Da jeder Gedanke nicht nur geistiger Natur ist, sondern zugleich auch Empfindungen auf der körperlichen Ebene hervorruft, wie ich es im Kapitel „Gedanken" genauer beschrieben habe, wird bei der Meditation auch der körperliche Aspekt berücksichtigt.

Die Verbindung von Geist und Materie – alles wird Realität

Jeder Gedanke stellt ein Produkt des Geistes dar, und jeder Gedanke ruft Empfindungen in Form von Gefühlen oder Emotionen (= aufgeladene Gefühle) hervor. Diese Gefühle und Emotionen lösen Reaktionen auf der körperlichen Ebene aus, die zum Beispiel als wohliger Schauer, freudige Erregung, Zittern, Gänsehaut, Hitzewallungen, Frösteln, Atemlosigkeit oder Panik auftreten können. Unser Körper reagiert innerhalb der materiellen Ebene auf das, was zuvor auf geistiger Ebene produziert wurde. Hierbei erkennen wir ganz deutlich, dass Geist und Materie untrennbar miteinander verknüpft sind und dass all das auf materieller Ebene realisiert wird, was wir auf geistiger Ebene initiieren. Dabei spielt es für diese Erkenntnis grundsätzlich keine Rolle, ob es sich um ein negatives geistiges Konstrukt mit entsprechend negativen Konsequenzen auf materieller Ebene oder um positive Gedanken mit positiven Auswirkungen auf die Materie handelt. Der Meditierende beobachtet jeden auftretenden Aspekt neutral und völlig unabhängig von seiner Beschaffenheit. Es wird weder be- noch verurteilt. Ob wir einen Aspekt als positiv oder negativ einstufen und empfinden, entspringt letztendlich unserem Verstand, der seiner Natur nach äußerst begrenzt, beeinflussbar und demzufolge ungeeignet ist, den Geist als solches und seine Schöpfungen vollkommen erfassen zu können. Dessen müssen wir uns erst einmal bewusst werden, um die Grenzen unseres Verstandes aufbrechen und uns innerlich auf etwas einlassen zu können, was sprichwörtlich grenzenlos ist.

Meditation als Tor zu Ruhe, Gesundheit und (Selbst-) Erkenntnis

Die Welt, die wir mit Hilfe der Meditation betreten, wird eine weit größere und umfassendere sein, als wir sie bisher durch die Augen unseres Verstandes erlebt haben. Zugleich begeben wir uns in eine Art geschützten Raum und schaffen uns eine Möglichkeit, unserem wahren Selbst so nahe zu kommen, wie es sonst nur sehr selten der Fall ist.

Durch stetiges und wahrhaftiges Üben wird es Ihnen gelingen, in solch eine tiefe innere Versenkung zu gelangen, dass Sie fern von äußeren Einflüssen und Ablenkungen erkennen können, was das wirklich Wesentliche ist. Sie werden einen Grad der Aufmerksamkeit und des Gewahrseins erreichen, der Ihnen Einblicke in all das verschaffen kann, was Ihnen sonst verborgen bleibt. Und nach langer, konsequenter Meditationspraxis werden Sie es vielleicht schaffen, die durchdringende Einsicht in die wahre Natur aller Phänomene zu erlangen, so wie es im Buddhismus beschrieben wird. Das heißt, in diesem Stadium sind Sie soweit, die Dinge so sehen zu können, wie sie wirklich sind, und erwachen damit aus Ihrer bisherigen Unwissenheit, die Ihnen womöglich noch nicht einmal bewusst war.

Abgesehen davon, dass Meditation Ihnen zu Einblicken und Erkenntnissen in ungeahntem Maße verhelfen kann, werden Sie darüber hinaus Kapazitäten Ihres Gehirns aktivieren und trainieren, die bisher völlig ungenutzt waren. Dies wurde in wissenschaftlichen Studien an Mönchen bestätigt, die einen wesentlichen Teil des Tages mit Meditation verbringen. Man konnte deutlich erkennen, dass bei ihnen Regionen des Gehirns aktiv waren, die bei anderen, untrainierten Menschen in der Regel brachliegen.

Meditation verhilft jedoch nicht nur dazu, vorhandene und bisher ungenutzte Ressourcen des Gehirns zu beleben; sie bewirkt zudem, dass Körper und Geist in eine Ruhephase eintauchen, die den Stressabbau begünstigt. Meditation trägt damit unter anderem zu unserer körperlichen, geistigen und auch seelischen Gesundheit bei. Wenn Sie in der Meditationspraxis versiert sind, dann können Sie relativ schnell entspannen, was in unserem meist stressbeladenen und vermeintlich von Zeitmangel geprägten Leben ein Vorteil ist. So können Sie auch in kurzen Zeitfenstern Entspannung finden und auftanken.

Dass Meditation löst, beruhigt und entspannt, ist auch anhand der Gehirnfrequenz erkennbar und messbar. Mit Hilfe der Meditation können wir in den so genannten Alpha-Zustand eintreten, in dem wir uns sonst nur kurz vor dem Einschlafen oder kurz nach dem Aufwachen befinden. In diesem Zustand, in dem die Gehirnfrequenz zwischen 7 und 15 Hertz beträgt – unterhalb 7 Hertz schlafen wir –, haben wir nicht nur ausgezeichneten Zugang zu unserer Intuition, hier sind wir auch völlig von unserem innerhalb von Raum und Zeit begrenzten Denken befreit.

Viele von uns haben sicherlich schon die Erfahrung gemacht, dass kurz vor dem Einschlummern oder nach dem Aufwachen Ideen oder Einfälle entstanden, die ihnen bei der Bewältigung eines Problems oder der Lösung einer Aufgabe sehr hilfreich waren. Darum kann es durchaus sehr sinnvoll sein, sich Stift und Papier neben das Bett zu legen, um im Falle einer Eingebung diese sofort notieren zu können, da sie sonst schnell wieder in Vergessenheit gerät.

Der Alpha-Zustand kann zudem dafür genutzt werden, mit der Visualisierung von Wünschen oder der Formulierung von Affirmationen das Unterbewusstsein zu programmieren. Anhand solcher Suggestionen können Sie zum Beispiel Ihre Selbstheilungskräfte aktivieren, Ihr Immunsystem verbessern oder unzuträgliche Gedankenmuster auslöschen und diese durch positive ersetzen.

Im Buddhismus stellt die Meditation eine unverzichtbare Praxis dar, um die gesamte Lehre Buddhas (Sanskrit: Dharma) zu verinnerlichen, die Wurzel des Leidens aller Wesen zu erkennen und Wege zu finden, sich davon zu befreien, um den Pfad zur Erleuchtung zu beschreiten, den einige Meister bereits verwirklicht haben. Dieser Pfad zur Erleuchtung wird meist nicht innerhalb eines Lebens bewältigt, das heißt, er kann durchaus unzählige Leben in Anspruch nehmen. Ist der Geist soweit geschult und fortgeschritten, dass er die durchdringende Einsicht in die wahre Natur aller Dinge (Sanskrit: Vipasyana) erlangt und zudem die Vielfältigkeit, Einheit und Leere aller Phänomene erkennt, dann kann die Buddhaschaft erreicht werden. Wenn man die Buddhaschaft erlangt hat, ist man vom Kreislauf der Wiedergeburten (Sanskrit: Samsara), die von Leid geprägt sind, befreit. Zudem nimmt der Geist eine bestimmte Haltung ein (= Erleuchtungsgeist, Bodhichitta), die uneigennützig und unermüdlich darauf ausgerichtet ist, alle Lebewesen vom Leiden zu befreien und diese auch zur Buddhaschaft zu führen. Ein Meister, der die Buddhaschaft erlangt und damit verwirklicht hat, kann sich nach seinem Ableben aus großem Mitgefühl heraus dazu entscheiden, sich freiwillig wieder in den Kreislauf der Wiedergeburten zu inkarnieren, um als sogenannter Bodhisattva die Lebewesen auf ihrem Weg völlig selbstlos zu begleiten und zu unterstützen.

Meditation kann jeder praktizieren

Sie müssen jedoch kein praktizierender Buddhist sein, um Meditation lernen und anwenden zu können. Sie können selbstverständlich auch innerhalb jeder anderen Religion meditative Kontemplation üben oder über philosophische, weltliche oder andere Inhalte meditieren. Im Grunde ist es völlig unerheblich, welcher Religion Sie angehören – ob Sie überhaupt einer Religion angehören –, welche Sprache Sie sprechen, welcher Ideologie Sie folgen, welchem Kulturkreis Sie angehören. Meditation kann grundsätzlich jeder lernen und praktizieren, und Meditation kann auf alles oder nichts gerichtet sein.

Im Grunde bedeutet Meditation nichts anderes, als sich innerlich zu sammeln, um entweder voll und ganz gegenwärtig zu sein und seine Aufmerksamkeit auf das Jetzt richten zu können oder um ein Phänomen in seiner Ganzheit zu ergründen, indem man sich geistig intensiv einem Thema widmet. Beide Varianten dienen letztendlich dazu, den Geist zu trainieren. Dazu muss der Geist erst einmal von allen äußeren Ablenkungen befreit und zur Ruhe gebracht, der Atem vertieft, verlangsamt und nach und nach der Körper entspannt werden, um so in eine Haltung der vollkommenen Gelassenheit zu gelangen. In dieser Geisteshaltung kann man entweder einfach nur entspannt verweilen, ein positives inneres Bild visualisieren oder sich auf ein Thema konzentrieren, um dieses mental und intuitiv in seiner Ganzheit zu erfassen.

Der Weg zur Meditation

Es gibt eine Vielzahl an Meditationstechniken, die Sie erlernen können, einfache und schwierigere. Sie sollten sich dazu erst einmal darüber informieren, welche Formen der Meditation es gibt, und sich am besten intuitiv für diejenige entscheiden, die Sie spontan anspricht. Sie können sich einen erfahrenen Lehrer suchen, um sich unterrichten und einweisen zu lassen. Oder Sie können sich einer Meditationsgruppe anschließen, die sich in regelmäßigen Abständen an einem ruhigen Ort in Ihrer Nähe trifft, um dort gemeinsam zu üben. Oder Sie kaufen sich eine DVD oder CD, die Sie durch die Meditation führt.

Letztendlich kann man auch ganz alleine für sich meditieren und dies so ausführen, wie es einem intuitiv einfällt und guttut. Alles ist möglich. Sie müssen weder ein Zertifikat erwerben, noch einen bestimmten Grad erreichen. Es geht bei der Meditation eben gerade nicht um Hierarchie, Leistung, Wettbewerb und Anstrengung! Hier geht es vielmehr um völliges inneres Loslassen von all dem, was uns umgibt und was uns beeinflusst, um ganz und gar in das Innerste einzutauchen. Das Innerste unseres Selbst und das Innerste des Universums und all seiner Phänomene.

Übung

Ich führe Sie nun durch die einzelnen Schritte einer Meditation. Am besten, Sie lesen das Folgende erst einmal bewusst durch und machen sich mit dem Vorgehen vertraut. Danach können Sie entweder den Text ab „Innere Sammlung und Beruhigung des Geistes" auf ein Aufnahmegerät sprechen oder Sie lassen ihn sich von einer Person Ihres Vertrauens vorlesen, um die Meditation durchführen zu können. Die erklärenden Texte in Klammern können dafür natürlich weggelassen werden.

1. Vorbereitung
Suchen Sie sich einen angenehmen, ruhigen und gemütlichen Platz, an dem Sie ungestört sind. Das kann ein eigenes Zimmer in Ihrer Wohnung sein, eine kuschelige Ecke, ein öffentlicher, dafür geeigneter Raum, wie ein Tempel oder eine Kirche, oder ein Ort in der Natur. Zünden Sie eine Kerze an, wenn Sie wollen. Stellen Sie alle störenden Geräusche ab, wenn möglich, und schalten Sie Fernseher, Radio und Telefon aus. Sofern Sie gerne bei Musik entspannen, können Sie auch eine CD mit Entspannungsmusik oder mit Meeresrauschen einlegen und diese leise laufen lassen. Bevorzugen Sie einen Ort der absoluten Stille, so sollten Sie es sich dort gemütlich machen.

Setzen Sie sich bequem auf ein Meditationskissen oder auf eine andere, gemütliche Unterlage, eventuell auch auf einen Stuhl. Sie können sich grundsätzlich auch hinlegen, nur zeigt die Erfahrung, dass viele dabei einschlafen und damit die Meditation automatisch beenden. Sollte Ihnen dies als Einschlafhilfe dienen, so ist das natürlich ein guter Weg. Für bewusstes Meditieren ist jedoch eine gerade Sitzhaltung zuträglicher. Setzen Sie sich im Schneidersitz oder Yogisitz hin oder nehmen Sie eine andere, Ihrer Körperkonstitution entsprechende Sitzhaltung ein. Ihre Beine sollten auf keinen Fall übereinander geschlagen sein, sondern nebeneinander ruhen. Sitzen Sie ganz locker, jedoch ohne Hohlkreuz oder eingefallene Schultern und Rundrücken.

Achten Sie auf eine gerade und entspannte Körperhaltung. Die Schultern sind weder hochgezogen, noch fallen sie nach innen. Stellen Sie sich vor, ein innerer roter Faden zieht sich längs durch Ihre Körpermitte, von unten nach oben. Ihr Steißbein zeigt in Richtung Boden, Ihr Rücken baut sich Wirbel für Wirbel in gerader Linie nach oben auf, Ihre Schultern zeigen gerade nach unten, Ihr Hals ist langgestreckt und Ihr Kopf sitzt locker oben auf. Atmen Sie durch die Nase ruhig ein und aus. Kommen Sie erst einmal an, dort wo Sie sitzen.

2. Innere Sammlung und Beruhigung des Geistes
Schließen Sie die Augen und stellen Sie sich nun vor, dass Sie fest mit dem Boden verankert sind. Sie können dazu das innere Bild visualisieren, dass Wurzeln

aus Ihren Fußunterseiten in die Erde hineinwachsen und unendlich tief gehen. Damit erden Sie sich.

Atmen Sie ruhig und tief durch
die Nase ein und aus.

Sie sind jetzt mit Mutter Erde verbunden, die uns und allen anderen Wesen ihre Früchte zur Verfügung stellt und damit alle nährt. Verweilen Sie kurz in dieser Vorstellung, und danken Sie geistig Mutter Erde für ihr unermüdliches und selbstloses Tun.

Atmen Sie ruhig und tief durch
die Nase ein und aus.

Stellen Sie sich nun vor, dass von Ihrem Kopf aus nach oben ein Kanal verläuft, der Ihnen als Verbindung zur himmlischen, göttlichen Kraft dient. Dieser Kanal ist geöffnet, und durch ihn findet ein ständiger Energieaustausch statt. Sie können dazu das innere Bild visualisieren, dass sich Ihr Geist (den wir üblicherweise im Kopf ansiedeln) unendlich nach oben ausdehnt und damit jegliche Begrenzung (zum Beispiel durch das verstandesgesteuerte Denken und Bewerten) fallen lässt. Damit öffnen Sie jetzt Ihr Kronenchakra (= das Energiezentrum, das sich direkt oberhalb des Kopfes befindet und das für den mentalen Aspekt steht) und verbinden sich mit Vater Kosmos. (Halten Sie sich bitte nicht an Begrifflichkeiten fest. Sie können statt „Vater Kosmos" auch eine andere Formulierung wählen, die Ihnen mehr zusagt, zum Beispiel „Universum" oder „Welt". Es geht hier letztendlich um den Aspekt der geistigen

Öffnung und zugleich Öffnung der intuitiven Kommunikationskanäle.) Danken Sie nun innerlich Vater Kosmos dafür, dass er uns stets unermüdlich alle geistigen Informationen zur Verfügung stellt, die wir für unser Leben benötigen.

Atmen Sie ruhig und tief durch
die Nase ein und aus.

Stellen Sie sich jetzt vor, dass sich ein zylinderförmiger Kanal durch Ihren Körper zieht: von ganz oben aus Vater Kosmos heraus über das Kronenchakra am Scheitel in den Kopf hinein, durch Kopf und Hals hindurch, dann weiter die Wirbelsäule entlang nach unten bis zum Wurzelchakra (dem Energiezentrum, das auf der Höhe der Geschlechtsorgane liegt und unsere Verbindung zur Erde darstellt) und von dort aus über den zylindrischen Kanal direkt in Mutter Erde hinein. Durch diesen Kanal bewegt sich unaufhaltsam ein kraftvoller Energiefluss den gesamten Körper hindurch, von oben nach unten und von unten nach oben. Sie können diesen Energiefluss mit Ihrem Atem begleiten und ihn dadurch verstärken. Verweilen Sie in dieser Vorstellung, und danken Sie geistig Mutter Erde und Vater Kosmos, dass sie uns so unermüdlich mit Lebensenergie versorgen.

Atmen Sie ruhig und tief durch
die Nase ein und aus.

3. Schulung des Geistes
Stellen Sie sich nun vor, dass Sie mit jedem Atemzug Lichtenergie in Ihren Körper bringen. Bei jedem

Einatmen, das ganz tief bis in Ihren Unterbauch hineingeht, strömt mehr und mehr Licht in Sie hinein: in Ihren Kopf, in Ihren Rumpf, in Ihre Arme und Beine, in Ihre Hände und Füße, in Ihre Finger und Zehen und in jede einzelne Ihrer Zellen.

> Atmen Sie ruhig und tief durch
> die Nase ein und aus.

Visualisieren Sie jetzt, dass bei jedem Ausatmen alles Dunkle aus Ihrem Körper herausströmt: alle trüben Gedanken, all Ihre Probleme, Ihre Krankheiten und Ihre Sorgen. Dabei spielt es keine Rolle, an welcher Stelle die negativen Energien Ihren Körper verlassen. Diese unzuträglichen Energien können Sie zum Beispiel über Ihr Kronenchakra an Vater Kosmos abgeben oder über Ihr Wurzelchakra an Mutter Erde. Oder Sie lassen alles Negative einfach da hinausströmen, wo es gerade stimmig für Sie ist, das kann zum Beispiel auch aus jeder Zelle heraus geschehen.

Machen Sie sich keine Sorgen darüber, dass Sie Mutter Erde oder Vater Kosmos damit verunreinigen oder schaden könnten. Dies ist nicht der Fall. Das Universum ist dazu in der Lage, diese Energien zu transformieren – sie sind sowieso vorhanden, ob jetzt in Ihnen oder außerhalb von Ihnen. In Ihnen richten Sie aber weit mehr Schaden an. Sie können zum Beispiel Mutter Erde und Vater Kosmos darum bitten, diese negativen Energien zu transformieren oder aufzulösen, wenn es Ihnen hilft. Sie können auch tief durch die Nase einatmen und kräftig und laut durch den Mund ausatmen, wenn es Ihnen auf *diese Weise leichter fällt, das Negative loszuwerden. Mit jedem Atemzug werden Sie leichter und leichter, alles Schwere fällt von Ihnen ab. Sie Verweilen in dieser Vorstellung der Leichtigkeit und Mühelosigkeit.*

*Atmen Sie ruhig und tief durch
die Nase ein und aus.*

Ihr Geist ist nun zur Ruhe gekommen. Ihre Gedanken kommen und gehen, so wie alles im Universum kommt und geht. Sie sind innerlich frei und gelöst. Alles ist gut. Sie sind in Sicherheit.

*Visualisieren Sie jetzt den Satz:
„Der Atem ist das Tor zum Leben.“*

Lassen Sie diese Worte auf sich wirken und seien Sie nun vollkommen offen für das, was Ihnen in den Sinn kommt. Sie befinden sich in tiefer geistiger Versenkung.

*Atmen Sie ruhig und tief durch
die Nase ein und aus.*

4. Abschließen der Meditation
Wenn Sie das Gefühl haben, dass Sie nun zum Ende kommen möchten, dann atmen Sie noch einige Male tief ein und kräftig aus. Machen Sie sich bei jedem Atemzug noch einmal ganz frei von allem, was vielleicht schon wieder auf Sie einwirkt und Sie bedrückt. Stellen Sie sich vor, dass Sie in einer Kugel aus Licht

stehen und dass auch Sie selbst voll und ganz mit Licht erfüllt sind. Reines, strahlendes Licht. Sie fühlen sich innerlich gestärkt, frei und ganz leicht.

Stehen Sie nun auf, recken und strecken Sie sich ausgiebig, und zaubern Sie ein Lächeln auf Ihr Gesicht. Sie gehen jetzt voller Freude und Kraft an die Aufgaben des Tages.

Wenn Sie diese Meditation regelmäßig durchführen, werden Sie sehen, dass es Ihnen von Mal zu Mal leichter fällt, sich zu entspannen. Sie können für den Anfang auch gerne nur Punkt 1, 2 und 4 der Meditation durchführen und Punkt 3 (Schulung des Geistes) erst einmal ausfallen lassen. Später, wenn Sie schon etwas mehr Übung haben, können Sie zusätzlich Punkt 3 integrieren und auch andere Themen als Meditationsinhalt einfließen lassen. Das kann zum Beispiel sein:

Alles ist eins.
Alles ist vergänglich.
Alles ist Leere.
Anhaftung und Begierde sind Geistesgifte
und die Ursache von Leid.
Ziehen Sie die Lehre aus der Leere.

Sie können auch über eines Ihrer aktuellen Probleme meditieren oder über religiöse, philosophische oder andere Themen. Es steht Ihnen frei, was Sie zum Inhalt Ihrer Meditation machen. Oder Sie stellen sich einfach nur vor, dass Sie innerlich ganz leer werden und verweilen in dieser Betrachtung. Es gibt hier kein Soll und kein Muss.

Einige Praktizierende des Buddhismus ziehen sich zum Beispiel für ein paar Wochen oder Monate in ein Kloster zurück, um von weltlichen Ablenkungen abgeschirmt zu sein und leichter zu sich finden zu können. Buddhistische Meister beziehungsweise Lamas begeben sich in ihrer Ausbildungszeit sogar für einige Jahre in die völlige Abgeschiedenheit und Einsamkeit, um intensiv und ungestört meditieren zu können und Einsichten zu erlangen, die sich nur unter höchster Sammlung des Geistes offenbaren. Auch in westlichen Ländern ist es zunehmend möglich, sich in ein Kloster zu begeben, um sich für einen begrenzten Zeitraum in intensiver Kontemplation zu üben.

Sie müssen natürlich kein Mönch und keine Nonne sein, um zu meditieren. Vielleicht denken Sie auch, dass es Mönche viel leichter haben, sich in der Meditation zu üben, weil sie nicht äußeren Verführungen und Verlockungen ausgesetzt sind und keinen Alltagsstress haben. Aber bedenken Sie, dass auch die Mönche ihren täglichen Pflichten nachgehen müssen und genau wie wir den inneren Dämonen wie Gier, Missgunst, Machthunger und Zorn ausgesetzt sind. Der eine Mönch möchte unbedingt der Lieblingsschüler des Meisters werden, der andere will vielleicht der Weiseste sein und aus der Menge der Mönche herausstechen.

Der Schlüssel liegt in der Einfachheit und Mühelosigkeit

Ihnen das zu vermitteln, liegt mir sehr am Herzen. Sie kennen sicherlich den Ausspruch „Das Gute liegt so nah" oder „Die einfachsten Ideen sind die besten" und haben sich vielleicht sogar schon einmal darüber geärgert, dass ein anderer eine Idee zu Geld machte, die Ihnen auch schon einfiel, die Sie jedoch als zu banal abgetan haben.

Was ich damit sagen möchte, ist, dass wir Menschen damit aufhören müssen zu denken, dass nur das Größte und Teuerste das Beste sei, und damit der nächsten großen Illusion auf den Leim gehen. Dies nutzen nämlich genau die vermeintlich Schlauen aus, die Unmengen von Geld damit verdienen, dass sie Ihnen das Brimborium auftischen, das sich viele Menschen immer wieder wünschen, bewusst oder unbewusst. Viele Leute gehen zur Hellseherin oder Kartenlegerin und kommen voller Euphorie wieder zurück, nachdem man ihnen nach dem Blick in die obligatorische Glaskugel prophezeit hat, dass sie reich und berühmt und sehr bald die große Liebe finden werden. Oder so ähnlich. Das kann natürlich nicht nur der Hellseher oder Kartenleger sein – darunter soll es durchaus auch verantwortungsbewusste und ehrliche geben –, das ist auch oft der Arzt, der Rechtsanwalt (der sehr gut an unserer Sturheit und den damit verbundenen Streitigkeiten und Ehescheidungen verdient), der Psychologe (passen Sie auf, dass Sie die Praxis nicht mit mehr Psychosen und

Neurosen verlassen, als Sie mitgebracht haben) oder wer auch immer.

Es geht hier nicht darum, bestimmte Berufssparten anzuprangern! Überall und in jeder Branche gibt es Koryphäen und eben auch Scharlatane. Ich habe diese Beispiele nur angeführt, um Ihnen aufzuzeigen, dass wir alle viel konsequenter und präziser überprüfen müssen, auf wen wir uns einlassen, und viel gründlicher hinterfragen müssen, was uns mitunter serviert wird. Darum geht es mir hier. Was Sie damit machen, ist selbstverständlich Ihre Angelegenheit, es ist Ihr Leben – und Ihr Geld.

Meditation im Alltag

Meditation kann auch ohne viel Brimborium und ganz einfach und im Alltag geschehen. Dafür eignet sich im Grunde jede Aktivität, der wir tagtäglich nachgehen.

Sie müssen keine teuren Workshops belegen, um die angeblich einzig wahre Meditationstechnik zu erlernen und vermeintliche Erleuchtungsvisionen haben zu können. Sie müssen lediglich lernen, Ihren Geist zur Ruhe zu bringen, um sich ganz und gar auf das zu konzentrieren, was Sie gerade tun. Das kann das Schneiden der Karotten bei der Salatzubereitung sein, das kann das Nähen eines Kleidungsstückes sein, das kann das Malen eines Bildes sein – und Sie müssen dazu kein gelernter Künstler sein. Das kann das Lauschen des Gezwitschers der Vögel in Ihrem Garten sein, das Spazierengehen oder das Fahren auf

Ihrem täglichen Weg zur Arbeit. Es geht im Grunde nur darum, aufmerksam, gegenwärtig und im Jetzt zu sein. Sie müssen nicht gleich den Jakobsweg beschreiten oder den Mount Everest bezwingen.

Wer die Kunst der Gegenwärtigkeit und der aufmerksamen Offenheit verwirklichen kann, der erkennt die Größe in allem. Das mag uns anfangs etwas ungewöhnlich und schwierig erscheinen, da wir vielmehr daran gewohnt sind, stets gedanklich abzuschweifen und unsere Aufmerksamkeit von einer vermeintlichen Attraktion auf die nächste zu richten. Dabei legen wir eine Beständigkeit an den Tag, die eben gerade nicht auf Geistesgegenwärtigkeit und Wachsamkeit beruht, leider, sondern vielmehr auf Unausgeglichenheit, Zerstreuung und auf der Schürung falscher Sehnsüchte und Begierden. Da aufgrund solch schlechter Basis nur schwerlich gutes Denken, Sprechen und Handeln erfolgen kann, wird man vergeblich nach innerem Frieden, Glück und Freude suchen. Man wird sich stattdessen immer mehr in Leid und Unzufriedenheit verstricken.

Wenn wir das erkennen, dann können wir aus diesem Kreislauf des ständigen Leidens aussteigen. Wenn wir die fehlgesteuerten Gedanken in unserem Geist entdecken und entlarven, dann können wir diese Geistesgifte in Form von Kontrolldenken, Hass, Neid, Wut, Machthunger oder Manipulation im Keim ersticken und ihre Wurzeln ausreißen. Dann können wir an uns arbeiten und uns nach und nach ändern und damit eine positive Wandlung in unserem Leben einleiten. Das ist in der Regel ein langwieriger Prozess, der kontinuierlicher Übung, Geduld und Beharrlichkeit bedarf. Aber bedenken Sie, dass auch der Ozean nicht ohne den einzelnen Tropfen Wasser existieren kann.

Zum Abschluss zitiere ich eine Kernweisheit aus dem Buddhismus, die sich wunderbar für eine intensive Meditation eignet:

Form ist nichts anderes als Leere, und Leere ist nichts anderes als Form.

Herz-Sutra

Familie

Wenn Sie sich eine friedlichere Welt wünschen, dann ist der erste Schritt, zunächst einmal für Frieden in Ihrem Mikrokosmos zu sorgen. Achten Sie darauf, dass Frieden in Ihrem Herzen herrscht. Treten Sie anderen Familienmitgliedern in friedlicher Gesinnung entgegen, auch wenn diese noch nicht zu solch einer Haltung fähig sind. Ihre Kinder tragen das weiter, was Sie ihnen vorleben, seien Sie sich dessen bewusst! Nicht Ihre Eltern haben Macht über Sie, das ist ein geistiger Irrtum und eine Illusion. Sie allein haben es in der Hand, was in die nächste Generation übergeht.

Unsere Familie ist das engste Umfeld, in das wir hineingeboren werden und das uns die ersten Jahre am meisten beeinflusst und prägt. Manche meinen, dass dies willkürlich geschieht und demzufolge der eine mehr Glück mit seinem Elternhaus hat als der andere. Dies ist jedoch eine nicht zutreffende Sichtweise. Im Grunde sucht sich jede Seele bereits vor der Empfängnis das Elternhaus und Umfeld aus, wo sie am besten lernen kann und demzufolge denjenigen Seelenaufgaben begegnet, die sie bewältigen soll. Dies habe ich im Kapitel „Wahrheit" bereits ausführlicher geschildert.

Der Dichter und Philosoph Khalil Gibran hat in

seinem Buch „Der Prophet", das erstmals 1923 erschien, sehr weise Worte an alle Eltern gerichtet, indem er schrieb: *„Eure Kinder sind nicht eure Kinder. Sie sind die Söhne und die Töchter der Sehnsucht des Lebens nach sich selbst. Sie kommen durch euch, doch nicht aus euch. Und sind sie auch bei euch, gehören sie euch doch nicht. Ihr dürft ihnen eure Liebe geben, doch nicht eure Gedanken, denn sie haben ihre eigenen Gedanken."* Er war seiner Zeit weit voraus und hat in seiner Weitsicht erkannt und intuitiv gefühlt, was es damit auf sich hat, Eltern sein zu dürfen. Und dass dieses große göttliche Geschenk „Kind" mit innigster Liebe und großer Sorgfalt zu behandeln ist, ohne es dabei zu vereinnahmen oder zu manipulieren. Wenn wir diese Worte in Ruhe auf uns wirken lassen, muss uns klar werden, welch große Verantwortung wir mit der Kindererziehung übernehmen und welch allumfassende Achtsamkeit wir dabei an den Tag legen müssen, um nicht Schäden anzurichten, die unseren Kindern noch jahrzehntelang großes Leid bereiten.

Die Tragik familiärer Verhaltensmuster

Viele von uns haben selbst schmerzlich miterleben müssen, was es heißt, in einem Elternhaus groß zu werden, in dem Unverständnis, Sturheit, Lieblosigkeit, Hilflosigkeit und unendlich großer Druck vorherrschten. Kriegsgenerationen, sei es in Deutschland oder anderswo auf dieser Erde, wuchsen in der Regel unter Angst, Druck, Schuldzuweisungen und mit sehr wenig Liebe und Geborgenheit auf. Die Erben dieser Generationen spüren dieses Leiden – sei es bewusst oder unbewusst – immer noch, und vielen unter ihnen kann man diesen schmerzhaften und fast erstickten Ruf nach Liebe an den Augen ablesen. Dennoch hat er leider auch sie nicht davon abhalten können, diesen Schmerz an ihre Kinder weiterzugeben.

Selbst heute höre ich noch Worte wie „Schreien kräftigt die Lungen", „Die sind alle noch groß geworden", „So lange sie die Füße unter meinen Tisch stellen, haben sie zu tun, was ich sage", und es schüttelt mich vor Fassungslosigkeit, dass diese Ansichten zwar in etwas abgeschwächter Form und meist versteckt, aber letztendlich noch immer vertreten werden. Da wird das erste Kind dazu verdonnert, sich unterzuordnen, und darf keinerlei Bedürfnisse mehr anmelden, sobald ein zweites da ist. Oder jemand meint, das Recht zu haben, sich bei anderen einzumischen und zu behaupten, dass das Kind zu sehr verwöhnt werde, weil es immer noch im Bett der Eltern schlafen darf. Oder die Eltern bringen das Kind zum Schlafen, besser gesagt, sie nötigen es, indem sie in langsam gesteigerten Zeitintervallen das Zimmer verlassen und das Kind so lange schreien lassen, bis es letztendlich völlig erschöpft – und vor allem völlig verzweifelt – einschläft.

Ich gehöre nicht der Generation von Eltern an, die keinerlei Grenzen setzen und ihr Kind völlig antiautoritär erziehen. Ich möchte vielmehr verdeutlichen, dass wir unseren Kindern gegenüber achtsamer werden und geistesgegenwärtiger denken, sprechen und handeln müssen, damit wir nicht die Fehler unserer Eltern und Großeltern wiederholen. Sie machen natürlich auch nicht unbedingt das Richtige, wenn Sie genau das Gegenteil von dem tun, was Ihre Eltern oder Großeltern taten. Auch Bücher liefern nicht wirklich die passenden Patentrezepte, wie man bei Erziehungsproblemen vorgeht.

Letztendlich ist jedes Kind anders, und Sie müssen gerade im Umgang mit Kindern lernen, auf Ihr Herz zu hören, um ermessen zu können, was im jeweiligen Moment angebracht ist und was nicht. Es ist durchaus notwendig und sogar lebenswichtig, Kindern Grenzen zu setzen. Nur sollte dies in liebevoller Absicht und nicht unter egoistischen Gesichtspunkten geschehen. Auch herrscht heutzutage immer noch der Irrglaube, Liebe sei, ein Kind vor allem zu beschützen, alles von ihm fernzuhalten oder es völlig zu vereinnahmen. So kann es natürlich nicht lernen, für sich selbst Verantwortung zu übernehmen und selbstbewusst Entscheidungen zu treffen. Und es fühlt sich zunehmend schwach, da man ihm offensichtlich nicht die Stärke zutraut, Situationen selbst meistern zu können. Sogar Kleinstkinder (Kinder unter drei Jahren) haben bereits einen gesunden Instinkt dafür, zu erkennen, wann man sie nicht ernst nimmt, sie übergeht oder manipulieren will, und sie wehren sich berechtigterweise dagegen.

Wenn wir uns zum Beispiel darüber aufregen, dass unser Kind widerspenstig ist, sollten wir uns fragen, wo wir selbst gerade einen inneren Widerstand hegen. Wollen wir hier nicht vielmehr unseren eigenen Willen durchsetzen und diesen unserem Kind überstülpen?

Kinder sind die besten Lehrmeister

Unsere Kinder sind uns in der Regel ein guter Spiegel und lehren uns durch ihr Verhalten, dass wir alte und starre Denk- und Verhaltensstrukturen überdenken und den neuen Gegebenheiten anpassen müssen.

Wenn man die Erziehungsmodelle der letzten Jahrzehnte betrachtet, stellt man fest, dass ein Extrem auf das andere folgte: Da war der autoritäre Stil, der den Kindern jener Generation Zucht und Ordnung eintrichtern sollte, dann der antiautoritäre, der die Kinder unter dem Vorwand der freien Selbstentfaltung sich selbst überließ. Danach fing man an, alles akribisch zu beobachten und überzuinterpretieren, damit die Kinder auf keinen Fall unter Erziehungsfehlern zu leiden hätten. Und dann wurde den Eltern erzählt, dass sie ihren Kindern alles ausführlichst erklären müssten, damit diese die Konsequenzen ihres Handels verstehen können. Und so geht es immer weiter, in mehr oder weniger neuen Kombinationen aus Althergebrachtem und moderneren Strömungen.

Selbstverständlich bieten viele Varianten auch gute Ansätze zum Thema Kindererziehung. Allen gemein ist jedoch, dass man zu kategorisieren versucht und oft wenig Freiraum für eigene, kind- und situationsgerechte Lösungen übrigbleibt. Entweder man arbeitet mit Druck, Liebesentzug oder einem Beloh-

208

nungssystem, die das Kind lediglich dazu trainieren, durch angepasstes Verhalten Strafen zu vermeiden oder eben an das „Bonbon" zu kommen. Das Kind kann sich weder bei der einen noch bei der anderen Methode so zeigen, wie es wirklich ist. Und es wird sich nicht akzeptiert und geliebt fühlen – weil es sich im Grunde immer verbiegen muss –, was fatale Auswirkungen haben kann. Entweder wird es ständig zurechtgestutzt, womit ihm suggeriert wird, dass es nicht in Ordnung ist, oder es wird ihm eine Sicht übergestülpt mit dem Ziel, dass das Kind nach und nach das Leben führen soll, das sich der Erwachsene für sich selbst gewünscht, aber nicht verwirklicht hat. In der Regel kommt dann die „Schuld" ins Spiel (dazu mehr im nächsten Kapitel), mit der man die eigene Mutlosigkeit, den Lebensweg zu gehen, den das Herz vorgegeben hätte, entschuldigen möchte. Die Eltern waren schuld, der Krieg war schuld, das fehlende Geld war schuld, der Partner war schuld, der Lehrer war schuld, der Alkohol war schuld – angeblich.

Letztendlich ist es völlig egal, wer oder was daran schuld war oder nicht. Sie haben nicht auf sich selbst gehört und vertrauen können, weil man Ihnen in der Kindheit kein Vertrauen entgegengebracht und Sie nicht gelehrt hat, auf die eigene, innere Stimme zu hören.

Es gibt noch viel zu lernen – Erziehung ist kein Kinderspiel

Das Schlimme ist, dass wir mit unserem heutigen Wirken eine neue Generation an Menschen heranwachsen lassen, die letztendlich wieder unter diversen psychischen Störungen und den damit verbundenen fehlgesteuerten Denk- und Verhaltensweisen zu leiden hat. Da sind wieder neue seelische Verletzungen, aber die zugrunde liegenden geistigen Muster sind mitunter sehr, sehr alt und über viele Generationen hinweg – meist unbewusst – weitergereicht worden. Sie können es vielleicht nicht sofort sehen, wenn Sie als Mutter oder Vater Ihrem Kind eine seelische Verletzung zufügen, aber Sie können diese Wunde fühlen, wenn Sie in sich gehen.

Oft erfolgen die großen Dramen erst im Jugendalter oder sehr viel später. Dann sind Eltern häufig fassungslos und suchen mitunter völlig erfolglos in den falschen Ecken nach Gründen, da ihnen gar nicht bewusst ist, dass der Stein bereits im Babyalter ins Rollen gebracht wurde. Oder sie weisen jegliche Beteiligung entrüstet von sich und laden ihrem Kind tragischerweise wiederholt ein Verantwortungspaket auf, das aber sie allein zu tragen hätten. Selbst in den höchsten Managementetagen begegnen einem nicht selten Verhaltensweisen, die auf fast peinliche Art und Weise offenbaren, dass vielmehr ein innerlich tief verletztes Kind als ein hoch gebildeter, gereifter Erwachsener denkt, spricht und handelt. Da sitzt man dann als junger, hoch motivierter, wissensdurstiger Hochschulabsolvent einem Chef oder einer Chefin gegenüber, die einem weder Wissen noch Weisheit vermitteln, sondern eher eine Lektion in Selbstbeweihräucherung erteilen und demonstrieren, wie man Fehler lautlos unter den Teppich kehrt, Konflikten anhand von Schuldzuweisungen aus dem Weg geht und Verantwortung von sich weist, indem man sie in die unteren Etagen wegdrückt.

Die tragische Erkenntnis, dass wir unseren Kindern und auch anderen Menschen – häufig unbewusst – einnehmend und verletzend gegenübertreten, kann sehr schockierend sein. Es soll hier niemand an den Pranger gestellt werden, ich möchte nur ganz klar aussprechen, was Sache ist, und damit aufrütteln. Wir sollen jetzt nicht in Schuld und Selbstmitleid ertrinken, denn auch das ist im Grunde wieder ein „Sich-zu-wichtig-Nehmen" und stellt damit eine weitere Flucht vor der Verantwortung dar. Wir sollten jedoch versuchen, das gut zu machen, was noch gut zu machen ist. Und das sollten wir unbedingt tun! Aber wir müssen ab sofort viel achtsamer denken, sprechen und handeln, damit wir uns und unseren Kindern nicht weiterhin seelische Verletzungen zufügen. Wir müssen noch heute damit anfangen, uns selbst Einhalt zu gebieten, wenn wir zum Beispiel unser Kind anbrüllen oder es gerade mit einem „Machtwort" oder mit anderen Methoden zum Schweigen bringen wollen. Es kann sich oft nicht in dem Maße wehren, wie es angebracht wäre, und es wird mit jedem Mal mehr an sich zweifeln und das Vertrauen in sich selbst verlieren, wenn es auf solche

Art ungerecht oder unsensibel behandelt wird. Und mit wenig Selbstvertrauen lebt es sich alles andere als einfach, wie Sie vielleicht selbst erfahren haben.

Übung: Die eigenen Grenzen erweitern

Wenn Ihr Kind, Ihr Partner oder Ihre Eltern wieder mal die richtigen Knöpfe bei Ihnen drücken und Sie kurz davor sind, zu explodieren, dann halten Sie dieses Mal inne. Sagen Sie innerlich „Stopp" und spüren Sie in sich hinein, welche Gefühle und damit verbundenen körperlichen Reaktionen Sie gerade aufwühlen. Steigern Sie sich nicht hinein, sondern nehmen Sie bewusst Abstand, indem Sie sich auf Ihren Atem konzentrieren. Tief einatmen und tief ausatmen.

Distanzieren Sie sich vom Szenario, indem Sie sich vorstellen, dass Sie jetzt ein Vogel sind, der über Ihnen und Ihrem Gegenüber kreist und die Situation neutral von oben betrachtet. Fliegen Sie einfach im Kreis herum und sehen Sie sich alles genau an: sich selbst und Ihren Ärger, Ihr Kind und dessen Übermut ... Ihren Partner und seine Sturheit ... Ihre Eltern und deren Intoleranz ...

Sie sehen jetzt den Auslöser der angespannten Situation: alte Wunden, verletzte Gefühle, Sticheleien. Diese Verletzungen rühren jedoch aus vergangenen Ereignissen, wie Sie nun aus der Distanz deutlich erkennen. Ihr Gegenüber hat lediglich etwas gesagt oder getan – Recht oder Unrecht spielen dabei keine

Rolle. Ihre heftige Reaktion entstand aus den inneren wunden Stellen der Vergangenheit, aus einem Muster, nicht aus dem Moment heraus. Sie waren nicht gegenwärtig.

Visualisieren Sie jetzt, dass Sie (als Vogel) Liebe in die Situation streuen, unendlich viel Liebe in Form von rosafarbenem Licht. Dieses rosafarbene Licht erfüllt alle Personen und umhüllt das gesamte Szenario.

Sie kehren nun wieder zu sich selbst in die Situation zurück. Fühlen Sie jetzt, wie das Licht Wärme, Gelassenheit und Heiterkeit verbreitet, und baden Sie in diesem Gefühl. Atmen Sie das rosafarbene Licht der Liebe tief ein und aus. Genießen Sie, wie Ihre Wunden nun verheilen und Ihre Zellen sich mit Liebe auftanken. Sie sind jetzt heil und voller Liebe.

Niemand kann Sie wirklich verletzen. Sie verstehen jetzt, dass die Worte und Handlungen Ihres Gegenüber aus dessen verletztem kleinen Ich heraus entstanden und auf Ihr eigenes verletztes kleines Ich trafen. Sie sehen jetzt die Situation, wie sie wirklich ist – bewusst und gegenwärtig – und können nun liebe- und verständnisvoll (re)agieren.

Ein Kind macht natürlich Fehler, und ein Kind kann noch nicht mit seinen teilweise explosionsartig überschäumenden Energien umgehen. Man kann aber vielem davon mit mehr Leichtigkeit und Humor begegnen und dem Kind damit zeigen, dass es trotzdem in Ordnung ist, auch wenn es wieder mal über das Ziel hinausgeschossen ist oder etwas falsch gemacht hat. Manchmal ist es wie gesagt auch angebracht, dass wir energisch Grenzen setzen und konsequent sprechen und handeln. Und dann werden wir auch mal lauter. Aber auch das kann auf eine respektvolle Art und Weise geschehen. Nicht nur unsere Kinder sollten uns Eltern Respekt entgegenbringen, auch wir sind unseren Kindern Respekt schuldig. Wie sollen sie es sonst lernen? Wir sollten unsere Kinder liebevoll an der Hand nehmen, sie hingebungsvoll durch das Leben begleiten und zu unterscheiden lernen, wann Führen und wann Loslassen angesagt ist.

Wir sollten dringend davon Abstand nehmen, das Kind zu einer angepassten und unterdrückten Persönlichkeit zu dressieren. Alles hinunterzuschlucken und wegzudrücken, kann über die Jahre hinweg sehr schwerwiegende, sogar tödliche Krankheiten hervorrufen. Das erleben wir gerade in der heutigen Zeit sehr häufig, in der genau das an die Oberfläche drängt, was seit Jahrzehnten innerlich in eine Ecke gequetscht wurde. Wir dürfen aber auch nicht dem anderen Extrem folgen und unser Kind zu einem vermeintlich „individuellen", verantwortungs- und rücksichtslosen Zeitgenossen heranziehen. Der gute Weg liegt wie fast immer in der Mitte, das heißt in der Ausgeglichenheit, im verantwortungsvollen Abwägen, authentischen Handeln und in der liebevollen Hingabe.

Rückkehr zu Leichtigkeit und Mühelosigkeit

Warum lernen wir nicht auch ein wenig von unseren Kindern und werden wieder ein Stück natürlicher, fröhlicher, leichtfertiger, spontaner und vor allem authentischer? Seinen Ärger oder seine Traurigkeit zu zeigen, ist nichts Schlechtes. Das kann man durchaus auch seinen eigenen Kindern erklären, auch wenn sie noch klein sind. Sonst neigen diese gerne dazu, sich selbst dafür verantwortlich und schuldig zu fühlen, dass sich jetzt gerade Mama und Papa streiten oder Mama weint. Sie müssen ja auch lernen, dass es in Ordnung ist, seinen Gefühlen nachzugeben und diese zulassen zu können. Sich aber extrem in etwas hineinzusteigern, etwas zu überspannen und mit Worten wild um sich zu schlagen, das ist etwas völlig anderes. Damit lebt man seinen Lieben vor, wie man es besser nicht macht. In solch einem Fall sollte man sich erst mal zurückziehen, wortwörtlich in den Wald hinein schreien, sich beruhigen, sich besinnen, sich wieder Kraft und eventuell auch Hilfe von außen holen, um dann wieder bewusst und einfühlsam agieren und auch reagieren zu können. Wut, Zorn, Hass, Kontrollzwang und Eifersucht sind Übersteigerungen und unbewusste Reaktionen aus dem Ego heraus.

Unsere große Angst, die Kontrolle über unser Kind verlieren zu können, verhindert meist, dass wir ihm liebevoll begegnen, indem wir seine Bedürfnisse zu verstehen versuchen und diese ernst nehmen. Natürlich soll Ihr Kind nicht herumwüten und alles um sich herum zerstören. Aber Sie können ihm einen Freiraum schaffen, in dem es spielen, toben, schreien und was auch immer darf, damit es die Chance hat, sich selbst so auszudrücken, wie es das in diesem Moment fühlt. Und da gibt es nicht nur den Spielplatz als manchmal schon fast kleingeistige Form des kontrollierten Spielraums, da kann man auch völlig neue Wege gehen und gemeinsam entwickelten, kreativen Ideen folgen.

Wir müssen schnellstmöglich davon abkommen, aus alten Gedanken- und Verhaltensmustern heraus zu agieren, da diese es uns unmöglich machen, auf das Kind im gegenwärtigen Moment einzugehen und zu reagieren. Sie können Ihrem Kind nur die jeweils richtige Hilfestellung gewähren, wenn Sie so gegenwärtig sind, auf das zu hören, was das Kind jetzt wirklich braucht, und nicht wovon Sie denken, dass das Kind es jetzt brauchen „müsste". Wenn unsere Kinder ein gutes Fundament aus Liebe, Vertrauen, zuträglichen Regeln und Freiraum erleben dürfen, dann können sie gar nicht anders, als sich gut zu entwickeln und zu rücksichtsvollen, mitfühlenden, selbstbewussten und fröhlichen Menschen heranzureifen. Und dann ist es auch völlig egal, wenn das Kind zum Beispiel nicht studieren will, weil es die Stärke hat, auf sein Herz zu hören, demnach viel lieber als Handwerker arbeiten würde und dies verwirklicht!

Die neue Generation hoch entwickelter Wesen – Lichtkinder

Hierzu möchte ich auf ein Phänomen aufmerksam machen, von dem Sie vielleicht schon gehört haben oder das Sie bereits selbst erlebt haben. Es gibt seit einiger Zeit eine neue Generation an Kindern, die, wenn man genauer hinsieht, in ihrer Erscheinung und in ihrem Verhalten auffällig anders sind. Man spricht in diesem Zusammenhang je nach individueller Ausprägung von Indigo-, Kristall-, Regenbogenkindern, Sternenwesen und Erdenengeln. Allen gemeinsam ist eine Besonderheit in ihrer Aura (die Aura der Indigokinder ist zum Beispiel auffällig indigoblau, die der Regenbogenkinder erstrahlt in den Regenbogenfarben), die großen, intensiv blickenden Augen, meist von wundervoller Farbe, eine äußerst harmonische und gefällige Physiognomie, ein attraktives Erscheinungsbild und eine starke, lichtvolle Ausstrahlung.

Diese „Lichtkinder", wie sie übergreifend gerne bezeichnet werden (ich kann im Rahmen dieses Kapitels leider nicht ausführlich auf alle individuellen Ausprägungen eingehen), haben alle besondere mediale Fähigkeiten und in der Regel eine auffällig starke Persönlichkeit. Fast jeder „normale" Mensch reagiert auf die Begegnung mit solch einem Lichtkind und fühlt sich auf der Stelle von seinem auffällig tiefgründigen Blick auf der Seelenebene berührt. Selbst die abgestumpftesten Mitmenschen scheinen für einen kurzen Moment aufzuwachen und innezuhalten, wenn sie Lichtkindern begegnen, und kommentieren dies manchmal mit einer positiven Bemerkung. Andere wiederum scheinen sich vom Blick der Lichtkinder ertappt und durchschaut zu fühlen, reagieren betroffen oder werden nachdenklich. Durch die warme und liebevolle Ausstrahlung, die Lichtkinder in einer unvergleichlich hohen Intensität innehaben, werden Menschen auf der Herz- und Seelenebene angesprochen. Einige empfinden dies als angenehm, weil sie plötzlich die Wärme ihres eigenen Herzens wieder spüren. Andere wiederum reagieren eher unangenehm betroffen, da sie sich in solch einem Moment ihrer eigenen Negativität und ihres selbst geschaffenen Schmerzes bewusst werden. Sie verdrängen dies aber oft schnell wieder und versuchen dann, das eigene Schuldgefühl auf die lichtvollen Mitbewohner abwälzen, unter dem Trugschluss, dass diese angeblich schuld daran seien, dass sie sich selbst gerade schlecht fühlen. Auch hier findet sich eine weit verbreitete Illusion!

Die Lichtkinder, die heutzutage geistig noch wesentlich höher entwickelt sind als diejenigen, die bereits vor Jahrzehnten geboren wurden, haben eine besondere Botschaft an unsere Erde und an ihre Mitmenschen. Sie wurden und werden zu uns geschickt, um uns aus unserer Unbewusstheit aufzurütteln und uns aufzuzeigen, wie natürlich es ist, unseren Seelenaufgaben zu folgen und diese zu meistern, wenn wir wieder lernen, auf unser eigenes Herz zu hören. Im Gegensatz zu den „normalen" Menschen, die mit dem Eintritt in diese unsere Welt ihre Seelenaufgaben vergessen und von da an mehr oder weniger verzweifelt ihren Weg zu finden versuchen, kennen Lichtkinder ihren Seelenauftrag noch sehr genau. Und im Gegensatz zu den meist unbewusst lebenden Menschen lassen sie sich durch nichts und niemanden davon abbringen, ihrer Bestimmung zu folgen, sodass sie leider oft viel Mühe und Schmerz auf sich nehmen müssen, um ihren Weg durchsetzen und verwirklichen zu können.

Lichtkinder sind sehr sensitiv und medial begabt und besitzen aufgrund ihrer gereiften Seele eine überdurchschnittliche Intelligenz. Dies führt dazu, dass sie sehr sensibel für negative Energien sind, etwa für schlechte Gedanken, niedere Gesinnung und Ärger ihrer Mitmenschen – und dann sehr heftig darauf reagieren, weil sie dies zutiefst bedrückt oder weil sie sich ungerecht behandelt fühlen und sich sofort dagegen wehren. Ihre hohe Intelligenz ist auch der Grund dafür, dass Lichtkinder sich oft sehr schnell langweilen und dann unruhig werden, in der Kinderkrippe, im Kindergarten und in der Schule.

Schwerwiegende Fehler im Umgang mit Lichtkindern

Bis heute wird häufig in der Form darauf reagiert, dass man diese hochsensiblen und intelligenten Kinder mit der Diagnose ADS (Aufmerksamkeitsdefizit-Syndrom) und weiteren mehr oder minder unzutreffenden Erklärungsversuchen in eine Schublade zu stecken versucht. Die Eltern solcher Kinder, die oft nicht einmal wissen, dass sie ein solch hoch begabtes und reifes Kind erziehen, haben in der Regel einen jahrelangen Leidensweg hinter sich, weil sich ihre (Licht-)Kinder angeblich nicht ein- oder unterordnen können und weil sie aus diesem Grund mit zahlreichen Schwierigkeiten aus deren gesamtem Umfeld konfrontiert werden. Erzieher und Lehrer weigern sich oft nach kurzer Zeit, mit den Kindern weiterzuarbeiten, und auch der normale Alltag gestaltet sich für die Eltern aufgrund der überdurchschnittlich hohen Ansprüche dieser Lichtkinder weit aufwendiger und schwieriger, sodass zum Beispiel ein schneller beruflicher Wiedereinstieg für die Mütter oft unmöglich wird.

Da kann man es vielleicht ein wenig nachvollziehen, dass betroffene Eltern erleichtert sind, wenn ihr Kind mithilfe von Medikamenten zur Therapie des vermeintlichen Aufmerksamkeitsdefizit-Syndroms „ruhiggestellt" und „integrierbar gemacht" werden. Was letztendlich unermesslich große und schwer einschätzbare Auswirkungen hat, da diese Kinder in einen Zustand versetzt werden, in dem sie nicht mehr ihrem Herzen und ihren Seelenaufgaben folgen können, aber dafür in unserer verstandesorientierten und kaltherzigen Gesellschaft mehr oder minder gut „funktionieren".

Was diese Lichtkinder jedoch wirklich brauchen, ist ein warmherziges, harmonisches und durch und durch liebevolles Elternhaus, um sich wohlfühlen und gut entwickeln zu können. Lichtkindern muss man weit mehr Achtsamkeit, Hingabe, Geduld und

Einfühlungsvermögen entgegenbringen, als man es von anderen Kindern gewohnt ist. Wenn man dies umsetzen kann, was alles andere als einfach ist, lernt man mit Hilfe der Lichtkinder, wieder wirklich und wahrhaft von Herzen zu leben und vor allem: Freude am Leben zu haben. Lichtkinder sind im Grunde die Lehrer ihrer Eltern, Erzieher, Spielgefährten und Mitmenschen, da sie ihnen in ihrer Weisheit und ihrer Feinsinnigkeit aufzeigen, was wirklich wesentlich im Leben ist – wenn wir alle bereit sind, genau hinzusehen. Sie bringen uns durch ihr Verhalten dazu, dass wir unsere längst veralteten und starren Denkstrukturen hinterfragen und aufbrechen müssen, um wieder unser Herz öffnen, unsere Ängste überwinden und auf unsere innere Stimme hören zu können. Aber dazu müssen wir uns voll und ganz, mit Haut und Haar, mit Leib und Seele auf sie einlassen können. Und genau das ist der springende Punkt!

Die heutige Gesellschaft ist in ihrem Denken und Handeln und in ihren vermeintlichen Idealen wie beispielsweise dem Leistungsprinzip so weit davon entfernt, intuitiv und herzorientiert zu leben, dass solche lichtvollen Mitmenschen als unbequem und lästig angesehen werden, wovon sich diese Kinder (und auch bereits Erwachsene, als Vertreter der vorhergehenden Lichtkinder-Generationen) jedoch nicht abbringen lassen. Sie lassen sich weder verbiegen noch durch Druck zurechtstutzen. Und das ist genau das, was die Menschheit heute braucht, um von gewohnten, unzuträglichen Verhaltensweisen Abstand zu nehmen und sich völlig neu orientieren zu können, damit die Menschen wieder ein Leben führen, das Herz, Leib und Seele erfreut. Viele Erzieher haben dies bereits erkannt und sich entsprechende Informationen über Bücher, Workshops und Gespräche mit betroffenen Eltern geholt, um sich auf die neue, letztendlich für uns alle fruchtbare Situation einzustellen und innerlich flexibel, „weich" und offen zu werden. Diese Lichtkinder sind ein großes Geschenk! Wir müssen dies dringend und unbedingt erkennen, um nicht weiter seelische Schäden anzurichten, an unseren Kindern und an uns selbst.

Wie man familiäre Verhaltensmuster auflösen kann

Wir müssen lernen, uns mehr denn je auf unsere Kinder einzustellen und einzulassen, unabhängig davon, ob wir nun ein Lichtkind haben oder nicht. Ich weiß, dass das alles andere als eine leichte Aufgabe ist. Aber wir sind es uns schuldig, wenn wir nicht die Fehler wiederholen wollen, die an uns und unseren Ahnen bereits begangen wurden. Wir dürfen nicht unsere Kinder dafür leiden lassen, dass wir nicht bereit sind, an uns zu arbeiten und uns geistig weiterzuentwickeln. Wir haben mitunter sehr lange und äußerst schmerzhafte Jahre damit verbracht, unsere seelischen Verletzungen aufzuarbeiten und entweder Schuld auf uns zu laden oder sie unseren Eltern zuzuweisen. Das ändert aber nichts und macht letztendlich nichts besser. Wenn wir nur immer unsere Wunden lecken, verpassen wir das Leben, das gerade JETZT stattfindet und das durchaus wundervoll und glücklich verlaufen kann. Die Wunden heilen im Wesentlichen meist ganz von allein und lautlos im Hintergrund, wenn wir wieder zu leben anfangen und unsere Seele mit neuen, glücklichen und wunderbaren Erlebnissen aufladen.

Dazu müssen wir einfach nur noch den Moment leben und auskosten, keinen Gedanken mehr an alte Dramen verschwenden und vor allem keine neuen Dramen mehr inszenieren. Lassen Sie den Groll gegen wen auch immer fallen. Das ist einfach nur eine Entscheidung, die Sie fällen müssen. Sie können dies in einem Ritual tun, zum Beispiel „Groll gegen meinen Vater" auf einen Zettel schreiben und diesen Zettel verbrennen. Oder Sie können den Groll geistig in eine Schachtel packen und diese auf Nimmerwiedersehen wegschicken. Denn dieser Groll schadet nur Ihnen selbst! Diejenigen, auf die er sich bezieht, leben oft unbekümmert und manchmal sogar kontinuierlich gewissenlos weiter, weil sie sich in einer beispiellosen Resistenz dagegen wehren, selbst Verantwortung zu übernehmen und sich geistig weiterzuentwickeln.

Falls Sie solch ein Relikt (oder mehrere davon) in Ihrer Familie vorfinden, müssen Sie nicht Frieden vorspielen. Beschränken Sie notfalls den Kontakt auf das Wesentliche und auf Gespräche über völlig unverfängliche Themen. Es handelt sich hier um eine verletzte Seele, und letztendlich haben wir alle im Laufe unseres Lebens Verletzungen davongetragen. Daher sollten wir Verständnis und Mitgefühl üben. Lassen Sie die Leute, wie sie sind. Sie werden sie nicht ändern, und es ist auch nicht Ihre Aufgabe. Sie können nur sich selbst ändern! Und manchmal verändert dies auf wundersame Weise die vermeintlich unlösbare Situation in eine Richtung, die Ihnen vorher nie in den Sinn gekommen wäre. Sparen Sie sich Ihre Kraft und Zeit für jemanden oder etwas anderes, der oder das Ihnen gut tut. Hören Sie selbst auf, Konflikte zu schüren, und gehen Sie nicht mehr auf solche ein. Manchmal ist es vielleicht notwendig und sogar eine Entscheidung der Liebe (zu sich selbst und anderen gegenüber), Kontakte abzubrechen, sodass jeder so leben kann, wie es ihm zuträglich ist. Aber lassen Sie bei solch einem Abschied nicht nur den Menschen, sondern bitte (ganz wichtig!) auch den Groll gehen.

Sie haben jederzeit die Freiheit, das zu tun, was wirklich und genau in diesem Moment angebracht ist. Dazu gehört das Bewusstsein, dass Sie keinerlei Einflüssen unterliegen und immer die Möglichkeit haben, auf Ihr Herz zu hören.

Unser freier Wille stellt eine unendlich große Freiheit dar, die jedoch eine Verantwortung birgt, der wir kaum gewachsen sind, da wir in unserer Verblendung und Unwissenheit meist gar nicht überblicken können, was ein unverwirklichtes Thema oder auch ein erfüllter Wunsch letztendlich mit sich bringt. Entweder man hat gar keine Kinder und ist unzufrieden oder man hat ein schwieriges oder krankes Kind und ist unzufrieden oder man hat viele Kinder und ist unzufrieden. Wir haben verlernt, unsere Kinder einfach so zu lieben, wie sie sind.

Ihre Eltern haben das getan, was sie konnten, auch wenn das vielleicht sehr wenig oder unverantwortlich war. Seien Sie sich sicher, dass Ihre Eltern für sich selbst verantwortlich sind und die Folgen ihres Handelns zu tragen haben, in diesem oder in den nächsten Leben.

Die Vergangenheit hat keinerlei Macht mehr über Sie, außer der, die Sie ihr im Jetzt immer noch einräumen. Es kann nur das auf Sie einwirken, was Sie zulassen und übernehmen. Sie haben immer die Möglichkeit, etwas abzulegen, was nicht (mehr) stimmig für Sie ist.

Die Lösung aus dieser schmerzhaften Illusion findet sich im Loslassen von allem, von alten Vorstellungen, von vermeintlichen Idealen, von materiellen Wünschen, von der alltäglichen Unzufriedenheit. Alles verändert sich und vergeht. Wenn Sie sich jetzt dazu entscheiden, immer im jeweiligen Moment zu leben und aus diesem heraus zu handeln, dann sind Sie ein freier, reicher und zufriedener Mensch.

Schuld

Was lastet auf Ihrem Herzen? Ist es das Leid,
das andere Ihnen angetan haben?
Oder ist es nicht vielmehr das Leid, das Sie
sich selbst zugefügt haben?

Wenn Sie mit dem Wissen, das Sie jetzt haben, diese Fragen intensiv auf sich wirken lassen, werden Sie geistige Antworten erhalten, die Sie früher vielleicht noch nicht hätten zulassen können.

Der Weg zum wahren Ich

Wenn wir ganz ehrlich zu uns sind, dann blicken wir nicht gerne in den geistigen Spiegel und damit nach innen, weil wir große Angst davor haben, dass uns dort etwas erwartet, das wir nicht verkraften können. Wir sehen in der Regel zuallererst ein kleines, angstvolles Ich, welches mit allen Mitteln zu verhindern versucht, dass wir es einfach anschauen – und vielleicht entlarven.

Wenn wir jetzt noch einmal genauer hinsehen, dann erkennen wir, dass dieses kleine, angstvolle Ich nur ein gedankliches Konstrukt ist, das unser wahres Ich verhüllt. Wenn Sie die Gedanken der Unzulänglichkeit, der Angst, der Bewertung und der Verurteilung wie einen Vorhang beiseite schieben, strahlt jemand hervor, der eine Schönheit und eine Kraft in sich trägt, die mit Worten nicht zu beschreiben sind. Die Einsicht, dass wir nicht wirklich unser kleines, dämonisches Ego sind, ist ein wertvolles Geschenk. Es bringt uns die tiefe Erkenntnis, dass wir in Wirklichkeit frei, vollkommen, liebe- und lichtvoll sind, und zwar in jedem einzelnen Moment, in dem wir uns dessen bewusst sind. Nichts und niemand kann uns wirklich verletzen. Niemand kann uns etwas absprechen oder wegnehmen, denn wir sind im Grunde immer ein Geschöpf Gottes.

Die Illusion, dass wir verletzbar und unvollkommen sind, lässt uns aus dem falschen, kleinen Selbst heraus denken, sprechen und handeln. Wir erschaffen damit die täglichen Dramen, in die wir uns selbst und andere verwickeln und in denen wir unsere gesamte Energie verschwenden. Dies kommt einem Kampf mit unserem Schatten gleich, der uns weismachen will, dass wir selbst dieser Schatten seien, was jedoch gar nicht der Fall ist. Nur aufgrund unserer Unbewusstheit bewegen wir uns innerhalb selbst erschaffener Illusionen, die in Wirklichkeit dieser Schatten sind. Da ist zum Beispiel die Illusion eines Mangels, die uns dazu antreibt, diesem und jenem nachzujagen, weil uns angeblich etwas fehlt und wir nur etwas wert sein sollen, wenn wir eben dieses oder jenes besitzen. Oder die Illusion eines Traumprinzen oder einer Traumprinzessin, der oder die uns angeblich das geben kann, was wir brauchen, um uns ganz zu fühlen und ohne den oder die wir uns unglücklich und ungeliebt fühlen. Oder die Illusion einer vermeintlichen Heilung, die wir uns von einer Tablette versprechen, weil wir uns damit zufrieden geben, dass nur das Symptom ausgelöscht wird, anstatt die Wurzel der Krankheit aufzuspüren und auszuheilen. Die Illusion, sich ständig Aufmerksamkeit von außen holen zu müssen, weil wir uns versagen, uns selbst die notwendige Aufmerksamkeit zu schenken.

Diese Illusionen, und auch andere, sind mitunter so einfach zu entlarven, dass uns längst klar geworden sein müsste, dass wir mitunter bis zur völligen Erschöpfung einem Phantom hinterherlaufen, das im Grunde einzig und allein in unserer Vorstellung existiert.

Schuld als geistige Bürde?

Auch Schuld ist ein solches gedankliches Konstrukt, das zur unerträglichen Bürde werden kann und das man sich entweder selbst auflädt oder von jemand anderem aufgeladen bekommt. Ich spreche hier nicht von Schuld als juristischer Umschreibung für den Tatbestand, dass jemand auf materieller Ebene Unrecht verursacht hat und demgemäß vor dem Gesetz zur Verantwortung gezogen werden muss. Dies ist ein anderes Thema, und es stellt einen wichtigen Teil unserer heutigen gesellschaftlichen Normen dar, um das Zusammenleben der Menschen in einem mehr oder weniger friedlichen Rahmen zu gewährleisten.

Ich spreche hier von Schuld als einer inneren Last auf geistiger Ebene, die sich einstellt, wenn man etwas getan hat, was aus ethischer Sicht nicht menschenfreundlich war. Das kann von einem bloßen Gedanken in kleinem Ausmaß über schlechte Worte, wie Beschimpfungen, bis zu seelischer Grausamkeit in großem Ausmaß gehen.

Wenn wir zum Beispiel negativ über jemandem denken, dann berührt es uns, wenn dieser Mensch, in seiner Unkenntnis unserer kleingeistigen Gedanken, uns dennoch Gutes tut. Wir haben dann in der Regel ein schlechtes Gewissen und fühlen uns schuldig. Dies ist etwas, was wir uns selbst auferlegen. Wenn wir uns unsere Verfehlung ehrlich eingestehen und Reue empfinden können, dann kann dies einer inneren, geistigen Reinigung gleichkommen. Wir sehen uns hierbei bewusst an, was wir falsch gemacht haben, entschuldigen uns im Geiste bei dem anderen und nehmen uns vor, ab sofort vorsichtiger mit unseren Gedanken zu verfahren und negativem Denken, Sprechen und Handeln bewusst entgegenzusteuern. Damit können wir die karmische Auswirkung abmildern und mitunter sogar aufheben, je nachdem, wie intensiv wir uns damit auseinandersetzen, was wir falsch gemacht haben.

Das Wesen der Schuld – Täter oder Opfer?

Sie kennen inzwischen das Ursache-Wirkungs-Prinzip und Sie wissen, dass alles existiert, was wir initiieren; dies beginnt auf geistiger Ebene. Mit jeder Ursache, die wir säen, ernten wir eine entsprechende Wirkung. Das muss nicht immer materiell greifbar sein, das kann auch ausschließlich auf der geistigen Ebene und damit mehr oder weniger unsichtbar ablaufen. Es passiert aber dennoch, auch wenn wir es nicht sehen können.

Laden wir uns Schuld auf, unabhängig davon, ob wir nun wirklich dafür verantwortlich sind oder auch nicht, dann tragen wir eine geistige Last mit uns herum und diese Last erdrückt uns innerlich. Wir fühlen uns mehr oder weniger schlecht und nicht wert, geliebt zu werden. Diese innere Haltung spiegelt sich auch im Außen. Wir wirken traurig, bedrückt und verunsichert und haben jegliches Selbstbewusstsein verloren.

Dieses Gefühl der Minderwertigkeit wird auch anderen Menschen vermittelt, direkt oder indirekt. Das führt letztendlich dazu, dass wir von anderen mit wenig Respekt behandelt werden und diese uns fast automatisch auch noch ihre eigenen Belastungen aufbürden wollen, weil wir ihnen unbewusst demonstrieren, dass wir dazu da sind, diese Lasten zu tragen. Das passiert dann zum Beispiel in der Form, dass uns vermehrt unliebsame Aufgaben im Job aufgeladen werden, wir häufiger dazu verdonnert werden, die Suppe für andere auszulöffeln oder wir auf welche Art auch immer als unfähig hingestellt werden. Das macht die anderen zu Tätern und uns zu einem vermeintlichen Opfer, da unser fehlendes Selbstbewusstsein und unser Schuldgefühl dazu beitragen, dass wir nahezu hilflos in diese Opferrolle hineinfallen. Nun habe ich die Bestätigung, dass ich unfähig und wertlos bin, werden Sie dann vielleicht denken und fügen sich damit noch mehr in diese Rolle, indem Sie unbewusst auf weitere Strafen warten.

Diese Einstellung spiegeln Sie jedoch auf energetischer Ebene nicht nur Ihrem Umfeld, sondern auch dem Universum. Das heißt, dass Sie aus kosmischer Sicht ständig darauf warten, bestraft zu werden. Sie vermitteln mit dieser Haltung, dass Sie eine Strafe verdient haben, und werden sie gemäß dem Gesetz der Anziehung auch bekommen – Sie erhalten, was Sie sich verdienen, im Positiven wie im Negativen. Die vermeintlichen „Strafen" von oben erfolgen dann zum Beispiel in Form von Ärger im privaten oder beruflichen Bereich, und diese Rückschläge führen meist dazu, dass Sie noch mehr an Selbstwert einbüßen, da Sie das Gefühl bekommen, nichts richtig zu machen. Ein fataler Kreislauf aus negativen Gedanken auf geistiger Ebene und dementsprechend negativen Konsequenzen in der Materie.

Hier gilt es, aus dem Kreislauf auszusteigen, indem man sich vor Augen führt, dass man trotz allem, was man getan hat, in Ordnung, vollständig und liebenswert ist, und sich dies ganz deutlich bewusst macht, so wie ich es am Anfang des Kapitels beschrieben habe. Denn aus Gottes Sicht sind wir in unserem Innersten vollständig und liebenswert. Doch das, was unseren inneren Kern verdeckt, überlagert und einschließt, ist unzuträglich, irreführend und kann zum Teil sogar gefährlich sein. Wir müssen diese Schatten aus Unwissenheit, illusorischem Gedankengut, Egozentrik und niederen Absichten erkennen und nach und nach auflösen.

Sünde oder Unwissenheit –
Verbrechen oder Achtlosigkeit?

Unser fehlerhaftes Verhalten entsteht in der Regel aus Dummheit, Übermut und fehlender Achtsamkeit heraus, und die daraus folgenden Konsequenzen dienen letztendlich nur dazu, uns dies zu verdeutlichen, und nicht dazu, uns zu bestrafen. Wir sollen lediglich anhand unseres selbst erschaffenen Karmas und der damit einhergehenden Aufgaben lernen, uns aus diesem Wissen heraus geistig weiterzuentwickeln und zu reifen, um dies alles nicht mehr zu wiederholen. Dies ist vielmehr eine göttliche Lektion und Lernaufgabe als eine Strafe des Teufels für die Sünder, wie uns einige Menschen und Ideologien weismachen wollen.

Jetzt werden Sie sagen, dass das zum Teil schon in Ordnung sei, aber nicht für diejenigen gelte, die in böser und mutwilliger Absicht gehandelt und damit weit schwerwiegendere Fehler begangen haben als jemand, der nur aus Achtlosigkeit etwas falsch gemacht hat. Da ist natürlich ein erheblicher Unterschied vorhanden, und jemand, der bewusst großen Schaden anrichtet, lädt auch dementsprechend schwere Konsequenzen auf sich.

Jemand, der wirklich Schlimmes anrichtet, zeigt damit, auf welch niedriger geistiger Stufe er steht. Ungeachtet der juristischen Konsequenzen wird er über kurz oder lang nicht daran vorbeikommen, die Verantwortung zu übernehmen. Und er setzt durch seine Tat entsprechend große karmische Auswirkungen in Gang, die nicht mehr nur in diesem Leben wirken, sondern auch in die nächsten Leben hineinreichen können.

Alles, was wir aussenden, kommt zu uns zurück

Wir dürfen nicht vergessen, dass wir das, was wir anderen antun, letztendlich auch uns selbst zufügen. Und dass wir das, was wir anderen missgönnen, im Grunde uns selbst vorenthalten. Dies kann man besser intuitiv als mit dem Verstand erfassen. Wenn Sie sich zum Beispiel mit dem geistigen Aussenden von negativen Gedanken „eng" machen – man kann das auch an der Aura erkennen –, dann werden Sie sich innerhalb dieser Enge bewegen und lediglich Erfahrungen machen, die in dieser Enge bestehen können und sozusagen niedrig schwingend sind. Positive und liebevolle Ereignisse sind jedoch so unendlich weit und hoch schwingend in ihrer energetischen Ausprägung, dass sie einer Person, die in geistiger Enge lebt, gar nicht oder zumindest nicht in dem Maße zufließen können, wie sie eigentlich beschaffen sind. Daher ist es essenziell, sich geistig zu öffnen und mit einem inneren Gefühl der Fülle durchs Leben zu gehen, wenn man sich Glück und Freude wünscht. Wenn Sie sich dem Gefühl des Mangels und der Enge hingeben, dann kann nur das energetisch niedrig schwingende Unglück andocken und nicht das hoch schwingende Glück.

Wege aus Schuld und Selbstzerstörung

Heutzutage plagen sich sehr viele Menschen mit Schuldgefühlen. Diese müssten sie sich jedoch gar nicht aufladen, da sie zum großen Teil hausgemacht und nicht einmal begründet sind. Denn wenn wir achtsam, mitfühlend und bewusst durch das Leben gehen und aus dem Jetzt heraus denken, sprechen und handeln, dann gibt es keinen Grund mehr für Schuldgefühle! Schuldgefühle sind vielmehr Emotionen, die uns innerlich melden, dass wir irgendwo unbewusst und nicht gegenwärtig waren.

Es gilt also dort hinzusehen, wo der Fehler passiert ist. Es geht nicht darum, uns selbst zu verurteilen und uns in unserer Ganzheit in Frage zu stellen. Wir sollten vielmehr bewusst und streng mit denjenigen Ausprägungen unserer Persönlichkeit in Klausur gehen, die gerne in die niederen Bereiche abschweifen, wie zum Beispiel unser Hang zu Nachlässigkeit, Phlegma, Hochmut, Arroganz, Minderwertigkeitsgefühlen, Gier und Kontrollzwang. Mit der sich selbst kleinmachenden Haltung des Schuldigen halsen wir uns weit mehr auf, als notwendig ist.

Es ist letztendlich niemandem geholfen, wenn wir uns ständig selbst verurteilen und uns mit negativen Gedanken herabsetzen oder geißeln. Dabei handelt es sich um eine selbstzerstörerische Haltung, zu der Menschen neigen, die in einem lieblosen Umfeld aufgewachsen sind und sich ungeliebt und wertlos fühlen.

Natürlich müssen wir die Verantwortung für unsere Fehler übernehmen und versuchen, diese soweit wie möglich auszuräumen. Das passiert, indem wir uns Gedanken darüber machen, wo wir falsch gehandelt haben, und uns den Sachverhalt nachträglich noch einmal genau ansehen. Wir sollten uns in ehrlicher Absicht bei den Betroffenen entschuldigen und in der Lage sein, tiefe, echte Reue zu empfinden, und zwar ohne jegliche Hintergedanken. Wir sollten konsequent und nachhaltig an uns arbeiten, damit wir unser jetziges und zukünftiges Denken, Sprechen und Handeln achtsam ausführen und dieselben Fehler nicht noch einmal passieren. Wir müssen noch eventuelle Konsequenzen unseres Handelns tragen, doch dann sollten wir wieder loslassen und uns selbst vergeben können.

Sie und ich, wir sind nicht besser oder schlechter als jeder andere Mensch. Jeder macht gelegentlich Fehler. Aber wir können uns zu einem besseren Menschen entwickeln, indem wir nicht mehr die alten Fehler wiederholen. Es nützt nichts, wenn wir an etwas festhalten, das nicht mehr rückgängig gemacht werden kann. Wir können es aber nach und nach ausräumen, indem wir ab jetzt und weiterhin bewusster durchs Leben gehen. Wir alle können weiteren negativen Konsequenzen in der Zukunft entgegenwirken, wenn wir aus dem Moment heraus leben. Es bringt niemanden weiter, wenn ständig zurückgeblickt und dabei der gegenwärtige Moment, das Jetzt, verpasst wird. Während wir in der Vergangenheit verweilen, passiert bereits der nächste Fehler im Jetzt – weil wir nicht gegenwärtig sind! Nur im Jetzt können wir uns selbst und unser zukünftiges Leben verändern. Was passiert ist, ist passiert. Das macht uns nicht zu einem schlechten Menschen, sondern im besten Fall und im Erkennen der jeweils zugrunde liegenden Lektion zu einem reiferen Menschen.

Natürlich haben wir mitunter auch Lektionen zu lernen, die nicht aus einer kürzlich erfolgten Fehltat hervorgehen, sondern aus Handlungen, die in einem oder sogar mehreren früheren Leben begangen wurden und deren Konsequenzen bis in das jetzige Leben hereinreichen. Das ist nicht immer einfach zu verstehen und zu akzeptieren, sofern man so etwas überhaupt erfährt, wie zum Beispiel über eine Hypnose oder Rückführung. Oft plagt man sich innerhalb einer Problematik mühsam ab und kommt nicht – egal, was man tut – über ein bestimmtes Maß hinaus. Da kann es durchaus der Fall sein, dass wir zum Beispiel einem Fluch, einem alten Eid oder Pakt unterliegen. Hierbei sollte man sich Hilfe von außen holen und sich jemandem anvertrauen, der Erfahrung in der Auflösung solcher Dinge hat und der vor allem in lauterer Absicht und ehrlich arbeitet.

Genauso wenig wie der Mensch sich über die göttliche Instanz erheben sollte, sollte er sich zum Sünder oder Teufel machen lassen. Wir müssen dringend davon Abstand nehmen, uns Angst einjagen, klein, willenlos und gefügig machen zu lassen. Denn dann sind wir leichte Beute für diejenigen, die uns im Kleinen wie im Großen diktieren, manipulieren, indoktrinieren und kontrollieren wollen!

Übung: Vergeben

Lassen Sie nun folgenden Satz auf sich wirken – meditieren Sie über ihn, um ihn in seiner Ganzheit zu erfassen:

> „Ich bitte dich um Vergebung,
> damit ich mir selbst vergeben kann."

Sie können ihn täglich mehrmals geistig oder auch laut wiederholen, wenn Sie bemerken, dass Sie sich gerade wieder Schuldgefühle machen und sich von Ihrem schlechten Gewissen erdrückt fühlen. Räumen Sie das Unrecht aus, das Sie anderen angetan haben, und lassen Sie ab jetzt davon ab, sich selbst schlecht zu behandeln – damit übernehmen Sie wieder das Ruder der Verantwortung im Fluss des Lebens. Seien Sie achtsam und leben Sie im JETZT.

Energieräuber

Es ist besser, den Narren aus dem Weg zu gehen,
ohne sie jedoch zu kränken. Trifft man sie, ist
man freundlich und gefällig, ohne sich mit ihnen
einzulassen.

Dalai Lama, Der Friede beginnt in dir

Sie legen nach einem Telefonat völlig erschöpft den
Hörer auf. Nach einem Kaufhausbesuch kommen
Sie ganz ausgelaugt nach Hause. Oder Sie begeben
sich nach einer Familienfeier in bedrückter Stimmung auf den Heimweg, obwohl Sie sich so sehr auf
das Treffen gefreut und gut gelaunt den Tag begonnen hatten. Das alles hat jeder von uns bereits erlebt.
Wenn Sie sich nach der Begegnung oder dem Telefonat mit einer Person plötzlich schlechter fühlen als
zuvor, dann sind Sie mit hoher Wahrscheinlichkeit
einem „Energieräuber" aufgesessen.

Energieräuber sind Menschen, die eine hohe Ge-
schicklichkeit darin besitzen, anderen ihre Lebensenergie und damit ihre Kraft zu entziehen. Das
geschieht entweder auf sehr subtile und versteckte
Art und Weise, sodass man es erst bemerkt, wenn
es bereits geschehen ist. Oder es geht sehr plump
und direkt vor sich, sodass man es sofort spürt und
am liebsten weglaufen würde. In der Regel haben
wir Menschen, unabhängig davon, wie sensibel wir

sonst sind, noch eine gute Intuition dafür, zu spüren, wann uns jemand bedrängt. Das klassische Beispiel dafür ist, dass man sich sofort unwohl fühlt, wenn jemand innerhalb der Schlange an der Kasse zu nah aufrückt. Man reagiert meist sofort mit einem Gefühl des Unwohlseins und möchte sich wieder mehr Raum verschaffen, indem man entweder einen Schritt auf die Seite tritt oder den Betreffenden bittet, einen angemessenen Abstand einzuhalten.

Universale Energien und ihre Auswirkungen

Energetisch läuft in diesem Fall Folgendes ab: Die andere Person kommt Ihrer Aura zu nahe, berührt sie oder tritt in diese ein, was man als hellsichtig Begabter sehr gut beobachten kann. Dies empfinden wir in der Regel als unangenehm, da unser Aurafeld einen Teil unserer gesamten Erscheinung ausmacht und damit zu uns gehört, auch wenn es für die meisten Menschen unsichtbar ist.

Unser Universum stellt im Grunde ein universelles Energiefeld dar, dessen Energie alle existierende Materie durchdringt – lebendige Materie, aber auch leblose. Die Chinesen nennen diese universelle Energie „Chi", die Inder „Prana". Ist diese universelle, vitale Energie im Gleichgewicht und im Fluss, so ist das System gesund. Ist sie hingegen im Ungleichgewicht, zum Beispiel verlangsamt, gestaut oder blockiert, dann führt dies zu letztlich Krankheit.

Letztendlich ist alles Energie, was sich im Kosmos befindet, bewegt und damit schwingt, also sicht- und greifbare Materie, aber auch nicht greifbare, jedoch spürbare Energieformen, wie zum Beispiel Gedanken. Als „Aura" bezeichnet man das Energiefeld, das jedes Lebewesen umgibt: jede Pflanze, jedes Tier und jeden Menschen. Aber auch leblose Materie hat durchaus eine Aura. Das Energiefeld von Lebewesen schwingt jedoch in weit höherer Frequenz als das von unbelebter Materie. Im Folgenden beschränke ich mich auf die Beschreibung der menschlichen Aura.

Aufbau des menschlichen Energiefeldes

Die Aura von Menschen besteht aus mehreren Schichten und weist, von innen nach außen gesehen, grobstoffliche, aber auch äußerst feinstoffliche Bestandteile auf. In diesem Zusammenhang spricht man zum Beispiel vom Emotionalkörper, dem Astralkörper, dem ätherischen Körper oder dem Mentalkörper, die unter anderem jeweils einen Teil der insgesamt sieben Schichten darstellen, in die sich die Aura unterteilt.

Die Aura spiegelt alles, was sich im Inneren, aber auch im äußeren Umfeld der betreffenden Person abspielt. Sie ist ein dynamisches Energiefeld, das aufgrund seiner ständigen Interaktion mit dem Inneren des Menschen sowie mit dessen Umgebung unaufhaltsam Energie aufnimmt und abgibt und sich in seiner Farbe und Form dementsprechend verändert. Die Farben der Aura ergeben sich aus der jeweiligen Frequenz, in der das Aura-Energiefeld schwingt.

Jede Schicht der Aura korrespondiert mit dem zugehörigen Energiezentrum auf der physischen Ebene, dem jeweiligen Chakra. „Chakra" ist eine Bezeichnung aus dem Sanskrit, die mit „Rad" oder „Kreis" übersetzt werden kann und als Umschreibung für die menschlichen Energiezentren verwendet wird, da man sich diese als Energiewirbel vorstellen kann, die sich in etwa wie ein Rad drehen.

Der menschliche Körper umfasst sieben Hauptchakren und einundzwanzig Nebenchakren. Jedes Hauptchakra ist ein Energiezentrum, das jeweils einer endokrinen Drüse, aber auch bestimmten Körperzonen zugeordnet ist und diese beeinflusst. Zudem weist jedes Hauptchakra einen sich nach außen öffnenden trichterförmigen Energiewirbel an der Vorderseite sowie einen an der Rückseite des Körpers auf, wobei sich beide Trichterspitzen im Inneren des Körpers am zentralen Energiekanal treffen und mit diesem in Verbindung stehen. Dieser stetige zentrale Energiefluss, der sich durch das Innere des menschlichen Körpers zieht, geht senkrecht durch die Körpermitte an der Wirbelsäule entlang und verlässt über das Steißbein nach unten sowie über den Scheitel nach oben die Grenzen des menschlichen Körpers, sodass er sich mit der Erde und dem Kosmos verbinden und damit wieder in den universellen Energiekreislauf eingehen kann. Ich habe dies bereits in meiner praktischen Übung im Kapitel „Meditation" kurz beschrieben. Jedes Chakra übernimmt die Funktion der energetischen Versorgung des physischen und des Aura-Körpers, und es fördert die Weiterentwicklung der ihm zugeordneten Lebensthemen.

Die sieben Hauptchakren

7. CHAKRA – Kronenchakra
befindet sich auf der Höhe des Scheitels
- **Thema:** Spiritualität, universelles Bewusstsein, Erleuchtung
- **Farbe:** Violett, Weiß, Gold
- **Drüse:** Zirbeldrüse
- **Körperbereich:** Groß- und Mittelhirn
- **Zugeordnete Sinnesfunktion:** höchste Erkenntnis
- **Ideale Entwicklung:** Erleuchtung, höchste Einsicht und Erkenntnis, spirituelle Vollendung
- **Blockaden und Störungen:** Mangelgefühl, Unzufriedenheit, Weltschmerz, innere Leere, innere Verneinung der Schöpferkraft, Immunschwäche, geistige Erschöpfung

6. CHAKRA – Stirnchakra
befindet sich auf der Höhe der Stirn, „drittes Auge"
- **Thema:** Intuition, Wahrnehmung, Weisheit, Erkenntnis, Vorstellungskraft
- **Farbe:** Indigo
- **Drüse:** Hypophyse
- **Körperbereich:** Zwischenhirn, Augen, Ohren, Nase, Nebenhöhlen, Hormon- und Nervensystem

- **Zugeordnete Sinnesfunktion:** übersinnliche Wahrnehmung
- **Ideale Entwicklung:** gute Intuition, sensitive Wahrnehmung, Selbsterkenntnis, gutes Gedächtnis, hohe Konzentrationsfähigkeit, Phantasie, gutes Vorstellungsvermögen, geistige Klarheit
- **Blockaden und Störungen:** wirrer Geist, Gehirn- und Geisteskrankheiten, Migräne, Angstvorstellungen, Lern- und Konzentrationsschwächen, Augen-, Nebenhöhlen- und Nasenerkrankungen, neurologische Erkrankungen

5. CHAKRA – Kehlchakra

befindet sich auf der Höhe des Halses

- **Thema:** Kommunikation, Selbstausdruck, Wahrheit, Inspiration, Musikalität
- **Farbe:** Hellblau
- **Drüse:** Schilddrüse
- **Körperbereich:** Hals, Kehlkopf, Atmung, Stimmbänder, Ohren, Kiefer, Speise- und Luftröhre, Halswirbelsäule, Nacken
- **Zugeordnete Sinnesfunktion: Gehörsinn**
- **Ideale Entwicklung:** gute Kommunikationsfähigkeit, Sprachgewandtheit, kreativer Ausdruck, Wahrhaftigkeit, Authentizität, harmonische Stimme, Musikalität
- **Blockaden und Störungen:** Angst vor Äußerung der wahren Gefühle, Probleme mit der Wortwahl, Hemmungen, Schüchternheit, innere Stimme wird nicht gehört, Schwierigkeiten im Selbstausdruck, Sprachstörungen, Halserkrankungen,

Heiserkeit, Kieferentzündungen, Störungen der
Schilddrüsenfunktion

4. CHAKRA – Herzchakra
befindet sich auf der Höhe des Herzens
- **Thema:** Liebe, Mitgefühl, Güte, Toleranz,
  Menschlichkeit, Heilung, Herzenswärme
- **Farbe:** Hellgrün und Rosa
- **Drüse:** Thymusdrüse
- **Körperbereich:** Herz, Lunge, Bronchien, Haut,
  Schultern, Arme, Hände, Blutdruck
- **Zugeordnete Sinnesfunktion:** Tastsinn
- **Ideale Entwicklung:** bedingungslose Liebe, tiefes
  Mitgefühl, Toleranz, Offenheit, großes Verständ-
  nis, Selbstliebe
- **Blockaden und Störungen:** Lieblosigkeit, Her-
  zenskälte, Verbitterung, Kontakt- und Bezie-
  hungsprobleme, Herz-, Haut- und Lungener-
  krankungen, Allergien, Probleme mit der Brust-
  wirbelsäule

3. CHAKRA – Solarplexus-Chakra
befindet sich auf der Höhe des Magens
- **Thema:** Macht, Willenskraft, Entschlusskraft,
  Durchsetzungskraft, Selbstbewusstsein
- **Farbe:** Gelb
- **Drüse:** Bauchspeicheldrüse
- **Körperbereich:** Magen, Leber, Milz, Galle, vege-
  tatives Nervensystem, Dünndarm
- **Zugeordnete Sinnesfunktion:** Sehsinn
- **Ideale Entwicklung:** Tatkraft, starke Persönlich-

keit, gutes Selbstbewusstsein, gute Nerven, Zielverwirklichung, mit Sensibilität und Mitgefühl einhergehende Macht

- **Blockaden und Störungen:** Machtbesessenheit, übertriebener Ehrgeiz, übertriebene Leistungsorientierung, Rücksichtslosigkeit, mangelndes Selbstbewusstsein, häufige Wutanfälle, fehlende Durchsetzungskraft, Magenerkrankungen, Gefühlsblockaden, Nervenerkrankungen, Leber-, Milz- und Gallenerkrankungen, Schlaf- und Essstörungen, Diabetes

2. CHAKRA – Sakralchakra

befindet sich etwas unterhalb des Nabels am Unterbauch

- **Thema:** Lebensfreude, Beziehung, Sexualität, Sinnlichkeit, Fortpflanzung, Kreativität
- **Farbe:** Orange
- **Drüse:** Keimdrüsen
- **Körperbereich:** Fortpflanzungsorgane, Kreuzbein, Hüftgelenke, Blase, Prostata, Lymphfluss, Blutkreislauf, Immunsystem
- **Zugeordnete Sinnesfunktion:** Geschmackssinn
- **Ideale Entwicklung:** Erotik, gute sexuelle Energie, Lebenslust, schöpferische Kraft, Beziehungsfähigkeit, Begeisterungsfähigkeit
- **Blockaden und Störungen:** zwanghaftes Sexualverhalten, Potenzstörungen, fehlender Lebensgenuss, Schuldgefühle, Suchtneigung, Unterleibserkrankungen, Blasen- und Harnwegserkrankungen, starke Stimmungsschwankungen

1. CHAKRA – Wurzelchakra

befindet sich auf der Höhe der Geschlechtsorgane

- **Thema:** Urvertrauen, Lebensenergie, Lebenswille, Lebenskraft, Stabilität, Erdung
- **Farbe:** Rot
- **Drüse:** Nebenniere
- **Körperbereich:** Beckenboden, Wirbelsäule, Nieren, Darm, Beine, Füße, Knochen, Blutbildung
- **Zugeordnete Sinnesfunktion:** Geruchssinn
- **Ideale Entwicklung:** Stabilität, großes Urvertrauen, Ausdauer, Bodenständigkeit, gutes Durchsetzungsvermögen, gut funktionierende Verdauung und Ausscheidung
- **Blockaden und Störungen:** geringe Lebensfreude, mangelndes Urvertrauen, große Existenzängste, Phobien, Darm- und Knochenerkrankungen, stressbedingte Leiden

Funktionsweise und Entwicklung der Chakren

Die Chakren stehen, wie bereits erwähnt, in ständigem Energieaustausch mit der Außen- sowie auch der Innenwelt des Menschen. Durch sie fließt Energie in die Aura und den physischen Körper hinein und wieder aus ihm hinaus. Das heißt, die Chakren nehmen vitale Energie aus dem universellen Energiefeld auf, wandeln sie um und leiten sie in die einzelnen Auraschichten sowie zu den Drüsen, dem Nervensystem und dem Blut weiter, um die Versorgung des Körpers zu gewährleisten. Je nachdem, wie weit die Chakren geöffnet sind und wie viel Energie durch sie fließen kann, werden Gesundheit und Vitalität eines Menschen sowie seine psychische, emotionale, mentale und spirituelle Entwicklung beeinflusst. Vereinfacht kann man sagen, dass der Mensch umso gesünder ist, je mehr seine Chakren geöffnet sind und Energie durch sie fließen kann. Er ist demnach umso kränker, je mehr die Chakren im Ungleichgewicht bzw. blockiert sind.

Bei Menschen mit sehr hohem geistigen Reifegrad und universellem Bewusstsein sind alle sieben Hauptchakren vollständig geöffnet und vollkommen im Fluss. Das ist jedoch selten der Fall, zum Beispiel bei so genannten Erleuchteten. Es ist hierbei wichtig zu erwähnen, dass sich die Weiterentwicklung der Chakren von unten (Wurzelchakra) nach oben (Kronenchakra) aufbaut, das heißt, dass zum Beispiel ein Mensch, der starke Existenzängste, wenig Urvertrauen und Lebensenergie hat (Störungen oder Blockaden im Wurzelchakra), kein ausgezeichnet entwickeltes Kehlkopfchakra haben kann, da er noch große Ängste haben wird, seine Gefühle klar auszudrücken, und Hemmungen unterliegen wird, seine Meinung offen und selbstbewusst zu vertreten.

Die ersten, unteren drei Chakren sind insbesondere stark physisch orientiert und stellen die Bereiche dar, in denen das Ego-Bewusstein des Menschen zum Ausdruck kommt. Die drei oberen Chakren sind vielmehr geistig, emotional und spirituell orientiert und bei Menschen mit hohem Bewusstseinsgrad weit besser entwickelt als bei denjenigen, die noch stark in den Trieben verhaftet und geistig starr sind. Das mittlere, vierte Chakra (Herzchakra) steht für die Fähigkeit, wahre Liebe, Zuneigung, Güte, Toleranz und tiefes Mitgefühl zu empfinden, und fungiert als eine Art Verbindungstor, um die oberen drei mit den unteren drei Chakren in Einklang zu bringen.

Die Entwicklung der menschlichen Chakren unterliegt bestimmten Zyklen. So erfolgt zum Beispiel die Ausbildung des ersten Chakras (Wurzelchakra) verstärkt in den ersten beiden Lebensjahren, was man unter anderem an den Wutanfällen von Babys (ab ca. 12 Monaten) und Kleinkindern beobachten kann, die sich damit behaupten und Gehör verschaffen wollen. Wenn in den ersten Lebensmonaten und -jahren bei einem Menschen mangelnde Elternliebe, fehlende Geborgenheit und andere traumatisierende Situationen aufgetreten sind, dann wird sich zum Beispiel das Wurzelchakra nur unzureichend entwickeln können. Das bedeutet, dass das betreffende Kind auch noch als Erwachsener mit hoher Wahrscheinlichkeit unter fehlender Selbstliebe, mangelndem Urvertrauen, Existenzängsten und angepassten, unterdrückten Verhaltensweisen leiden wird. Auch erst in späteren Lebensjahren erfolgende negative Prägungen führen letztendlich dazu, dass anfänglich gut entwickelte Chakren gestört oder sogar völlig blockiert werden können.

Aber es gibt auch eine Vielzahl an Möglichkeiten – zum Beispiel mit Yogatraining oder Reiki-Anwendungen–, Blockaden zu beseitigen und Chakren wieder zu aktivieren und zu stärken.

Die Sensibilität des menschlichen Energiefeldes

Mit diesem Exkurs in die Chakren-Lehre möchte ich verdeutlichen, wie sensibel und fein vernetzt das „System Mensch" ist. Der Mensch besteht nicht nur aus biologischen Bausteinen, sondern darüber hinaus aus einer Vielzahl an weit feinstofflicheren energetischen Bestandteilen, die zwar nicht für jeden sichtbar, aber dennoch vorhanden und wirksam sind.

Aus diesem Grund und aufgrund meiner eigenen Erfahrungen bin ich davon überzeugt, dass bei Krankheiten körperlicher, seelischer und geistiger Art ganzheitlich behandelt und therapiert werden sollte, da das eine untrennbar mit dem anderen verbunden ist. Jede Krankheit auf körperlicher Ebene ist auch mit einem ähnlich „kranken" Gedankenmuster auf geistiger Ebene verzahnt, und jede seelische Verletzung wird je nach Schweregrad früher oder später körperliche Auswirkungen nach sich ziehen.

Wir sollten uns dringend von der Illusion verabschieden, dass der Mensch ein von allem abgetrenntes Lebewesen und ein geschlossenes System ist. Genau das Gegenteil ist der Fall! Ich habe bereits im Kapitel „Gedanken" beschrieben, dass jeder Gedanke auf der geistigen Ebene auch eine Reaktion auf der materiellen, körperlichen Ebene hervorruft. Das bedeutet, dass zum Beispiel ein Gedanke, der Sie wütend macht, die Frequenz der Aura-Ebene beeinflusst, sodass es zu roten Stellen in der Aura kommt. Zudem öffnet sich die Aura, je nach Stärke und

Häufigkeit der Wutanfälle, und bekommt Löcher oder auch Risse. Zugleich krampft sich aufgrund der Wutgefühle der Magen zusammen, sodass das Solarplexus-Chakra an Energie verliert und dementsprechend geschwächt wird. Der Magen wird zudem übersäuert, da er so üblicherweise auf Stress reagiert; die Säure schädigt die Magenschleimhaut und Sie bekommen vielleicht Magenschmerzen.

Diese Reaktionskette könnte man unendlich weiterführen, letztendlich möchte ich nur veranschaulichen, wie feinfühlig wir auf allen Ebenen agieren und reagieren, bewusst und unbewusst, und wie vernetzt wir sind. Daher ist es sehr wichtig, dass wir lernen, uns ganzheitlich und damit auf allen Ebenen um uns selbst zu kümmern und uns zu schützen.

Die Aura als Spiegel aller Ereignisse

Sie kennen sicherlich den Spruch, dass jemand grün vor Neid oder hochrot vor Wut ist oder alles durch die rosarote Brille sieht. Diese Redewendungen haben durchaus ihre Berechtigung, wenn man weiß oder als Hellsichtiger sehen kann, dass Gedanken des Neids wie giftgrüne Pfeile auf die Aura desjenigen zielen, auf den der Neid gerichtet ist. Menschen, die heftige Wut in sich tragen, weisen, wie gerade ausgeführt, rote Stellen in der Aura auf und Liebende rosarote.

Die Interpretation der einzelnen Farben, die in der menschlichen Aura auftreten können, ist eine hohe Kunst, die sehr viel Feingefühl und Intuition erfordert. In der Regel findet man bei den Menschen nicht nur eine bestimmte Anzahl an klaren, leuchtenden oder pastellartigen Farben vor, sondern eine unendlich große Anzahl an Abstufungen, Schattierungen und Trübungen. Vereinfacht kann man sagen, dass die Aurafarben, die nah am physischen Körper des Menschen auftreten, Aufschluss über den körperlichen Zustand geben. Farben, die an den äußeren Schichten der Aura auftreten, lassen eher Rückschlüsse auf den geistigen, emotionalen und spirituellen Grad des Betreffenden zu. Leuchtende, pastellartige und klare Farben sind eher als positiv, dunklere und trübere Farben eher als unzuträglich und destruktiv zu interpretieren. Doch muss man auch hier kleinste Nuancen unterscheiden und richtig interpretieren können, damit man nicht voreilig falsche Bewertungen abgibt und so den betreffenden Menschen verängstigt oder gar schockiert, was auch sofort an dessen Aura zu sehen ist, die sich bei Angst zusammenzieht und öffnet oder bei einem Schock schlagartig zerrissen und durchlöchert werden kann. Ich bitte speziell Interessierte um ihr Verständnis, dass ich in diesem Kapitel nicht näher auf die Aura-Interpretation eingehen kann. Inzwischen gibt es sehr gute, ausführliche Literatur zu diesem Thema.

Babys, Kleinkinder, Hellsichtige und Tiere können die Aura noch sehr gut sehen und spüren, da ihre Intuition (noch) in hohem Maße ausgeprägt ist, und sie reagieren dementsprechend darauf. Dies erklärt zum Beispiel auch, dass Hunde sehr schnell ungehalten reagieren, wenn ihnen jemand begegnet, dessen

Aura negative Gedanken offenbart. Oder dass ein Baby oder Kleinkind sofort zu weinen oder schreien anfängt, wenn sich jemand in seinem Umkreis befindet, der eine niedere Gesinnung hat.

Sie können mit einer einfachen Übung Ihre Aura spüren, indem Sie Ihre Hände in einem Abstand von ungefähr zehn Zentimetern parallel zueinander halten, diese langsam voneinander entfernen und dann wieder nach und nach zueinander führen. In der Regel können Sie nun ganz klar spüren, dass sich so etwas wie eine Schicht zwischen Ihren Händen befindet und man diese förmlich zusammendrücken kann. Auch der Teil der Aura, der den Kopf von Menschen umgibt, ist relativ leicht zu erkennen, wenn der Betreffende sich direkt vor einer Wand befindet.

Sie können auch in die Natur gehen, dort zur Ruhe kommen und dann einfach – und ganz wichtig: ohne jegliche Anstrengung – Bäume beobachten, die eine Art bläulich-grüner Schimmer umgibt.

Die Aura eines gesunden, zufriedenen Menschen strahlt in klaren, leuchtenden Farben, sieht in etwa aus wie ein Ei und legt sich elliptisch um den Körper der Person herum. Sie hat ungefähr eine Breite von zwei bis drei Metern, kann jedoch bei einem geistig hoch entwickelten Menschen weit größer sein und sich entsprechend ausdehnen. Übrigens beinhaltet ein hoch entwickeltes geistiges Bewusstsein nicht unbedingt einen hohen Bildungsgrad. Personen mit hohem Bildungsgrad können durchaus geistig starr und niedrig entwickelt sein, und sehr einfache Menschen mit geringer Bildung können geistig sehr hoch stehen und damit eine „reife, alte Seele" sein. Interessant ist, dass Menschen mit ähnlicher Aura-Schwingungsfrequenz sich eher zueinander hingezogen fühlen und schneller eine Grundsympathie feststellen als Menschen mit stark abweichender Frequenz.

Ein weiteres interessantes Phänomen ist, dass jeder Mensch Dingen seine „Prägung" aufdrückt, indem er sie förmlich mit seiner Energie durchtränkt, wie beim Tragen seiner Kleidung oder wenn er häufig auf demselben Stuhl sitzt. Daher ist es dringend ratsam, zum Beispiel Kleidungsstücke aus dem Second-Hand-Laden oder gebrauchte Möbel sowie Wohnraum energetisch zu reinigen, bevor man diese selbst nutzt. Dazu und zum Schutz der eigenen Aura werde ich im praktischen Teil am Ende dieses Kapitels einige einfach praktizierbare Möglichkeiten anführen.

Die Aura eines Menschen verändert sich ständig und damit mehrmals am Tag, entsprechend den auftretenden Ereignissen, vorhandenen Erfahrungen und der vorliegenden Grundstimmung. Es gibt jedoch Teile der Aura, die bei einem Menschen relativ konstant bleiben und damit den Grundtypus verdeutlichen. Da die Aura und die damit verbundenen Chakren eines Menschen ein offenes System darstellen, kann natürlich nicht nur universelle, vitale Lebensenergie, sondern auch diejenige Energie hinein- und hinausfließen, die von negativer Art, niedrig schwingend und dem Menschen unzuträglich ist. Dazu gehört nicht nur alles, was von außen und damit von anderen auf uns einwirkt, sondern natürlich auch das, womit wir auf uns selbst Einfluss ausüben.

Energieräuber und ihre energetische Wirkung

Es gibt eine unendliche Vielzahl an Energieräubern. Diese können auf verschiedenste Art und Weise bei uns Menschen andocken. Sie dringen entweder nur kurzzeitig in unser System ein oder nisten sich sogar dauerhaft ein.

Für die menschliche Aura ist grundsätzlich alles unzuträglich, schwächend und damit Energie raubend, was körperlich, geistig und seelisch destruktiv auf uns einwirkt, da alles miteinander vernetzt ist. Schlechte Ernährung, mangelnde Bewegung an frischer Luft, Stress, Drogen, Alkohol, Tabakkonsum und andere negative Angewohnheiten führen letztendlich dazu, dass unsere Aura Risse und Löcher bekommt und damit durchlässig wird und dass unser Immunsystem nach und nach zusammenbricht und wir sehr anfällig für Krankheiten werden. Im Umkehrschluss können wir mit sehr einfachen Mitteln etwas dazu beitragen, dass wir körperlich, geistig und seelisch ausgeglichen und gesund werden und es vor allem auch bleiben. Dies ist natürlich viel leichter gesagt als getan, da wir Menschen dazu neigen, uns den unzuträglichen Gewohnheiten hinzugeben, und daher bewusst und nachhaltig an uns arbeiten müssen, um uns einen positiven und zuträglichen Lebensstil anzutrainieren.

Gehen Sie so oft wie nur möglich in die Natur, und ziehen Sie auf einer Wiese auch mal die Schuhe aus. Sie werden feststellen, wie gut es tut, die Erde unter den Füßen zu spüren. Genießen Sie die Gartenarbeit, anstatt diese als notwendiges Übel anzusehen, denn diese Tätigkeit erdet Sie hervorragend und schenkt Ihnen körperlich wie geistig innere Ruhe und Ausgeglichenheit.

Überprüfen Sie tagtäglich Ihre Gedankenmuster, da negative Gedanken ausgesprochene Energieräuber sind, wie Sie sicherlich schon selbst festgestellt haben. Wenn Sie morgens in den Spiegel sehen und schon wieder etwas zum Meckern suchen, dann werden Sie auch etwas finden, und dann sind Sie natürlich schlechter gelaunt, als wenn Sie etwas Gutes an sich gesucht und gefunden hätten. Auch sich ständig Sorgen zu machen oder fiktive Ängste zu nähren, ist nur das Ergebnis schlechter Gedanken. Diese bringen Sie nicht weiter, sondern vielmehr direkt nach unten, stimmungsmäßig und gesundheitlich gesehen.

Meiden Sie, soweit möglich, große Menschenansammlungen und halten Sie sich so kurz wie nur möglich an Orten auf, wo sich viele Personen bewegen. Dies sind Kaufhäuser, Einkaufszentren, Fußgängerzonen und öffentliche Verkehrsmittel, deren Vielzahl an wirren, negativen und unangenehmen Energien sich nachteilig für den Einzelnen auswirken. Sie kommen mit hoher Wahrscheinlichkeit ziemlich erschöpft zu Hause an, nachdem Sie in der Fußgängerzone Ihre Einkäufe erledig haben. Und nachdem Ihre Aura in den Geschäften schon reichlich geschwächt wurde, ist sie ein gefundenes Fressen für Viren und Bakterien, da diese nun leicht eindringen können und Ihnen damit zu allem Überfluss noch eine gehörige Erkältung mit auf den Heimweg geben.

Große Energieräuber sind auch die Veranstaltungen, die eigentlich unserem Vergnügen dienen sollen. Sensitiv veranlagte Menschen werden mir sicherlich zustimmen, dass man nach Massenveranstaltungen völlig ausgelaugt nach Hause zurückkehrt. Auf Volksfesten, in Bars oder Diskotheken, wo viel Alkohol und auch andere Drogen konsumiert werden, sind die besten Voraussetzungen dafür gegeben, dass durch den Konsum der unzuträglichen Substanzen der Körper geschädigt, das Immunsystem geschwächt, der Energiefluss in den Chakren gestört und die Aura geöffnet und durchlässig wird. Auch halten sich insbesondere an diesen Orten häufig erdgebundene Seelen auf, die gerne an die geöffnete Aura der trinkenden, feiernden Menschen andocken und ihnen Energie abziehen. Das kann so weit gehen, dass sich diese Seelen, die nicht den Übergang in das Jenseits geschafft haben, förmlich einen lebenden Menschen als Wirt suchen und ihm kontinuierlich Energie abziehen, was dieser als unerklärliche Erschöpfung und Verwirrung wahrnehmen kann.

Natürlich möchte ich nicht Angst und Schrecken schüren und Ihnen nahelegen, solchen Veranstaltungen künftig fernzubleiben. Ich möchte hier lediglich sagen, bei welchen Gelegenheiten üblicherweise Energieräuber zugange sind. Was Sie damit machen, liegt selbstverständlich ganz allein in Ihrer Verantwortung. Vielleicht trägt aber dieses Wissen dazu bei, dass Sie sich zukünftig bewusster vorwiegend an den Orten aufhalten, die Ihnen wirklich guttun und die Ihrem Wohlbefinden zuträglich sind.

Ein weiterer wichtiger Faktor, der leider stark schwächend auf unser sensibles Energiesystem einwirkt, ist auf den technischen Fortschritt zurückzuführen, der uns Geräte mit Elektrosmog oder starker Strahlung beschert. Diese sind in der Regel alles andere als gesund und förderlich für unser Wohlbefinden. Viele Menschen, die zum Beispiel in der Nähe von Windrädern oder Mobilfunkantennen leben, reagieren mit heftigen Schlafstörungen oder anderen Beschwerden. Natürlich wehren sich die Betreiber mit allen Mitteln dagegen, dass ein Zusammenhang bewiesen und publiziert wird. Dennoch gibt es bereits einige aussagekräftige Untersuchungen zu gesundheitsschädigenden Auswirkungen von technischen Geräten, die man im Internet nachlesen kann.

Natürlich können Sie sich nicht völlig der Umgebung von Mobilfunkantennen entziehen, insbesondere wenn Sie in der Stadt wohnen. Aber Sie können bei der Wohnungssuche durchaus darauf achten, dass der nächste Mast möglichst weit entfernt ist. Sie können vermeiden, das Mobiltelefon angeschaltet am Körper zu tragen. Sie können sich eine Strahlen abschirmende Handyhülle besorgen. Sie könnten sich zum Beispiel für zu Hause ein Telefon mit Kabel besorgen – die schnurlosen Äquivalente strahlen so stark, dass sie ohne Probleme Häuserwände durchdringen. Auch Babyfone sind aufgrund ihrer hohen Strahlung gerade nicht dafür geeignet, in der Nähe von empfindsamen Kinderköpfen positioniert zu werden. Es gibt inzwischen Geräte, die strahlungsreduziert und weit weniger schädlich sind.

Schalten Sie Ihr Handy so oft wie möglich aus, und lernen Sie es wieder zu genießen, die Freiheit zu haben, selbst zu entscheiden, wann Sie erreicht werden möchten. Nur das wenigste ist wirklich so wichtig, dass man ständig damit belästigt werden müsste. Das betrifft zum Beispiel auch die tägliche Flut an E-Mails, die uns fast im Minutentakt erreichen. Deswegen müssen wir sie ja nicht umgehend öffnen und lesen. Sie können das zum Beispiel auch nur zweimal am Tag machen, dann werden Sie nicht mehr ständig aus Ihren Tätigkeiten und der Konzentration auf den jetzigen Moment herausgerissen.

Viele Informationen unserer Zeit erweisen sich als sinn- und gehaltlos, sind demzufolge Energie- und Zeitverschwendung und stellen eine äußerst erfolgreiche Ablenkung davor dar, im Hier und Jetzt zu leben. Auch dieser Illusion müssten wir längst nicht mehr auf den Leim gehen, wenn wir endlich lernen würden, bewusster durch den Tag zu gehen. Der nächste Tag kommt zwar bestimmt, aber der heutige definitiv nie wieder. Das mag manchmal gut sein, aber oft auch sehr schade. Nur zu häufig erinnern wir uns mit Wehmut an die Tage, an denen alles traumhaft lief, denn man hätte gern mehr davon gehabt. Das Tragische dabei ist, dass wir dies meist erst im Nachhinein feststellen, anstatt den betreffenden Tag gleich voll und ganz auszukosten.

Vor diesem Hintergrund wird verständlich, dass die Redewendung „außer sich sein" durchaus ihre Berechtigung hat, wenn man nämlich versteht, dass man sich bei negativen Einflüssen schnell aus der inneren Mitte bringen lässt und damit die eigene Balance verliert, die Aura geschwächt und geöffnet wird und somit wertvolle Energie verlorengeht oder eben abgezapft wird.

Eine ganz besondere Fraktion an Energieräubern sind diejenigen Menschen, die sich, überspitzt formuliert, darauf spezialisiert haben, ihren Mitmenschen Energie abzusaugen. Das sind nicht unbedingt immer diejenigen, die man sowieso für unsympathisch hält und denen man fast automatisch schlechte Absichten unterstellt, oft sogar zu Unrecht. Nein, das sind manchmal genau die Menschen, die Ihnen besonders freundlich und nett begegnen und es vermeintlich gut mit Ihnen meinen. Das sind diejenigen, die sich immer höchst besorgt nach Ihrem Wohlbefinden erkundigen und sich innerlich des Lebens freuen, wenn Sie ihnen naiverweise mitteilen, dass es gerade nicht so gut läuft. Dann hat der Energieräuber genau das gefunden, was er gesucht hat: (energetisch) fette Beute! Dann wird er einlenken und nachhaken. Durch Ihr Erzählen, was alles so schlimm und traurig ist, öffnet sich Ihre Aura. Sie werden sich nach und nach schlechter fühlen, während es dem anderen von Sekunde zu Sekunde besser zu gehen scheint, da er sich die ganze Zeit bereits an Ihrer Energie labt, die er durch die geöffnete Aura hervorragend abzapfen kann. Das läuft natürlich auf energetischem Wege ab und ist nicht direkt sicht- und greifbar.

Wenn Sie anfangs schlauer gewesen wären, hätten Sie auf die Frage nach Ihrem Wohlbefinden mit einem „Prima!" reagiert, und dem anderen wäre nichts anderes übrig geblieben, als rasch seines Weges zu gehen, da er sozusagen „abgeblitzt" wäre. Was hätte es Ihnen geholfen, in diesem Fall Ihr Innerstes vor des Energieräubers Füße zu legen? Er hätte Ihnen sicherlich nicht geholfen, sondern eine Runde Mitgefühl geheuchelt, seine Beute geschnappt und sich aus dem Staub gemacht.

Ein absoluter Klassiker ist: „Du siehst heute aber schlecht / müde / angespannt aus!" Was glauben Sie, was dieser Spruch auslöst? Nichts außer Stress, Anspannung und schlechter Stimmung! Und damit wird letztendlich nur Ihr eigener Energielevel nach unten schnellen, auch wenn es Ihnen bis zu dieser Frage noch gut ging. Denn Sie erschrecken aufgrund der negativen Äußerung des Energieräubers, zweifeln kurz an sich selbst – Sie könnten ja vielleicht wirklich schlimm aussehen –, Ihre Aura wird schön durchlässig, und der Energieräuber stürzt sich auf Ihre gute, leckere Energie. Nein, nein! Dieser Illusion müssen Sie jetzt nicht mehr auf den Leim gehen.

Antworten Sie doch einfach auf solch eine durch und durch unhöfliche und unflätige Bemerkung mit: „Das habe ich mir auch schon länger von dir gedacht, aber aus Rücksicht nichts sagen wollen." Oder: „Du irrst dich total. Mir geht es so gut wie schon lange nicht mehr." Das wirkt garantiert! Probieren Sie es einmal aus. Sie müssen natürlich nicht lügen und können einfach auf solche Fragen mit einem „Es läuft alles bestens" reagieren, denn alles läuft bestens und verändert sich in jedem Moment, das Gute und das weniger Gute.

Wenn Menschen Kontakt miteinander haben – das muss keine direkte Begegnung sein, ein Telefonat genügt durchaus –, bilden sich sogenannte „ätherische Schnüre" zwischen den Aurakörpern der betreffenden Personen. Dies ist auch bei Kontakten der Fall, die nur von kurzer Weile sind, aber natürlich weit weniger ausgeprägt als zum Beispiel bei Beziehungen innerhalb der Familie und bei Partnerschaften, in denen sich sehr starke Verbindungen bilden, die oft auch nach einer Trennung weiterbestehen, sofern man sie nicht bewusst löst. Durch diese Schnüre fließt Energie von einem zum anderen Körper und zurück, bei stimmigen Kontakten ausgleichend, bei unzuträglichen Begegnungen destruktiv und abziehend. Daher ist es auch wichtig, diese Schnüre zu durchtrennen, wenn Sie nicht möchten, dass die andere Person sich energetisch an Ihnen bereichert.

Und da Sie nun um diese Vorgänge wissen, können Sie ab jetzt der Gefahr aus dem Weg gehen, sich anhand einer klitzekleinen Bemerkung von einem Familienmitglied aus der Fassung bringen und den Betreffenden damit in Ihre Aura eindringen zu lassen. Er (oder sie, das kann zum Beispiel Ihre Mutter oder Ihr Vater sein) wird bald davon ablassen, Sie anzugreifen, wenn er feststellen muss, dass seine bisherigen Mechanismen nicht mehr funktionieren und Sie nicht mehr so einfach aus dem Gleichgewicht zu bringen sind.

Vermeiden Sie längere Unterhaltungen und Telefonate mit Menschen, die energetisch abziehend auf Sie wirken. Sie können zukünftig solche Gespräche auf das Notwendige beschränken und sich schnell und höflich wieder verabschieden. Das wird Ihnen keiner übel nehmen, und Ihnen geht es damit besser.

Es ist meist nicht sehr sinnvoll, Energieräuber auf ihre abziehende Haltung aufmerksam zu machen – Sie werden mit hoher Wahrscheinlichkeit Unverständnis ernten.

Energieräuberisch veranlagte Menschen tun dies meist unbewusst, und solange sie niemand davon abhält, leben sie hervorragend damit und ändern natürlich nichts an ihrer Verhaltens- und Lebensweise, da sie ihnen viel zusätzliche Energie von außen beschert.

Sie selbst jedoch können etwas ändern, und zwar eben sich selbst. Damit meine ich Ihre Denk- und Handlungsmuster und Ihre Lebensführung. So werden Sie sich jetzt und zukünftig besser fühlen und sich nicht mehr so ohne Weiteres die Energie von wem oder was auch immer stehlen lassen.

Übung: Wie Sie Ihre Aura stärken und schützen können

Es gibt natürlich eine Vielzahl an energetischen Reinigungs- und Stärkungsritualen. Die Anwendung der genannten Möglichkeiten reicht aber durchaus aus, um sich energetisch zu schützen. Sie können sich selbstverständlich weitergehend informieren und auch andere Wege wählen. Letztendlich müssen

Sie für sich selbst entscheiden, welcher Weg Sie am meisten anspricht. Denn es wirkt immer das am besten, worauf man selbst positiv eingestellt und wofür man offen ist.

Durch eine zuträgliche Lebensweise
Versuchen Sie, sich langsam dahingehend umzustellen, dass Sie wieder Ihrer inneren Stimme folgen. Diese wird Ihnen sagen, was wirklich gut für Sie ist. Hören Sie zum Beispiel auf Ihren Bauch, ob er wirklich Hunger nach Essbarem hat oder ob Ihre Seele nach Liebe und Aufmerksamkeit hungert, und folgen Sie dem, was als innere Antwort kommt. Finden Sie nach und nach wieder zu einer maßvollen und gesunden Lebensführung. Gute, gesunde und abwechslungsreiche Kost, durchaus auch das Dessert, sollte wieder bewusst und mit Freude genossen werden. Lassen Sie zunehmend weg oder reduzieren Sie, was Ihnen bisher Unwohlsein beschert hat. Kinder haben meist noch eine sehr gute Intuition dafür, welche Nahrungsmittel ihnen guttun und welche nicht – sofern man ihnen nicht bereits eine unzuträgliche Lebensweise antrainiert hat; erschreckend viele Kinder haben heutzutage Übergewicht.

Achten Sie wieder mehr auf Ihren Körper, pflegen und verwöhnen Sie ihn. Er ist das Schiff für Ihre Seele und navigiert Sie durch dieses Leben. Ihr Auto und Ihr Segelboot überholen Sie doch auch in regelmäßigen Abständen, oder? Kontinuierliche Bewegung bringt Ihren Köper und Ihre Seele in Schwung, sofern sie nicht unter Druck und Zwang, sondern nach dem Lustprinzip erfolgt. Gehen Sie täglich mindestens einmal an die frische Luft, möglichst in der freien Natur, und tun Sie das so oft wie möglich. Denn universelle, vitale Lebensenergie ist vorwiegend und im größten Maße in der Natur vorhanden. Halten Sie Ihre Nase so oft wie möglich in die Sonne, da Sonnenlicht gute Laune beschert und nebenbei die Aura auflädt.

Bauen Sie sich feste, tägliche Ruhepausen ein, diese können auch ganz kurz sein. Bereits zehn Minuten genügen, um sich mit geschlossenen Augen entspannt zurückzulehnen und eine Szenerie zu visualisieren, die Sie glücklich macht. Stellen Sie sich zum Beispiel vor, wie Sie in der Sonne am Strand liegen und das Meeresrauschen auf sich wirken lassen. Oder geben Sie sich dem inneren Bild hin, wie Sie voller Freude auf dem Gipfel eines Berges stehen, die Arme ausbreiten, die Weite genießen und dazu tief ein- und ausatmen. Kurze, feste Rituale sind sehr wertvoll für unser Leben. Sie dienen uns als Oase, um in dieser hektischen Zeit regelmäßig innehalten und zur Ruhe kommen zu können. Innere Ruhe wirkt sehr stärkend auf die Aura. Sie können auch den Tag mit einem eigens kreierten Morgenritual beginnen und den Abend mit einem Gebet beschließen, wenn dies für Sie stimmig ist. Jeder hat hier andere Vorlieben und seinen eigenen Weg.

Achten Sie bewusst auf Ihren Atem und lernen Sie, wieder tief in den Unterbauch einzuatmen und dabei jede einzelne Zelle Ihres Körpers mit Sauerstoff anzureichern. Atmen Sie dabei durch die Nase ein, da diese die Luft durch die Flimmerhärchen filtert und säubert. Denn Luft, die durch den Mund kommt, gelangt voller Keime, Staub und anderem Schmutz ungefiltert in Ihre Atemwege. Das Ausatmen sollte kraftvoll vor sich gehen. Dabei können Sie die Luft durch die Nase oder auch durch den Mund ausströmen lassen und sich innerlich vorstellen, dass alle Sorgen und jeglicher Unrat Ihren Körper verlassen und Sie mit jedem Ein- und Ausatmen reiner und kraftvoller werden. Ihre Aura kann mit gezielten Atemtechniken, die zum Beispiel bei Meditationen erlernt und praktiziert werden, sogar um ein Vielfaches gestärkt und ausgedehnt werden.

Trainieren Sie Ihren Geist, indem Sie ihn von negativen Gedankenmustern reinigen und nach und nach zum positiven Denken übergehen. Lesen Sie interessante und lehrreiche Bücher, lernen Sie zum Beispiel eine Fremdsprache und gehen Sie kreativen Freizeitbeschäftigungen nach, anstatt vor dem Computer oder dem Fernseher hängen zu bleiben. Fangen Sie wieder zu leben an, bewusst und achtsam. Verabschieden Sie sich von unzuträglichen Gewohnheiten; einseitige Tagesabläufe lassen Sie auf Dauer einseitig und starr im Denken und Handeln werden. Werden Sie wieder ein bisschen wie ein Kind: Erfreuen Sie sich der Einfachheit, Heiterkeit, Leichtigkeit, Mühelosigkeit, Spontaneität und vergessen Sie nicht zu lachen. Das meiste ist nur so schwer, wie man es nimmt. Oscar Wilde hat treffend geschrieben: „Meiner Ansicht nach ist das Geheimnis des Lebens überhaupt, die Dinge sehr, sehr leicht zu nehmen."

Mit Räucherwerk und Klängen

Naturvölker haben unendlich altes und unschätzbar wertvolles Wissen, von dem auch wir in der heutigen Zeit noch profitieren können, wenn wir uns näher damit beschäftigen. Bei den Indianern werden nach wie vor Räucherzeremonien veranstaltet, um sich selbst und Orte von unzuträglichen Energien zu reinigen. Das Verbrennen von Salbei, Süßgras oder auch Weihrauch stellt eine sehr effektive Möglichkeit dar, das menschliche Aurafeld zu klären, die Heilung von Krankheiten zu fördern sowie Räumlichkeiten von negativen Energien und Wesenheiten zu befreien.

Wenn Sie ein Haus oder eine Wohnung beziehen, dann ist es sehr ratsam, im Vorfeld alle einzelnen Räume, aber auch das Grundstück mit Räucherwerk zu reinigen und damit von negativen Einwirkungen zu befreien, da diese Ihre körperliche und auch seelische Gesundheit stark beeinträchtigen. Auch das Räuchern Ihres Büros, soweit möglich, wäre dringend angebracht, da Sie dort tagtäglich viele Stunden verbringen und unzähligen energetischen Einwirkungen ausgesetzt sind, die Ihnen schaden können. Sie können jedoch auch weit weniger starke Duftstoffe in Form von Räucherstäbchen einsetzen, zum Beispiel Sandelholz, um Ihr eigenes energetisches Feld und die Energien in Ihrer privaten Umgebung einfach nur zu harmonisieren. Von der Verwendung von chemischen und synthetischen Düften rate ich dringend ab, da diese sich in Ihren Luftwegen und Ihrem Körper anreichern, nur schwer abgebaut werden und unter anderem starke chronische Kopfschmerzen auslösen können.

Ruhige, harmonische Musik oder auch tibetische Klangschalen stellen eine weitere sehr schöne Möglichkeit dar, um Ihre innere Balance wieder herzustellen und Ihre Aura zu stabilisieren. Vertrauen Sie bei der Auswahl der Musikstücke auf Ihre innere Stimme. Es versteht sich von selbst, dass ich hier keine Musik mit unruhigen Rhythmen und negativen Schwingungen meine. Tibetische Klangschalen sind das Produkt liebevoller Handarbeit, werden in der Regel nach Gewicht bezahlt und sind relativ kostspielig. Aber falls Sie sich einmal dieses Geschenk gönnen, dann werden Sie sicherlich lange Zeit Freude daran haben. Sie können die Klangschale auf das physische Energiezentrum stellen, das gerade am meisten Zuwendung und damit Kraft benötigt. Schlagen Sie entweder selbst mit einem Holzschlegel den Ton an, und genießen Sie, wie die Schwingungen den Körper harmonisieren, oder lassen Sie dies von einem Therapeuten durchführen. Sie können auch die Schale neben Ihr Ohr halten und sie nach dem Anschlagen langsam auf und ab bewegen, damit Sie die jeweiligen Ober- und Untertöne wahrnehmen können.

Mit Hilfe von Halbedelsteinen und Quarzkristallen
Halbedelsteine wie der Amethyst können das menschliche Auraenergiefeld aufladen, stärken und harmonisieren, indem man sie entweder in einen Ruheraum stellt, nah am Körper in der Hosentasche

trägt oder direkt in der Hand hält, idealerweise in beiden Händen zugleich. Der Rosenquarz hat die Fähigkeit, Strahlung und Elektrosmog zu absorbieren, sodass Sie ihn zum Beispiel als einen Schutzschirm vor Ihren Computer legen können, um sich nach der Arbeit weniger erschöpft und ausgelaugt zu fühlen.

Der Bergkristall ist einer der kraftvollsten Steine, um die menschliche Aura zu regenerieren. Als eines der effektivsten Mittel zur Aurastabilisierung kann hierbei der doppelendige Bergkristall angeführt werden, wenn Sie jeweils einen davon in jeder Ihrer Hände so halten, dass die Enden rechts und links nach außen zeigen. Sehr wichtig ist, die Steine regelmäßig zu reinigen, da sie negative Energien aufnehmen und sich damit anreichern. Es genügt, wenn Sie Ihre Steine einmal pro Woche für mindestens fünfzehn Minuten unter kaltes, fließendes Wasser legen – ideal wäre fließendes Quellwasser, aber der häusliche Wasserhahn erfüllt durchaus auch seinen Zweck, wenn er auch etwas mehr Zeit zum Reinigen der Steine benötigt. Bitte fügen Sie keine Zusätze wie Essig oder Seife bei, da diese die Steine zerstören. Nach dem Abspülen der Steine sollte man sie unabgetrocknet für mindestens eine Stunde in die Sonne legen, zum Beispiel auf dem Balkon oder Fensterbrett, damit sie sich über die Sonnenenergie wieder vollständig aufladen können.

Durch das Visualisieren einer energetischen Reinigung oder eines Schutzschildes

Wenn Sie sich völlig ausgelaugt und kraftlos fühlen, dann können Sie zum Beispiel eine „Lichtdusche" nehmen, um sich von negativen Schlacken zu reinigen und mit neuen, positiven Energien aufzuladen. Nehmen Sie sich dazu einige Minuten Zeit, und suchen Sie für diese Übung einen Raum auf, in dem Sie sich wohlfühlen und ungestört sind. Sie können die Übung stehend, sitzend, aber auch im Liegen machen, beispielsweise kurz bevor Sie einschlafen. Sie stellen sich dazu vor, dass Sie unter der Dusche oder unter einem Wasserfall stehen, aus denen weißes, lichtvolles Wasser strömt. Sie genießen es, wie dieses weiße Lichtwasser über Ihren Scheitel, das Gesicht, den Körper entlang, die Arme und Beine hinunterfließt und Sie von allem reinwäscht, was sich in Ihrem Geist und in Ihrem Körper an energetischen Giften und Abfällen angesammelt hat. Sie spüren, wie sich Zelle für Zelle all das herauslöst, was Sie belastet und bedrückt, und Sie freuen sich darüber, dass Sie nun all dies loslassen können. Das weiße, lichtvolle Wasser übersieht nichts und spült restlos alles weg, was Ihnen nicht zuträglich ist. Dieser energetische Abfall wird an Mutter Erde übergeben, die diesen gut transformieren kann.

Sie atmen durch die Nase tief ein und aus und geben sich dem Reinigungsprozess voll und ganz hin. Sie entspannen Ihren Geist und Ihren Körper und spüren, dass diese Dusche auch eine Wohltat für Ihre Seele ist. Die Dusche schwemmt nicht nur alles weg, was schädlich ist, sie lädt Sie gleichzeitig mit kraftvoller Lichtenergie auf, die Sie durch Ihre Haut, aber auch durch Ihren Atem aufnehmen. Bleiben Sie geistig so lange unter der Lichtdusche stehen, bis Sie das Gefühl haben, dass nun alles Belastende weg ist, Sie sich leicht und frei und gleichzeitig mit Kraft aufgetankt fühlen. Atmen Sie stetig bewusst durch die Nase tief in den Unterbauch ein, sodass er sich nach außen wölbt, und lassen Sie die Luft über die Nase oder den Mund wieder ausströmen. Geben Sie sich dafür so viel Zeit, wie Sie benötigen, und versinken Sie jedes Mal ein wenig mehr in der kleinen Pause, die entsteht, wenn alle Luft ausgeatmet ist, und die erst endet, wenn Sie wieder neu einatmen. Atmen Sie nun noch einmal bewusst Lichtenergie in jede Ihrer Zellen und entspannen Sie sich vollständig, während die Luft wieder ausströmt. Sie sind jetzt voller Freude und Kraft.

Eine weitere gute Möglichkeit, die Aura und damit sich selbst vor Energieraub zu schützen, ist der „geistige Spiegel". Wenn Sie zum Beispiel ein wichtiges Gespräch zu führen haben oder eines, das unangenehme Themen beinhaltet, dann können Sie einen Spiegel zwischen sich selbst und dem Gesprächspartner visualisieren. Der Gesprächspartner muss dabei auf die visualisierte Spiegelvorderseite blicken, Sie selbst befinden sich auf der Rückseite des Spiegels. Alle Energien, die der Gesprächspartner während der Unterhaltung aussendet, bewusst und unbewusst, können damit nicht in Ihre Aura eindringen, sondern werden sofort vom geistigen Spiegel an den

Sender zurückgesandt. Sie können sich auch in die Mitte einer mentalen Spiegelsäule stellen, sodass Sie von allen Seiten gleichzeitig geschützt sind. Das ist sehr sinnvoll, wenn Sie sich zum Beispiel in Menschenmengen bewegen, in einem Großraumbüro arbeiten müssen oder in einem Hörsaal sitzen. Bei allen Arten ist es wichtig, dass Sie die Visualisierung in gewissen Zeitabständen wiederholen, zum Beispiel alle drei Stunden oder eben wenn Sie merken, dass Sie sich schlechter fühlen, da sich dieser energetische Schutz mit der Zeit aufgrund der starken Einwirkungen abschwächt.

Durch das Visualisieren oder Rezitieren von Mantras

Mantras sind Sätze oder Wortfolgen, die singend oder sprechend wiederholt rezitiert werden. Die Klänge der Silben sowie auch die Wortfolge als Ganzes transportieren eine bestimmte energetische Schwingung und wirken damit unter anderem reinigend und transformierend auf die Aura des Praktizierenden. Im Hinduismus, im Buddhismus und auch in der Kabbala werden Mantras häufig verwendet, zum Beispiel als Teil einer Meditation oder als Gebet. Es gibt geheime Mantras, die zum Beispiel nur in speziellen Einweihungszeremonien vom Lehrer an den Schüler weitergegeben werden, und es gibt Mantras, die weitläufig bekannt sind und grundsätzlich von jedem angewandt werden dürfen. Die Kraft und Wirkung eines Mantras hängt mitunter davon ab, inwieweit der Praktizierende die erforderliche Geisteshaltung, Konzentration und Visualisierungskraft aufbringen kann, mit der die heiligen Silben wiederholt werden sollten.

Das erste Mantra des Reiki-Systems nach Mikao Usui ist ein solches „geheimes Mantra", das nur während einer Einweihung vom Reiki-Meister an dessen Schüler weitergegeben wird und das der Schüler nicht publik machen darf. Dieses erste Mantra, das sich aus drei Silben und einem Symbol zusammensetzt, birgt eine Vielzahl an Funktionen und Einsatzmöglichkeiten, die der Reiki-Anwender nach der Einweihung nutzen kann. So ist das erste Reiki-Symbol unter anderem sehr gut als Schutzmantra geeignet, indem man es geistig visualisiert und dazu wörtlich rezitiert. Dabei stellt die rezitierende Person dieses Mantra als visualisiertes Symbol zwischen sich selbst und andere Personen und wiederholt dazu lautlos die entsprechenden Silben.

Ein weiteres Mantra, das ursprünglich aus dem Sanskrit überliefert wurde und eines der ältesten Mantras des Buddhismus darstellt, ist das tibetische Mantra „OM MANI PEME HUNG", weitläufiger bekannt als „OM MANI PADME HUM". Im tibetischen Buddhismus steht dieses äußerst starke und wirkungsvolle Mantra für die grundlegende Geisteshaltung des tiefen Mitgefühls. Beim Rezitieren dieses Mantras, das aus sechs Silben besteht, ist es notwendig und unerlässlich, sich seiner grundlegenden Bedeutung bewusst zu werden. Die erste Silbe „OM" stellt an sich bereits ein eigenständiges Mantra dar, das im Buddhismus und Hinduismus eingesetzt und als heilig angesehen wird. Ihr Klang steht für den transzendenten Urklang und dessen Bedeutung für den Lebensfunken an sich. OM steht aber auch als dreigliedriges Symbol (AUM) für die hinduistischen Götter Vishnu, Shiva und Brahma sowie für die drei Ebenen des Körpers, der Rede und des Geistes beziehungsweise Bewusstseins des Praktizierenden und des Buddha im tibetischen Buddhismus. Das „OM" hat solch eine umfassende Bedeutung, dass man nur schwerlich in Worte fassen kann, was diese heilige Silbe im Gesamten repräsentiert.

Die nächsten beiden Silben „MANI" können mit „Juwel" oder „Diamant" übersetzt werden und stehen für den Weg, der als „Pfad der Methode" bezeichnet wird, um zur Erleuchtung zu gelangen. Dieser Weg, der im Buddhismus auch „weißer Pfad" genannt wird, beinhaltet die Tugenden des Mitgefühls und des uneigennützigen Erleuchtungsgeistes, anhand derer die Erleuchtung angestrebt wird. Dieser Pfad und diese Tugenden können im übertragenen Sinne als Juwel betrachtet werden, da sie der Wunscherfüllung dienen, gleichermaßen wie das Juwel oder der Diamant in der materiell orientierten Welt.

Die beiden Silben „PADME" stehen für „Lotos" und repräsentieren den „Pfad der Weisheit" als weitere Voraussetzung, den Weg zur Erleuchtung anstreben zu können, um letztendlich zur vollkommenen Erkenntnis und damit Einsicht in die Leerheit aller Phänomene zu gelangen.

So wie der „Pfad der Methode" und der „Pfad der Weisheit" in eine Einheit gebracht werden müssen, um die Erleuchtung erlangen zu können, steht die letzte Silbe „HUM", die „Unteilbarkeit" oder „Untrennbarkeit" bedeutet, dafür, dass Methode und Weisheit untrennbar miteinander verbunden sind. „HUM" dient damit noch einmal als Bekräftigung für das Vorhergehende und beschließt zudem mit dessen Klang das Mantra, so wie es mit dem Klang des „OM" eröffnet wurde.

Wenn Sie dieses Mantra anwenden möchten, sollten Sie sich erst einmal einstimmen und zum Beispiel mit einer kurzen Meditation innerlich zur Ruhe kommen. Setzen Sie sich entspannt hin, achten Sie auf einen geraden Rücken, eine tiefe, gleichmäßige Atmung, und schließen Sie die Augen. Visualisieren Sie das Mantra innerlich vor Ihrem dritten Auge (Stirnchakra), atmen Sie tief durch die Nase ein, und lassen Sie nun die heiligen Silben singend klangvoll ausströmen, während Sie ausatmen. Geben Sie sich dabei Ihrem eigenen Rhythmus hin und fließen Sie mit den Worten des Mantras. Wiederholen Sie das Mantra mindestens sieben Mal und lassen Sie es geistig nachklingen, wenn Sie zum Ende gekommen sind. Bedanken Sie sich innerlich für das Geschenk der heilenden Energien, die das Mantra Ihnen überbracht hat, und gehen Sie mit einem Lächeln in die Welt hinaus.

Durch das Bitten um die Hilfe der Engel
Wenn Sie sich zu Engeln hingezogen fühlen, dann können und sollten Sie diese unbedingt in Ihr Leben mit einbeziehen, da die Engel an Ihre Seite gestellt

worden sind, um Ihnen zu helfen. Dies dürfen sie jedoch nur, wenn Sie sie darum bitten und es ihnen damit gestatten. Andernfalls wäre es eine Einmischung und Manipulation seitens der Engel, denn wir Menschen haben von Gott den freien Willen mit auf den Weg bekommen, und dieser muss auch von allen Helfern Gottes respektiert werden, dies ist ein kosmisches Gesetz. Eine Ausnahme dabei stellen lediglich Notsituationen dar, in denen die Schutzengel ungefragt eingreifen dürfen, um zu unserem Besten wirken zu können. Im Kapitel „Wahrheit" war davon schon kurz die Rede.

Der stärkste energetische Schutz, den wir uns über unsere Engel erbitten können, ist derjenige von Erzengel Michael. Er ist der Erste und Oberste der Erzengelhierarchie. Er wird auf alten Gemälden oft mit einem Schwert dargestellt, da er auch als Kämpfer für Wahrheit und Gerechtigkeit auftritt. Das Schwert Michaels dient unter anderem auch dazu, ätherische Verbindungen zwischen Lebewesen zu durchtrennen, sofern diese es wünschen. Die Farbe, die Erzengel Michael repräsentiert, ist das Saphirblau. Daher verstärkt es Ihren Wunsch nach vollkommenem Schutz, wenn Sie die Farbe Saphirblau visualisieren, während Sie Erzengel Michael um Hilfe anrufen. Sie können entweder innerlich, leise oder auch laut nach Erzengel Michael rufen und ihn bitten, Sie vor allem Negativen zu beschützen. Folgen Sie dabei intuitiv Ihren eigenen Worten.

Sie können zum Beispiel sagen: „Erzengel Michael, bitte wirf deinen saphirblauen Schutzmantel über mich, sodass nur Liebe und Licht zu mir durchdringen können und alles andere fernbleibt!" Dies wird sofort geschehen, vertrauen Sie darauf. Sie können Erzengel Michael an jedem Ort und zu jeder Zeit um diesen Schutz bitten, er wird Ihnen gewährt. Jedoch sollten Sie auch diesen saphirblauen Schutzmantel von Zeit zu Zeit erneuern, genauso wie dies für die anderen energetischen Schutzschilder gilt.

Sie können auch täglich am Morgen Ihre Schutzengel um Beistand bitten und ihnen abends für ihre gute Arbeit danken, denn grundsätzlich alle Engel freuen sich sehr darüber, wenn Sie bewusst mit ihnen Kontakt aufnehmen und sie in Ihr Leben bitten.

Achtsamkeit

Verliere dich nicht in der falschen Sichtweise,
bewahre den Blick für das Jetzt.

Um nicht ziellos im Meer des Lebens dahinzutrudeln und unwiederbringlich von einer Welle verschluckt zu werden, ist es unerlässlich, stets Kraft dafür aufzuwenden, das Ruder in der Hand zu behalten, um das Boot steuern zu können, in dem man sitzt. Wir müssen uns dessen bewusst sein, dass das Beschreiten des Lebensweges bedeutet, auf den ersten Blick paradox erscheinende Handlungsweisen in eine Einheit zu bringen.

So sollten wir Menschen auf unsere innere Stimme hören, unseren Weg gehen und dabei beharrlich den Kurs halten, aber uns gleichzeitig den Wogen des Lebens hingeben können, um vertrauensvoll dem Fluss des Lebens zu folgen. Um hierbei nicht uns selbst und den Blick für das Wesentliche zu verlieren, müssen wir lernen, achtsam zu sein. Achtsam für das, was uns auf unserem Weg begegnet, und achtsam dafür, wie wir uns demgegenüber verhalten. Wir müssen flexibler und geschmeidiger werden, um nicht vom Leben gebrochen zu werden, und wir müssen stark und konzentriert bleiben, um nicht vom Weg abzukommen. Alles, was uns vom Weg abkommen lässt, ist Verlockung und Verführung, und alles, was uns von uns selbst entfernt, ist Abschweifung und Verwirrung. Alles in allem Verblendungen und Illusionen, denen unser Geist zum Opfer fällt, wenn wir nicht voll und ganz achtsam, wachsam, aufmerksam und gegenwärtig sind, in jedem einzelnen Moment! Das ist ein hoher Anspruch und ein schwer zu erreichendes Ziel, aber genau hier liegt der Schlüssel zu einem bewussten, wahrhaft glücklichen und erfüllten Leben.

Jeder „schreibt" seine eigene Lebensgeschichte

Alles, was wir ins Leben rufen, entspringt unserem Geist – in Form von Visionen, Wünschen, Ideen, Eingebungen, Gedanken, Gefühlen und Emotionen. Wenn wir es nicht schaffen, unseren Geist zu schulen, um den Geistesgiften wie Hass, Gier, Unwissenheit und vielen anderen Dämonen entgegenwirken zu können, sind wir schonungs- und hoffnungslos den Illusionen des Lebens ausgeliefert und werden uns in ihnen verlieren. Wenn wir den Geist als das erkennen, was er wirklich ist, und zwar eine allumfassende und unerschöpfliche Quelle allen Wissens und allen Seins, dann wird uns bewusst, dass wir den größtmöglichen Reichtum bereits in uns tragen. Wir können letztendlich inneren Frieden finden, indem wir aus dieser Quelle schöpfen.

Um unser inneres Gleichgewicht erreichen und wahren zu können und um es nicht gleich wieder zu verlieren, in dem Moment, in dem es sich eingestellt hat, ist es unerlässlich, uns in das Jetzt zu begeben und in jedem weiteren Moment unsere wahren Absichten zu hinterfragen. Nur wir selbst haben die Möglichkeit, unser eigenes Verhalten zu beeinflussen und damit allem neu zu begegnen. Was andere machen, ist im Grunde völlig unerheblich. Es liegt in unserer Hand, ob wir beispielsweise auf eine angriffslustige Bemerkung überhaupt reagieren oder einfach ruhig unsere Ansicht kundtun, uns nicht provozieren lassen und bei uns selbst bleiben, oder ob wir außer Rand und Band geraten und uns in einen handfesten Streit verwickeln lassen, der letztendlich niemandem nützt und nur Energie raubt.

Es muss uns klar werden, dass wir nicht unser Verstand sind, sondern dass der Verstand nur eines der Instrumente ist, die uns Menschen zur Verfügung stehen. Wir müssen erkennen, dass unser Verstand nicht unser Geist ist. Der Verstand ist ein äußerst begrenztes Instrument, mit dem wir Fakten zu einem Thema sammeln können, was in bestimmten Bereichen durchaus sinnvoll und notwendig ist. Doch der Verstand beurteilt und bewertet das, was er aus seiner speziellen Sicht wahrnimmt – innerhalb seines eigenen, kleinen, sehr eng gefassten Mikrokosmos. Wir müssen lernen zu unterscheiden, wie und wann wir den Verstand richtig einsetzen und nutzen, damit er uns dient und nicht wir zu seinem Diener werden. Wir müssen aus der weitläufigen Identifikation mit unserem Verstand heraustreten, um den Blick für das Wesentliche wieder zu erlangen, der weit über die Grenzen des Verstandes hinausgeht.

Die Zähmung und Schulung des Geistes

Um Dinge in ihrer Ganzheit und in ihrem universellen Zusammenhang betrachten und einsehen zu
können, ist unser Geist notwendig, der im Grunde
grenzenlos und allumfassend ist. Wir Menschen
müssen jedoch wissen, wie wir unseren Geist richtig
einsetzen und darüber hinaus im Zaum halten können, da er gerne zu Abschweifungen und destruktiven Vorstellungen neigt, genauso wie er zu größter
Erfüllung und zu höchster Erkenntnis und Einsicht
dienen kann.

Dazu ist es notwendig, den Geist zu schulen und
ihn zu erkunden, damit wir zum Beispiel antrainierte
Gedankenmuster entlarven können, die uns nicht zuträglich sind. Wir müssen wieder lernen, Illusionen
zu erkennen, um ihnen aus dem Weg gehen zu können. Und wir sollten durch eigene Erfahrungen subjektiv geprägte Emotionen wieder auf das ursprünglich zugrunde liegende Gefühl zurückführen können,
anstatt übersteigerte und unangemessene Handlungen folgen zu lassen, die niemandem dienlich sind.
Dazu ist Achtsamkeit notwendig, aber auch die feste
Absicht, niedere Antriebsfaktoren aufzudecken und
abzuschaffen sowie den Blick für das Wesentliche zu
erlangen und zu bewahren.

Der Weg zur Achtsamkeit

Achtsamkeit kann dazu dienen, sich auf eine bestimmte Thematik zu fokussieren und ohne Ablen-

kung konzentriert bei einem Objekt zu verweilen, wie es zum Beispiel bei der Meditationspraxis der Fall sein kann. Dies ist jedoch nur ein begrenzter Aspekt. Die Achtsamkeit, von der ich hier spreche, ist diejenige Achtsamkeit, die sich in einer völlig offenen geistigen Haltung entfaltet, welche ohne jegliche Anstrengung und dennoch aufmerksam alle Phänomene wahrnimmt, die im Körper, im Geist, aber auch in der Umwelt erscheinen und die jeweils alle miteinander in Aktion treten können.

Im Buddhismus stellt die Achtsamkeit eine Geisteshaltung dar, die einen sehr hohen Stellenwert einnimmt und mit Hilfe von Meditation geübt wird, wobei beispielsweise bereits das Gehen, Sitzen oder Ausführen von einfachen Arbeiten als Meditationsübung dienen kann. Um Achtsamkeit praktizieren zu können, muss man die Fähigkeit schulen, voll und ganz präsent zu sein, das heißt, in jedem einzelnen Moment gegenwärtig zu sein. Dies erfordert nicht nur einen hohen Grad an Wachsamkeit und Aufmerksamkeit, um nicht abzuschweifen oder Dinge zu übergehen. Dazu kommt noch eine Einstellung der Gelassenheit und des Gleichmuts, die man verinnerlichen muss, um Phänomene als „neutraler Beobachter" wahrnehmen zu können. Weder Bewertung noch Verurteilung haben hier ihren Platz. Es geht vielmehr um die reine Wahrnehmung, um das Gewahrsein aller Empfindungen des Körpers sowie des Geistes und seiner Produkte. Dazu gehören zum Beispiel nicht nur Gedanken, Gefühle, Wünsche oder Vorstellungen, sondern auch das eigene Verhalten in Form von Worten oder Handlungen, anhand derer man auf das Umfeld reagiert. Achtsamkeit beschränkt sich nicht nur auf den eigenen Seinszustand, sondern kann auch auf jegliche im Universum vorhandene Existenz gerichtet werden.

Wer ein Meister der Achtsamkeit ist, der ist sich jetzt und in jedem weiteren Augenblick vollkommen des eigenen Seins und des Seins aller Phänomene bewusst. Er erkennt die Fülle, die in jedem Moment liegt, und zugleich die Leerheit aller Phänomene. Dieses Erkennen geschieht als inneres Gefühl und blitzartig auftretende Einsicht, die einer kurzzeitigen Erleuchtung gleichkommt. Der Verstand spielt hierbei keinerlei Rolle; er ist zwar vorhanden, aber nicht in Aktion. Wenn man es schafft, bedingungslos im Hier und Jetzt zu sein, dann verweilt man in einem Zustand, der weder von einströmenden Gedanken noch von anderen Störfaktoren beeinflusst wird. Uns gelingt dies in der Regel nur in sehr kurzen Momenten, in denen wir einen kleinen Vorgeschmack davon erhaschen können, wie es ist, völlig eins mit dem Fluss des Lebens und dem Leben an sich zu sein. Dann sind wir in vollkommener Akzeptanz dessen, was ist.

Diese vollkommene Präsenz endet meist sehr schnell, und zwar sobald unsere Gedanken sich wieder einschalten und die Situation bewerten wollen – den Sonnenuntergang, das Rauschen des Meeres, das Prasseln des Regens, das Plätschern des Baches, den Duft des Lavendelfeldes. Dann sind wir schon nicht mehr eins mit dem Geschehen und mitten drin, sondern entfernen uns durch unsere Identifikation mit dem Ego, das sofort wieder dieses oder jenes will – fotografieren, etwas anhalten, etwas beschleunigen, etwas zurückdrehen. Das Ego möchte immer etwas verändern, also weg von der Akzeptanz dessen, was ist, denn die Gegenwärtigkeit ist der Tod für das kleine, niedere Ich. Wer wahrhafte Achtsamkeit praktiziert, der weiß, was vollkommene Präsenz bedeutet, der ist sich ganz und gar dessen bewusst, was ist, und der erkennt die wahre, göttliche Schönheit in allem Sein. Nicht die Schönheit, die wir aufgrund von Prägungen, Erfahrungen und Bewertungen als geistiges Etikett aufkleben, sondern die göttliche Schönheit, die allem ganz von allein innewohnt.

Achtsamkeit kann von jedem Menschen praktiziert werden. Es ist kein besonderer Bildungsstand oder Ausbildungsgrad erforderlich, dennoch ist es für den Einstieg einfacher, einem Lehrer zu folgen, der in dieser Disziplin weit reichende Erfahrung hat, da man schnell in die übliche Unbewusstheit und das trickreiche Ego hineinfällt, was man in der Regel erst spät, falls überhaupt, bemerkt. Wie schnell lassen wir uns aus dem Jetzt herausholen, indem wir unserem ständig rotierenden Gedankenkarussell folgen und in alte Muster zurückfallen! Wie leicht lassen wir uns zu einer Bemerkung hinreißen, die einer Situation unangemessen und an sich überflüssig ist!

Die Stärke eines klaren, geschulten Geistes birgt eine Präsenz, die einem die Freiheit gibt, innezuhalten und nicht mehr alles kommentieren und bewerten zu müssen, sondern etwas einfach sein lassen zu können. Wenn Sie im Alltag wirklich achtsam sind, dann werden Sie potenziellen Streit-, Ärger- und Angstfaktoren nicht mehr auflaufen und sich damit nicht mehr in ihnen verwickeln. Dann erkennen Sie zwar diese Fallen, aber Sie können sie am Wegesrand liegen lassen und als das ansehen, was sie sind: Illusionen. Sie können mit einem Lächeln des Erkennens vorbeigehen und sich des Lebens freuen.

Daran, wie häufig Sie in Streitigkeiten, Ärger, Stress und Kummer verwickelt sind, können Sie im Grunde erkennen, wie es um Ihre Achtsamkeit, Ihre Gegenwärtigkeit, Ihr Bewusstsein und damit um Ihre geistige Reife bestellt ist. Da kann einer Professor sein, sich einer guten Reputation erfreuen und dennoch kaltherzig, kleingeistig, hochmütig, streitsüchtig, Besitz ergreifend und rücksichtslos sein. Und da kann ein Hilfsarbeiter ein sehr einfaches, karges Leben führen und sich dennoch der wesentlichen Dinge im Leben bewusst sein, indem er ein großes Herz hat, hilfsbereit und mitfühlend ist, andere Menschen respektvoll behandelt, dankbar für sein Leben ist und dieses in Demut annimmt.

Wie können Sie erkennen, dass Sie achtsam, wachsam, aufmerksam und gegenwärtig sind? Wenn Sie es schaffen, so präsent zu sein, dass Sie fühlen, dass alles so in Ordnung ist, wie es gerade ist, dann werden Sie nicht mehr diese Frage stellen müssen, denn dann wissen Sie im tiefsten Inneren, dass Sie gegenwärtig sind. Dann spüren Sie, wie es ist, inneren Frieden gefunden zu haben, und zwar in jeder Lebenssituation. Dann kann trotzdem etwas Trauriges passieren und ein Abschied anstehen, aber dann werden Sie dies zulassen, annehmen und im Vertrauen geschehen lassen können, da Sie wissen, dass alles im Gleichgewicht, im Fluss ist und seinen Sinn hat. Traurig zu sein, gehört genauso zum Leben, wie von Begeisterung und Freude erfüllt zu sein, aber Sie werden sich nicht mehr hineinsteigern oder darin verlieren. Und Sie werden mit hoher Wahrscheinlichkeit die Schönheit des gegenwärtigen Moments genießen, anstatt diesen durch starres Festhalten an Ihrem unstillbaren Kummer über Vergangenes, das Sie sowieso nicht mehr ändern können, unbewusst an sich vorbeiziehen zu lassen.

Wenn Sie achtsam sind, dann werden Sie nach und nach Ihre unzuträglichen Gedanken- und Handlungsmuster erkennen, hinter sich lassen und durch neue, positive ersetzen können. Denn die alten Muster dienten bisher lediglich dazu, vergangene Dramen in die Gegenwart zu transportieren, um über Ihr Ego wieder neue, destruktive Szenarien zu verursachen, die sonst gar nicht mehr aufgetreten wären. Wenn Sie zu wahrhafter Achtsamkeit finden, dann werden Sie wirklich am Leben teilhaben. Dann werden Sie sich in jedem Moment dessen bewusst sein, dass Sie selbst ein Teil des Lebens sind und ein Teil des Flusses. Dann werden Sie nicht mehr ständig von einem Ufer an das andere geschleudert werden und den Rest der Zeit ängstlich umhertrudeln. Dann werden Sie in tiefem Vertrauen in sich ruhen, auch wenn der Fluss den Ozean betritt und sich unendlich ausdehnt. Dann werden auch Sie weit und offen dafür, was das Leben bringt, und sich jeder Welle hingeben können, in dem Wissen, dass Sie immer wieder nach oben getragen werden.

Übung: Bin ich wirklich achtsam?

1. *Holen Sie sich bitteStift und Papier und beantworten Sie spontan jede Frage, indem Sie Stichpunkte notieren. Es geht in dieser Übung nicht darum, was der andere vermeintlich falsch macht, sondern darum, wie Sie reagieren würden.*
2. *Lesen Sie erst dann die vorgegebenen Antwortmöglichkeiten a) bis d), wenn Sie Ihre eigenen Notizen abgeschlossen haben, und vergleichen Sie, welche davon Ihrer eigenen Antwort am meisten entspricht.*
3. *Fühlen Sie in sich hinein, inwieweit Ihre Reaktion achtsam gewesen wäre oder nicht.*
4. *Lesen Sie daraufhin die Kommentare aa) bis dd) zu den Antworten und überlegen Sie, wo noch alte Denk- und Handlungsmuster vorhanden sind und inwiefern Sie künftig gegenwärtiger reagieren könnten.*

1. Ein Fremder lässt eine beleidigende Bemerkung über Sie fallen. Wie reagieren Sie?

a) *Sie sind völlig entrüstet und schimpfen laut zurück in der festen Überzeugung, dass man diesem Idioten mal so richtig Bescheid geben muss.*

b) Sie schütteln nur den Kopf und gehen weiter in dem Gedanken, dass dies ein Verrückter und es sowieso nicht wert sei, dass man ihm antworte. Sie fühlen sich jedoch irgendwie betroffen und verletzt.

c) Sie sehen den Betroffenen für einen Moment an, atmen tief ein und aus, zögern kurz und gehen dann weiter.

d) Sie lachen geringschätzig und denken dabei, dass Sie über so einem Verhalten stehen und es nicht nötig haben, auf solch eine Dummheit zu reagieren. Sie gehen erhobenen Hauptes an dem Fremden vorbei.

aa) Ihr wahres, göttliches Ich bleibt im Grunde völlig intakt und unberührt, egal, was jemand zu Ihnen sagt; Ihnen ist dies jedoch noch nicht bewusst. Sie sind noch in Ihrer Unbewusstheit gefangen und mit Ihrem Ego verhaftet. So fühlt sich Ihr Ego durch die vermeintliche Beleidigung verletzt und reagiert dementsprechend aus dem Affekt heraus: mit Hilfe von Wichtigmacherei, Rechthaberei und Verurteilung des anderen, ohne um die näheren Umstände seines Verhaltens zu wissen. Sie lassen sich durch Ihre angesammelte Wut, die Sie unbedingt loslassen sollten, noch leicht anstacheln, provozieren und außer sich bringen.

bb) Sie tragen noch alte Verletzungen in sich und sind noch nicht im Reinen mit sich selbst. Sie akzeptieren noch nicht Ihre Stärken und

Schwächen. Eine völlig unwichtige Äußerung eines Fremden kann Sie daher leicht aus dem Gleichgewicht bringen und energetisch schwächen. Sie reagieren aus dem kleinen, verletzten inneren Ich heraus, das sich wehrt, indem es andere herabsetzt und verurteilt. Es gilt, Ihr niederes Ego sowie auch alte Ereignisse loszulassen, da diese verhindern, dass Sie im Hier und Jetzt sind und angemessen handeln können. Das Leben ist nicht gegen Sie gerichtet. Sie sollten Ihre Sichtweise ändern, denn die ist im Grunde gegen Sie gerichtet und nicht das Verhalten anderer, wie Sie irrtümlich denken.

cc) *Sie sind achtsam und haben bewusst aus dem Hier und Jetzt heraus auf die vermeintliche Provokation reagiert, indem Sie diese nicht für sich angenommen haben. Sie lassen sich nicht mehr so leicht durch die täglichen Prüfungen des Lebens aus dem Gleichgewicht bringen. Sie haben sehr geistesgegenwärtig reagiert und spontan eine Schutzfunktion aktiviert (auf den Atem achten und ihn vertiefen), damit man Ihnen nicht einfach Energie abzapfen kann.*

dd) *Sie sind noch sehr stark im niederen Ego verhaftet und haben Probleme mit der Akzeptanz Ihres Selbstwertes. So reagieren Sie mit Hochmut und Überheblichkeit aus dem kleinen Ego heraus, indem Sie den anderen herabzusetzen versuchen. Sie sollten dringend daran arbeiten, sich selbst liebevoll anzunehmen, damit Sie auch anderen gegenüber mitfühlender auftreten*

können. Sie sollten viel achtsamer und gegen-
wärtiger sein.

2. **Als Mann: Ihre Frau schimpft, dass Sie immer vergessen, von selbst den Müll rauszubringen. Wie reagieren Sie?**
   Als Frau: Ihr Mann schimpft, dass Sie seine Hausschuhe immer woanders hinräumen, als er sie abgestellt hat. Wie reagieren Sie?

a) *Sie erschrecken einen Moment über diesen Ausbruch, halten kurz inne, lächeln und umarmen sie / ihn.*

b) *Sie sind völlig verärgert und beleidigt, dass sie / er nun schon wieder etwas zum Meckern an Ihnen gefunden hat, und schimpfen lauthals zurück.*

c) *Sie grinsen innerlich und denken dabei, dass Sie das überhaupt nicht mehr ernst nehmen können.*

d) *Sie sind wütend und fest davon überzeugt, dass es nur dieses eine Mal so war und dass der Ausbruch völlig fehl am Platz ist.*

aa) *Sie sind großherzig, mitfühlend und tragen glücklicherweise eine gute Portion Humor in sich. Sie haben sich für einen kurzen Augenblick aus der Fassung bringen lassen, sind aber aufgrund Ihrer Achtsamkeit schnell wieder in die Gegenwärtigkeit zurückgekehrt und haben genau das gemacht, was der andere sich im Grunde wünschte: ernst genommen, rücksichtsvoll*

behandelt und vor allem geschätzt und wahrge-
nommen zu werden.

bb) Sie sind noch stark im Ego gefangen. Sie fühlen
sich aufgrund dessen wertlos, klein und verletzt
und schieben dies auf das Verhalten des anderen, anstatt an sich selbst zu arbeiten. Nur Sie
selbst haben Einfluss darauf, wie Sie sich fühlen. Wenn Sie es zulassen, dass andere Sie so
leicht beeinflussen können, dass Sie sich sofort
schlecht fühlen, dann müssen Sie sich ändern.
Gleiches mit Gleichem zu vergelten, führt zu
nichts außer zu weiterer Ansammlung gegen-
seitiger Verletzungen. Sie befinden sich in einer
Partnerschaft und sollten sich dies in jedem
Moment bewusst machen, damit Sie zukünftig
achtsamer auf die inneren Signale des anderen
reagieren und eingehen können, anstatt diese
abzuschmettern.

cc) Sie haben ein großes Ego und sind voller Hochmut und Verachtung dem anderen gegenüber.
Wo bleibt die Liebe? Die Liebe dem anderen
gegenüber und vor allem die Liebe sich selbst
gegenüber. Kehren Sie schnellstmöglich wieder
ins Hier und Jetzt zurück, und hören Sie wieder
viel mehr auf Ihr Herz!

dd) Sie reagieren auf alte Vorwürfen und Verletzungen; das bedeutet, Ihr Ego agiert aus dem kleinen, beleidigten inneren Kind heraus. Begeben
Sie sich in das Jetzt, es ist alles gut. Überlegen
Sie, inwiefern Sie dem anderen jetzt behilflich
sein können, und lassen Sie Vergangenes los.

3. Ihr Vater sagt Ihnen am Telefon, dass Sie immer noch wie ein Kind seien und schon damals nicht gewusst hätten, wie man sich angemessen benehme. Wie reagieren Sie?

a) *Sie entgegnen ihm, dass seine Ansichten längst überholt seien und dass er schon damals immer auf dem Stand von gestern gewesen sei.*

b) *Sie bitten ihn, sich einmal zu überlegen, warum er so etwas zu Ihnen sagt, und beenden höflich, aber bestimmt das Telefonat.*

c) *Sie geraten völlig außer sich, beschimpfen ihn laut und legen den Hörer auf.*

d) *Sie fühlen sich klein, schlecht und ungerecht behandelt und geben ihm die Schuld dafür.*

aa) *Sie reagieren unbewusst und aus dem Ego heraus. Sie agieren wie ein verletztes Kind und können Ihren Vater weder akzeptieren noch ihm Respekt entgegenbringen. Sie zeigen wenig Verständnis und flüchten sich in Trotz und Überheblichkeit, anstatt gegenwärtig zu sein und aufzuhorchen, was gerade wirklich geschieht. Sie halten immer noch an Ihren alten Verletzungen fest und reagieren damit aus dem Standpunkt der Vergangenheit und alten Verhaltensmustern heraus.*

bb) *Sie sind sehr achtsam und gegenwärtig. Sie sind im Hier und Jetzt geblieben und haben sich nicht aus der Fassung bringen lassen. Sie haben einen gesunden Selbstschutz-Mechanismus und lassen sich daher keine Energie absaugen. Das*

Telefonat konsequent zu beenden, um sich vor weiteren Angriffen zu schützen, war in diesem Fall eine gute Option.

cc) Sie sind noch stark im Ego gefangen und lassen sich leicht aus dem Gleichgewicht bringen. Das gibt dem anderen die Möglichkeit, Ihre Energie anzuzapfen. Sie verweilen noch in alten Verletzungen und sollten diese in Frieden loslassen, damit sie heute keine Macht mehr über Sie haben. Sonst reagieren Sie in ähnlichen Situationen weiterhin übertrieben. Lösen Sie Ihre Wut und angestauten Aggressionen auf, diese sind niemandem dienlich und können auf Dauer zu schweren Krankheiten führen. Schließen Sie Frieden mit sich und Ihrem Leben und gehen Sie friedlich auf andere zu. Werden Sie wieder herzlicher und liebevoller.

dd) Sie können sich nicht selbst in Liebe annehmen und haben ein großes Selbstwertdefizit. Sie lassen sich leicht in die Opferrolle hineindrängen und machen damit den anderen zum Täter. Schuldzuweisungen ändern nichts, machen nichts besser. Lernen Sie unbedingt, sich selbst und damit Ihrer Seele Gutes zu tun. Hören Sie auf Ihre Bedürfnisse und stehen Sie für sich ein. Sie sind es wert, geliebt zu werden, und Ihr Wert hängt nicht von der Meinung anderer ab. Sie sind gut, so wie Sie sind. Besinnen Sie sich wieder auf Ihr wahres, göttliches Ich, und lassen Sie das kleine, niedere Ego verhungern, indem Sie es nicht weiter mit Minderwertigkeitsgedanken nähren. Umarmen Sie sich geistig und beanspruchen Sie Ihren Platz im Leben.

4. **Ihr Chef drückt Ihnen eine unangenehme Aufgabe aufs Auge mit dem Kommentar, dass Sie genau die richtige Person dafür seien und den Auftrag sicherlich zu allseitiger Zufriedenheit erledigten. Wie reagieren Sie?**

a) *Sie sind außer sich vor Wut, schlucken dies jedoch herunter, heucheln Höflichkeit und überlegen, wie Sie diesem Tyrannen eins auswischen können.*

b) *Sie bedanken sich höflich dafür, dass man Sie so hoch schätzt, und antworten, dass Sie sich die Aufgabe erst einmal kurz ansehen möchten, um beurteilen zu können, ob Sie diese wirklich zufriedenstellend bearbeiten könnten. Nach einer Pause schlagen Sie ihm freundlich vor, dass man die Aufgabe im nächsten Meeting in einer gemeinsamen Runde besprechen und auf diese Weise gut lösen könne.*

c) *Sie lächeln den Chef an, sagen ihm, dass Sie eigentlich gar keine Zeit mehr für so etwas haben, und lassen die Aufgabe erst mal links liegen.*

d) *Sie sind stinksauer, verlassen zornig den Raum, erledigen die Aufgabe, weil Sie sich nichts nachsagen lassen wollen, und fühlen sich sehr schlecht.*

aa) *Sie haben ein großes Ego und eine Menge angestauter Wut in sich, was Ihnen selbst zu schaf-*

fen macht und auf Dauer gesundheitliche Schäden hervorrufen wird. Ihr Ego flüchtet sich in
Hass, Zorn und Berechnung, was letztendlich
nur Ihnen selbst schaden wird. Denn was Sie
anderen im Bösen wünschen, fällt einzig und
allein auf Sie selbst zurück. Verlassen Sie die
Enge, die Sie ganz allein aus kleingeistigen Gedanken geschaffen haben. Machen Sie sich wieder innerlich weit, und üben Sie sich nach und
nach in Gelassenheit und Gleichmut. Nähren
Sie Ihr Ego nicht mehr mit negativen Gedanken, sondern lassen Sie es sterben, indem Sie
sich ins Hier und Jetzt begeben. Machen Sie sich
mit dem Gedanken vertraut, dass Sie die Freiheit haben, in jeder Situation so zu reagieren,
als wäre es die erste Erfahrung. Lösen Sie alte,
negative Prägungen auf, indem Sie sich selbst
und anderen vergeben.

bb) Sie haben einen hohen geistigen Reifegrad und
sind sehr achtsam und gegenwärtig. Ihre Bitte
um Bedenkzeit und Ihr konstruktiver Vorschlag
zeugen von großer Weisheit. Ihr ernst gemein-
ter Dank für das vermeintliche Kompliment
deutet auf ein gesundes Selbstwertgefühl hin.
Sie haben sich weder aus Ihrer Mitte bringen,
noch Energie stehlen lassen. Bravo!

cc) Sie reagieren hochmütig und überheblich und
zeigen damit, welch großes Ego Sie vor sich
hertragen. Sie reagieren nicht nur unhöflich und
unangemessen. Sie verweigern mit Ihrer grundsätzlich ablehnenden Haltung die Möglichkeit

einer konstruktiven Zusammenarbeit. Sie müs-
sen dringend an sich arbeiten und Ihre wahren
Absichten hinterfragen, damit Ihr Leben in die
richtige Richtung laufen kann. Zynismus zeugt
von einer tiefen innerlichen Frustration. Von
beidem sollten Sie sich dringend verabschieden
und diese durch konstruktive Denk- und Ver-
haltensweisen ersetzen. Halten Sie so oft wie
möglich inne, und fühlen Sie, was es heißt, im
Hier und Jetzt zu sein. Öffnen Sie Ihr Herz.

dd) *Sie lassen sich zu leicht aus dem inneren Gleich-*
gewicht bringen und verschwenden Ihre Ener-
gie. Machen Sie sich mit energetischen Schutz-
mechanismen vertraut, damit man Sie nicht
mehr so leicht aus der Fassung bringen und
Ihnen Energie entziehen kann. Sie tragen eine
Menge Verletzungen und Aggressionen in sich,
die letztendlich nur Ihnen selbst schaden. Las-
sen Sie diese alten Wunden los, um inneren
Frieden finden zu können. Das Leben ist auf Ih-
rer Seite, wenn Sie sich dem Leben zuwenden.
Verabschieden Sie sich von dieser Haltung der
Enge. Machen Sie sich weit und geben Sie dem
Leben Raum, damit das Gute zu Ihnen kom-
men kann. Lassen Sie das niedere Ego hinter
sich. Es fühlt sich umso besser, je schlechter
und kleiner Sie sich fühlen. Verabschieden Sie
sich von Ihrem Ego, und fühlen Sie wieder, wie
wertvoll Sie wirklich sind. Ihr Selbstwert ist
völlig unabhängig von der Laune anderer, alles
andere ist eine Illusion! Horchen Sie in sich hin-

ein und fühlen Sie, wie JETZT das Leben fließt.
Sie sind ein Teil davon. Sie sind in Sicherheit.

Beständigkeit

Beständig unbeständig und unbeirrbar irrend,
so zeigt sich heute der Mensch.

Ihnen ist sicherlich auch schon aufgefallen, dass sich irgendwie alles wiederholt. Kurz vor Silvester stehen die guten Vorsätze hoch im Kurs. Im neuen Jahr werden wir dann mit Vorschlägen bombardiert, wie man die Vorsätze im Alltag umsetzen kann. Und schon sehr bald lesen wir überall, wie man seine Feiertagspfunde wieder schmelzen lassen und sich von schlechten Angewohnheiten lösen kann, da die guten Vorsätze längst wieder der Vergangenheit angehören. Wenn wir Menschen beharrliches Durchhaltevermögen beweisen, dann in der Haltung, stetig unbeständig zu sein. Wir wollen heute dies und morgen das. Übermorgen ist schon alles Schnee von gestern. Das mag seine guten Seiten haben und die Konjunktur kräftig am Laufen halten. Auf die Wahrung und Einhaltung ethischer Grundsätze und humanitärer Werte bezogen, führt es jedoch ins direkte Aus.

Es ist unerlässlich und existenziell, dass wir Menschen wieder lernen, uns entschlossen und kontinuierlich für das Gute einzusetzen. Für das Gute in uns selbst und das Gute in unserer gemeinsamen Welt. Alles, was sich im Großen an Negativität und Destruktivität offenbart, hat irgendwann im Geist eines

Einzelnen zu keimen begonnen und auf andere über-griffen, die dazu beigetragen haben, dass sich dieser schlechte Samen überhaupt vermehren und ins Unendliche wuchern konnte. Egal, was andere sagen und was gerade in Mode zu sein scheint, wir kommen nicht daran vorbei, unsere Absichten zu hinterfragen, die am Anfang all unserer Gedanken, Worte und Handlungen stehen. Am Ende unseres irdischen Lebens, an der Schwelle zum Übergang in die anderen Welten, werden wir uns verantworten müssen und alles, was wir zu geben haben, in die Waagschale werfen – und damit spreche ich nicht von ehrgeizig angehäuften materiellen Gütern, sondern von unendlich wertvollem, geistigem Gut, das wir uns standhaft bewahrt und durch intensive innere Arbeit vermehrt haben. Unsere Seele wird diejenigen Aufgaben ins nächste Leben mitnehmen, die wir in diesem Leben zu erfüllen versäumt haben – aufgrund von Unwissenheit, Unbeständigkeit, Unbewusstheit, Unachtsamkeit und aufgrund des Unvermögens, unseren negativen Triebkräften entgegenzuwirken.

Ein gutes Gewissen kann genauso wenig erkauft werden wie innerer Frieden und tief greifende Weisheit. Sie werden auch eine Weile ohne innere Arbeit durchs Leben kommen, aber Ihre Seelenaufgaben werden Sie immer wieder einholen. Sie werden – auch wenn die Orte und Personen wechseln – so lange und so häufig vor Ihre persönlichen Prüfungen gestellt, bis Sie diese gelöst haben. Schieben Sie diese auf oder versuchen Sie ihnen auszuweichen, so häuft sich jede einzelne Lernaufgabe zu einem regelrechten

Paket an, unter dessen Gewicht Sie zusammenbrechen können, was Sie unter Umständen mit Krankheit bezahlen werden. Wenn Sie die Aufgaben bis zu Ihrem Lebensende nicht gelöst haben, werden sie Ihnen im nächsten Leben als „alte Bekannte" wieder begegnen.

Meine spirituelle Lehrerin hat einmal einen Satz gesagt, der mir immer wieder einfällt und den ich als sehr wertvoll erachte: „Jede Krankheit ist heilbar, aber nicht jeder Mensch." Eine Aussage, über die es zu meditieren lohnt, damit man ihren wahren Gehalt verstehen kann.

Leben Sie im Einklang mit den kosmischen Gesetzen

Es führt kein Weg an den kosmischen Gesetzen vorbei, wie einfallsreich Sie auch immer sein mögen. Das Universum lässt sich nicht hinters Licht führen. Somit sollten Sie vertrauensvoll durchs Leben schreiten und Ihrer inneren Stimme folgen, aber zugleich unermüdlich und konsequent die Aufgaben meistern, die Ihnen auf Ihrem Weg begegnen.

Sie können sicher sein, dass Sie immer diejenigen Aufgaben erhalten, die Sie auch wirklich lösen können, auch wenn manches Problem auf den ersten Blick als unüberwindbar erscheint. Rückblickend stellt man meist fest, dass es doch einen Weg gab und dass man auf diesem einerseits geläutert, andererseits gestärkt wurde. Sie erhalten immer die Aufgaben, die dem geistigen Reifegrad entsprechen, den Sie gerade innehaben. Und Sie werden vor allem innerlich wachsen und reifen, wenn Sie Ihre Seelenaufgaben meistern. In der Lösung jeder einzelnen Aufgabe steckt eine geistige Botschaft, die sich als Geschenk in Form einer weiteren Erkenntnis offenbart. Wenn Sie heute über Situationen nachdenken, die Sie in der Vergangenheit völlig aus der Bahn geworfen haben, dann werden Sie jetzt dankbar feststellen, dass Sie dieses Thema heute mit einem Lächeln erledigen könnten.

Alles ist nur ein Test

Damit wir Menschen uns nicht in Hochmut, Überheblichkeit und anderen unzuträglichen Verhaltensweisen verlieren, hält das Universum stets kleine Überraschungs-Lernpäckchen bereit, die uns immer wieder auf den Boden der Tatsachen zurückholen und uns Demut üben lassen. Demut in Form von Dankbarkeit für die vielen kleinen und großen Geschenke, die uns das Leben täglich präsentiert, die wir aber in unserer Verblendung, Blasiertheit oder Unwissenheit nicht mehr erkennen und als das sehen können, was sie wirklich sind, nämlich Wunder: das Glitzern des Schnees in der Sonne, das Wiegen der Bäume und das Rascheln der Blätter im Wind, das Lied eines Vogels, das ehrliche Lächeln eines herzlichen Menschen und die Tatsache, dass jeder von uns alle Möglichkeiten in sich trägt, sein Leben als eine große Chance zu sehen, zu nutzen und zu erfahren.

Das, was uns in Wirklichkeit immer wieder Kummer bereitet, ist weniger das Leben selbst mit seiner natürlichen Abfolge an Höhen und Tiefen, sondern unser Ego – mit seinen Hirngespinsten, seiner Gier nach mehr, seinem Festhaltenwollen an Unmöglichem und seinem Hadern mit dem Jetzt –, genauer betrachtet ein Fass ohne Boden. Wenn wir das erkennen und die Einsicht vertiefen würden, dass das Glück in der richtigen Sichtweise der Dinge liegt und wir dem gegenüber, was uns das Leben offenbart, Maß halten könnten, dann würden wir ein glückliches und erfülltes Leben haben.

Das Problem unserer Unzufriedenheit und unseres ständigen inneren Kampfes liegt im Grunde in der menschlichen Neigung, sich den negativen Denk- und Verhaltensweisen hinzugeben. Ein ausufernder Geist, ein schwacher Körper, eine durch Selbstverurteilung gebeutelte Seele, und schon landen wir wieder im Sumpf des Leidens und des Verderbens. Wir Menschen wissen im Grunde um die Gefahren schlechter Gedanken, die verletzende Worte und destruktive Handlungen folgen lassen, und dennoch geben wir dem immer wieder nach. Um aus dieser fatalen Spirale der negativen Gedanken, Worte und Taten ausbrechen zu können, müssen wir Menschen an uns arbeiten. Und das nicht nur einmal oder hin und wieder, sondern kontinuierlich, in fest entschlossener, konsequenter, unermüdlicher und nahezu hartnäckiger Beständigkeit.

Ärmel hochkrempeln, anpacken und zielsicher durchhalten – Beständigkeit zahlt sich aus.

Wir müssen wieder lernen, Eigenschaften wie Willensstärke, Ausgewogenheit, Beharrlichkeit, Standhaftigkeit, Ernsthaftigkeit, Geduld und Durchhaltevermögen mit wahrhaft positiven Zielen in Verbindung zu bringen und diese zu verwirklichen. Wir sollten stets unsere Absicht hinterfragen, die hinter allem steht, und diese gegebenenfalls korrigieren. Wir sollten wieder das Verlangen in uns entdecken und stärken, positiv zu denken und zu wirken. Wir sollten wieder die Lust am Leben in uns wecken. Und wir sollten wieder lernen, standhafter und ausgeglichener zu sein, um die unbeschreiblich große Freude erleben zu können, die im Gleichmut und in der Ausgewogenheit liegt. Sie können natürlich Tag für Tag drei Kilo Kaviar und drei Liter Champagner zu sich nehmen, sofern Sie die finanziellen Mittel und die Lust dazu haben. Nach spätestens drei Tagen werden Sie sich jedoch übergeben, und drei Wochen später würden Sie immer noch Ekel und Abscheu empfinden, wenn Sie dies weiterhin vorgesetzt bekämen.

Maß zu halten oder auch einmal nein zu sagen, bedeutet, eine große Freiheit zu besitzen: die Freiheit, sich nicht mehr in alles verwickeln zu lassen, und die Freiheit, sich nicht mehr von allem blenden zu lassen; die Freiheit, seine Grenzen zu akzeptieren und sich deshalb nur so viel zu gönnen, wie einem guttut und wahrhaft zuträglich ist, körperlich, geistig und seelisch; und das, was man sich an geistigem Gut erarbeitet hat, durch kontinuierliche Übung zu festigen, zu schützen und auszubauen.

Stolpersteine auf dem Weg zur Beständigkeit

Wir Menschen haben immer mal wieder einen positiven Gedanken, tun hin und wieder Gutes und sind voller guter Vorsätze. Aber was uns fehlt, ist die Beständigkeit, dies entschlossen durchzusetzen und dauerhaft weiterzuführen. Es hilft nichts, wenn Sie an einem guten Tag unzählige Samen in die Erde setzen und zwei Wochen später in schlechter Verfassung auf den jungen Pflänzchen herumtrampeln. Sie müssen die Samen auch hüten und pflegen und ihnen die notwendige Zeit und das Vertrauen schenken, damit sie wachsen und gedeihen können.

Ein sehr guter Gedanke, der heute auf verschiedenen Gebieten Anwendung findet, ist das Konzept der Nachhaltigkeit. So wie die Nutzung der Natur und das Funktionieren von Wirtschaft und Gesellschaft auf eine Art und Weise ausgerichtet sein muss, dass diese dauerhaft bestehen und gedeihen können, so sollte auch der einzelne Mensch sein überaus komplexes, energetisches System – nämlich sich selbst – nachhaltig schützen, weiterentwickeln und grundlegend verantwortungsvoll behandeln.

Dazu müssen wir endlich aufwachen und uns aufrütteln, um uns aus den Fängen der Trägheit befreien zu können, die uns Menschen vor dem Fernseher und Computer versacken lässt, während das wahre Leben an uns vorbeiläuft. Dazu müssen wir wieder lernen, mit Hingabe und Begeisterung in das Leben einzutauchen, um es wahrhaft zu erfahren. Dazu müssen wir wieder unsere Sinne schulen, um aus dieser stumpfsinnigen und dumpfen Haltung auszubrechen, die lediglich eine Gesellschaft aus rücksichtslosen Egomanen heranreifen lässt.

Darüber zu lesen und zu reden, wie man Gutes denkt, spricht und in die Tat umsetzt, ist das eine. Aber es wirklich zu tun und am eigenen Leibe zu spüren, wie es sich anfühlt, wenn etwas richtig ist, das ist etwas völlig anderes. Denn die entschlossene Umsetzung der Theorie in die Praxis ist die einzige Möglichkeit, um zu erkennen, ob wir unsere Lektionen wirklich gelernt haben und im Alltag einbringen können, anstatt nur zu lamentieren und sich aus Angst von allem fernzuhalten. Natürlich wird jeder Mensch, der auf dem spirituellen Weg voranschreitet, mitunter auch aus Furcht vor den karmischen Konsequenzen den einen oder anderen vorhersehbaren Fehler unterlassen. Aber letztendlich dient auch diese unterlassene Handlung der Verwirklichung des Guten, selbst wenn die Antriebsfaktoren der Ängstlichkeit entspringen und nicht dem guten Willen an sich.

Letztendlich sollten wir dahin kommen, eine Geisteshaltung zu leben, die von Mitgefühl, Achtsamkeit, Weisheit, Urvertrauen und Beständigkeit getragen ist. Doch wir müssen uns zuerst der Störanfälligkeit des sensiblen menschlichen Systems bewusst werden, um Fehler wachsam aufspüren, geistesgegenwärtig erkennen und hartnäckig ausmerzen zu können, damit es rund und harmonisch läuft.

Aller Anfang ist bekanntermaßen schwer, genauso wenn man zum Beispiel Klavier spielen oder Tango tanzen lernt. Der Geist ist unser eigenes Instrument, das wir nur beherrschen werden, wenn wir beständig üben. Doch nach und nach wird derjenige Mensch, der mit gesunder Willensstärke, Entschlossenheit, Standhaftigkeit und Geduld redlich und unermüdlich Beständigkeit praktiziert, zunehmend Freude daran finden, die leckeren Früchte seiner Saat zu ernten. Denn er kann sich vertrauensvoll der Gewissheit hingeben, dass seine Geradlinigkeit und sein Durchhaltevermögen zum Ziel führen werden. Und welcher Mensch strebt nicht danach, inneren Frieden, Glückseligkeit und tiefe Zufriedenheit zu finden?

Wie Sie Beständigkeit üben und in Ihr Leben integrieren können

Natürlich gibt es weder ein allgemeingültiges Rezept noch ein Allheilmittel, das man sich mal schnell in der Apotheke um die Ecke besorgt, um noch heute ein durch und durch verantwortungsbewusster und beständiger Mensch zu werden. Und doch können Sie bereits heute damit beginnen, den Grundstein dafür zu legen, dass sich Ihr Leben in eine positive Richtung wenden wird. Sie können jederzeit die Entscheidung fällen, ein besserer Mensch zu werden. Sofern Sie diesen Entschluss jetzt fassen und beständig an sich arbeiten, werden sich bereits heute die ersten klitzekleinen Erfolge einstellen. Wenn Sie achtsam sind, werden Sie diese bemerken. Aber Sie müssen dauerhaft an sich arbeiten, um auch langfristige Erfolge zu erzielen.

Sie können sich beispielsweise einen Kalender anlegen und darin notieren, was Sie sich kurz-, mittel- und langfristig für sich selbst und Ihr Leben wünschen, und immer wieder abhaken, was Sie bereits verwirklichen konnten. Sie können ein Tagebuch führen, um zum Beispiel Monat für Monat rückwirkend zu sehen, ob und inwieweit Sie Fortschritte gemacht haben. Es gibt eine Reihe von Möglichkeiten, um sich gezielt beobachten und daraus resümieren zu können, was sich im eigenen Leben getan hat. Doch allen gemeinsam ist die Voraussetzung, dass man, welches Mittel man auch immer dazu wählt, dieses beständig fortführt. Welchen Weg Sie in Ihrem Leben einschlagen, ist völlig allein Ihre Entscheidung, und wie Sie ihn beschreiten, liegt allein in Ihrer Hand.

Abschließende Übung

Um von der Theorie in die Praxis überzugehen, bitte ich Sie nun, die jeweiligen Themen dieses Buches zu rekapitulieren, um sich deren tiefere Botschaften noch einmal zu vergegenwärtigen und die daraus folgenden Einsichten für sich selbst kontinuierlich im Alltag umsetzen zu können:

Lesen Sie dazu folgende Fragestellungen offen und achtsam durch. Die Fragen sind gemäß den 17 Kapiteln des Buches angeordnet und dienen dazu, die jeweils tiefere Botschaft, die dahinter steckt, noch einmal bewusst hervorzuholen. Sie sollten sich wirklich Zeit für diese Übung nehmen, damit Sie die im Buch gewonnenen Einsichten fruchtbar für Ihr eigenes Leben anwenden können. Fühlen Sie in sich hinein, was jede Frage in Ihnen auslöst. Sehen Sie sich jedes einzelne Gefühl und jeden Gedanken an, der sich dazu auftut – ohne jegliche Bewertung.

Vielleicht erkennen Sie noch alte Konditionierungen – man fällt nur allzu schnell in seine alten Denk- und Verhaltensmuster zurück, wenn man nicht stetig und konsequent übt, neu gewonnene Erkenntnisse „in Fleisch und Blut" übergehen zu lassen –, oder sehen Sie die jeweiligen Fragen JETZT in einem anderen Licht als vor der Lektüre des Buches?

Würden Sie die Fragen heute anders beantworten, nachdem Ihnen einige Illusionen bewusst und diese als Täuschung entlarvt wurden?

Sie können zum Beispiel jeden Tag ein Kapitel bearbeiten, um nicht zu schnell und oberflächlich vorzugehen, denn sonst verpuffen die wertvollen Informationen, die Sie anhand dieser Übung noch einmal herausfiltern können.

Sollten Sie feststellen, dass Ihnen das eine oder andere noch nicht richtig bewusst geworden ist oder dass sich weitere Fragen auftun, die Sie vielmehr verwirren, anstatt Ihnen Selbstsicherheit zu geben, indem sie sich sozusagen intuitiv von selbst beantworten, dann rate ich Ihnen, das dazugehörige Kapitel noch einmal ausführlich durchzuarbeiten.

Diese Übung soll nicht darauf abzielen, die vermeintlich „richtige" Antwort zu erraten, weshalb es auch keine Seite mit der „Auflösung" gibt, etwa wie bei einem Rätsel. Diese Übung soll Sie vielmehr darin schulen, diverse Inhalte aus einem erweiterten Horizont heraus zu sehen und zu fühlen, um daraus neue Einsichten zu gewinnen, die Ihnen wiederum neue Möglichkeiten bieten, anders denken, andere Worte wählen und hoffentlich positiver handeln zu können, als es bisher der Fall war.

Das Ziel ist, dass Sie lernen, im JETZT zu leben und aus dem Jetzt heraus zu agieren, völlig gegenwärtig und ohne jegliche Konditionierungen. Dann sind Sie im vollen Bewusstsein und in der vollkommenen Achtsamkeit, dann sind Sie im Leben wirklich angekommen. Dann LEBEN Sie und werden nicht gelebt. Dann fühlen Sie sich glücklich, frei und sicher. Dann SIND Sie das göttliche Wesen, das Sie im Grunde nur wieder entdecken müssen, weil es von zahllosen Illusionen verschleiert wurde!

1. Spiritualität

- Stellen Sie sich ganz bewusst die Frage, welche geistige Grundhaltung Sie in Bezug auf das Leben an sich eingenommen haben.
- Finden Sie persönlich Zuflucht in der Zugehörigkeit zu einer Religion, einer anderen Glaubensgemeinschaft oder einer speziellen Ideologie?
- Überprüfen Sie immer wieder für sich, ob Sie deren Inhalte wirklich erfasst haben und inwiefern diese hilfreich und praktisch in Ihr Leben einfließen können?

- *Hinterfragen Sie regelmäßig, ob die Inhalte, an denen Sie sich orientieren, wirklich konstruktiv und positiv sind und ob Sie sich gegebenenfalls andere, zuträglichere suchen sollten?*
- *Halten Sie es überhaupt für möglich, dass es etwas gibt, das außerhalb Ihrer individuellen Wahrnehmungsmöglichkeiten existiert?*
- *Können Sie sich dafür öffnen und ohne Bewertung Phänomene zulassen, die nicht mit dem Verstand zu erfassen sind?*
- *Können Sie die Toleranz aufbringen und akzeptieren, dass andere Menschen Überzeugungen haben, die von Ihren stark abweichen?*
- *Ist Ihre aktuelle Lebenseinstellung den heutigen Gegebenheiten noch angemessen oder müssen Sie ernsthaft hinterfragen, inwiefern Sie mit einer revidierten Einstellung ein besseres und vor allem wahrhaftigeres Leben führen könnten?*
- *Sind Sie bereit, stetig an sich selbst zu arbeiten, um geistig wachsen zu können?*

2. Jetzt

- *Ist Ihnen bewusst, dass Zeit ein Maß ist, das wir Menschen uns selbst auferlegt haben?*
- *Fühlen Sie sich häufig unter Zeitdruck?*
- *Ist Ihnen klar, dass Ihnen die Zeit im Grunde nur dann fehlt, wenn Sie sich zu großen, starren oder falschen Erwartungen hingegeben haben?*
- *Können Sie die Aussage nachvollziehen, dass*

Sie in Wirklichkeit immer so viel Zeit haben,
wie Sie tatsächlich benötigen?
- Haben Sie auch den Eindruck, dass die Zeit
immer schneller voranschreitet?
- Kommen Sie sich manchmal wie ein Hamster in
einem Laufrad vor?
- Haben Sie hin und wieder den Eindruck, dass
die Zeit nicht zu vergehen scheint?
- Kennen Sie das Gefühl, wie es ist, im Fluss mit
dem Leben zu sein?
- Können Sie sich dem Fluss des Lebens
vertrauensvoll hingeben?

3. Ordnung
- Ist Ordnung in Ihren Augen nur etwas für
Spießer?
- Halten Sie sich für besonders intelligent, weil
Sie auch bei Unordnung den Überblick haben?
- Geraten Sie oft in Schwierigkeiten, weil Sie den
Überblick verlieren?
- Können Sie sich schwer organisieren?
- Macht es Ihnen Mühe, für Ordnung zu sorgen
oder diese beizubehalten?
- Haben Sie schon einmal versucht, Ihre
Gedanken in Ordnung zu bringen?
- Fühlen Sie sich nur wohl, wenn Ordnung um
Sie herum herrscht?
- Fühlen Sie sich nur im Chaos wohl?
- Können Sie gut mit ungeklärten Situationen
leben, oder benötigen Sie schnell Klarheit?
- Konsumieren Sie regelmäßig Zigaretten,

310

Alkohol oder stärkere Drogen, um sich in einen anderen, vermeintlich angenehmeren Zustand zu bringen?

- Ist Ihnen bewusst, dass dies nur Fluchten davor sind, klar zu sehen?
- Fällt es Ihnen oft schwer, einen guten Vorsatz in die Tat umzusetzen?
- Was bremst Sie innerlich, sich zu ändern?
- Können Sie nachvollziehen, dass innere Ordnung auch Ordnung im Außen nach sich zieht und umgekehrt?

4. Angst

- Was macht Ihnen immer wieder Angst?
- Erkennen Sie wiederkehrende Gedankenmuster, die zu Angstgefühlen führen?
- Steigern Sie sich häufig in Angstvorstellungen hinein?
- Ist Ihnen bewusst, dass Angst in der Regel ein gedankliches Konstrukt ist?
- Ist Ihnen bewusst, dass Sie mit Angstgedanken genau das anziehen, was Sie befürchten?
- Haben Sie schon einmal den Gedanken gehegt, dass es ganz einfach sein kann, seine Angst einfach fallen zu lassen?
- Haben Sie schon einmal versucht, Ihre Angst ganz genau anzusehen und sie zu fragen, was sie Ihnen sagen möchte?
- Können Sie Ihren Ängsten ins Auge blicken, in dem Bewusstsein, dass Sie genauso stark sind, wie Sie sich selbst sehen?

- *Haben Sie schon einmal versucht, einfach durch Ihre Angst hindurchzugehen?*
- *Haben Sie schon einmal versucht, Ihre Angst einfach mal nur zuzulassen, zu beobachten und dabei innerlich ganz weich zu werden?*
- *Warum haben andere Menschen andere Ängste?*
- *Können Sie die Aussage nachvollziehen, dass Angst die Abwesenheit von Vertrauen und Liebe ist?*

5. Gedanken

- *Haben Sie sich schon einmal bewusst gemacht, wie viele Gedanken Ihnen tagtäglich durch den Kopf gehen?*
- *Haben Sie schon einmal beobachtet, wie viele Gedanken davon positiv und wie viele negativ sind?*
- *Stellen Sie fest, dass Sie sich gerne in Gedanken verwickeln lassen?*
- *Ist Ihnen bewusst, dass Sie durchaus Einfluss darauf haben, was Sie denken?*
- *Passiert es Ihnen auch immer wieder, dass Sie sich mit Ihren Gedanken identifizieren?*
- *Ist Ihnen klar, dass in dem Moment, in dem ein Gedanke eintritt, Ihre Gegenwärtigkeit mit dem Jetzt endet?*
- *Können Sie verstehen, dass der Gedanke Sie vor dem Verschmelzen mit dem Moment abhält?*
- *Haben Sie schon einmal erlebt, wie gut es*

sich anfühlt, für einen Moment völlig ohne
Gedanken zu sein?

- *Finden Sie einmal für sich heraus, wie*
  erleichternd es sein kann, jegliche Gedanken
  einfach vorbeiziehen zu lassen.
- *Können Sie die Aussage nachvollziehen, dass*
  alles mit einem Gedanken beginnt?

6. Wünsche

- *Haben Sie viele Wünsche?*
- *Sind Sie häufig unzufrieden mit Ihrem Leben?*
- *Warum sind Sie unglücklich?*
- *Sind Sie für längere Zeit voller Freude, wenn*
  sich einer Ihrer Wünsche erfüllt hat, oder sind
  Sie dann schon wieder auf der Suche nach der
  nächsten Herausforderung?
- *Können Sie sich vorstellen, wie Sie sich fühlen*
  würden, wenn alle Ihre Wünsche jetzt erfüllt
  wären?
- *Glauben Sie, dass es überhaupt möglich ist, alle*
  Wünsche eines Menschen zu erfüllen?
- *Können Sie sich leicht von einem Wunsch*
  verabschieden, ihn loslassen?
- *Haben Sie schon einmal festgestellt, dass*
  sich ein erfüllter Wunsch hinterher als Bürde
  herausgestellt hat?
- *Machen Sie sich bei jedem Wunsch*
  Gedanken darüber, welche Konsequenzen die
  Wunscherfüllung nach sich ziehen kann?
- *Könnten Sie auch ohne die Erfüllung des einen*
  oder anderen Wunsches glücklich sein?

- *Was sind eigentlich Wünsche? Bloße Gedanken? Unbefriedigte Bedürfnisse?*
- *Fehlt es Ihnen wirklich an etwas?*
- *Warum fühlen Sie sich unglücklich, wenn etwas Bestimmtes nicht eintritt?*
- *Hängt Ihr Glück wirklich von der Erfüllung bestimmter Wünsche ab?*
- *Was hält Sie jetzt, in diesem Moment, davor ab, glücklich und zufrieden zu sein?*

7. Toleranz

- *Haben Sie die Angewohnheit, alles sofort zu bewerten, was Ihnen begegnet?*
- *Aus welcher Haltung heraus, meinen Sie, bewerten zu können?*
- *Meinen Sie, das Recht zu haben, alles und jeden bewerten und beurteilen zu dürfen?*
- *Fühlen Sie sich besser, wenn Sie jemanden oder etwas bewertet und eingeordnet haben?*
- *Können Sie überhaupt einen Menschen oder eine Sache in Ihrer Ganzheit erfassen?*
- *Was glauben Sie, was das Maß aller Dinge ist?*
- *Fällt es Ihnen schwer, jemanden oder etwas einfach so anzunehmen?*
- *Fühlen Sie sich schnell über- oder unterlegen?*
- *Wie fühlen Sie sich, wenn jemand Sie verurteilt?*
- *Sind Sie flexibel, und können Sie sich leicht auf neue Menschen oder Situationen einstellen?*
- *Machen Sie sich die Mühe, jemandem wirklich zuzuhören?*

- *Sind Sie wirklich offen, oder können Sie nur das akzeptieren, was Ihren eigenen Maßstäben entgegenkommt?*
- *Wo hat Ihre Toleranz Grenzen?*

8. Liebe

- *Glauben Sie zu wissen, was wahrhafte Liebe ist?*
- *Fällt es Ihnen leicht zu lieben?*
- *Ist es für Sie besonders einfach zu lieben, wenn jemand sich so verhält, wie Sie es sich wünschen?*
- *Haben Sie den Drang, das Objekt Ihrer Liebe zu kontrollieren und zu bewachen?*
- *Fällt es Ihnen leicht, Ihr Herz zu öffnen?*
- *Denken Sie, dass es sich jemand verdienen muss, von Ihnen geliebt zu werden?*
- *Glauben Sie, dass Sie das Recht auf die Erfüllung Ihrer Ansprüche haben und dass der, den Sie lieben, diesen gerecht werden muss?*
- *Entziehen Sie schnell Ihre Liebe, wenn jemand anders denkt und handelt, als Sie es sich von ihm wünschen?*
- *Brauchen Sie Liebesbeweise?*
- *Sind Sie schnell eifersüchtig?*
- *Ist Liebe für Sie etwas, was Sie geben und nehmen, je nach Ihrer Stimmung?*
- *Muss die Person, die Ihre Liebe erhält, Gegenleistungen erbringen?*
- *Glauben Sie, nicht mehr lieben zu können, weil Sie häufig enttäuscht worden sind?*

- Schlägt Ihre „Liebe" gerne in Wut, Zorn und Hass um, wenn die Beziehung kriselt oder vorbei ist?
- Sind Sie der Überzeugung, dass Liebe nur Tränen und Unglück bringt?
- Können Sie nur den lieben, der in Ihnen Leidenschaft hervorruft?
- Finden Sie „Liebe" nur in der Gefahr und Spannung und verbinden Sie diese mit großen Höhen und Tiefen?
- Halten Sie Ausgewogenheit und Gleichmaß und Menschen, die dies ausstrahlen, für langweilig?
- Worauf gründet Ihrer Meinung nach Liebe in einer langjährigen Beziehung?
- Können Sie die Aussage verstehen, dass Liebe da ist, wo alles andere wegfällt?
- Was entfacht Ihre Liebe?
- Wie fühlt sich Liebe für Sie an?

9. Hingabe

- Fällt es Ihnen leicht, sich für etwas zu begeistern?
- Fällt es Ihnen leicht, loszulassen und zu vertrauen?
- Fühlen Sie sich manchmal leicht und getragen?
- Können Sie leicht den Alltag hinter sich lassen?
- Können Sie leicht abschalten und offen für Neues sein?
- Was hält Sie davon ab, sich voll und ganz dem Fluss des Lebens hinzugeben?

- *Können Sie sich Ihrem Partner vollkommen hingeben, oder fehlt Ihrer Meinung nach immer etwas?*
- *Haben Sie das Gefühl, dass es in Ihrem Leben an Leidenschaft und Spannung mangelt?*
- *Hatten Sie schon einmal das Gefühl tiefen inneren Friedens mit sich selbst und mit dem Leben?*
- *Kennen Sie das Gefühl, völlig eins mit dem Jetzt zu sein?*
- *Haben Sie schon einmal Momente erlebt, in denen Raum und Zeit keine Rolle mehr spielten?*
- *Gibt es Beschäftigungen, die Ihnen so viel Freude machen, dass Sie völlig in ihnen aufgehen?*
- *Kennen Sie das Gefühl, wie es ist, sich etwas voll und ganz hinzugeben?*
- *Kennen Sie das Gefühl der Weichheit, der Fülle und der Vollkommenheit, das Hingabe in sich trägt?*

10. Mitgefühl

- *Fühlen Sie sich insgeheim besser, wenn Sie hören, dass es jemandem schlechter geht als Ihnen?*
- *Fühlen Sie sich überlegen, wenn jemand anders Schwierigkeiten hat?*
- *Fallen Sie in eine herablassende Haltung, wenn Sie jemandem Ihr Mitgefühl aussprechen?*
- *Ist Mitgefühl für Sie Zeitverschwendung?*

- *Fällt es Ihnen leicht, sich in jemand anderen hineinzufühlen?*
- *Zieht es Sie selbst herunter, wenn Sie vom Leid anderer hören?*
- *Ist es Ihnen egal, wie es anderen Menschen geht?*
- *Ist es Ihnen ein Anliegen, anderen Freude zu bereiten?*
- *Können Sie sich ganz und gar ehrlich mit jemandem freuen?*
- *Sind Sie schnell neidisch?*
- *Sehen Sie in Mitleid und Mitgefühl dasselbe?*
- *Müssen Sie sich anstrengen und bemühen, um Mitgefühl aufbringen zu können?*
- *Haben Sie den Eindruck, dass Sie groß- und warmherzig sind?*
- *Erschreckt Sie Gefühlskälte?*
- *Können Sie auch liebevoll auf jemanden zugehen, der sich abweisend verhält?*
- *Können Sie wahres, tiefes Mitgefühl empfinden?*
- *Können Sie sich öffnen, ohne sofort zu beurteilen?*
- *Ist Ihnen schon einmal tiefes Mitgefühl entgegengebracht worden?*
- *Ist es für Sie von oberster Priorität, dass es Ihnen gut geht, unabhängig davon, was um Sie herum passiert?*
- *Erfüllt es Sie mit tiefer Freude und großer innerer Zufriedenheit, wenn Sie anderen aufrichtige Freude bereitet haben?*

11. Wahrheit

- *Glauben Sie, dass alles wirklich wahr ist, was Sie für wahr halten?*
- *Wie definieren Sie Wahrheit?*
- *Glauben Sie, dass es für jeden eine andere Wahrheit gibt?*
- *Existiert so etwas wie eine universelle Wahrheit, der sich niemand entziehen kann?*
- *Sind Sie der Meinung, dass es keine einzige, absolute Wahrheit gibt?*
- *Denken Sie, dass auch die Wahrheit Trends unterworfen ist?*
- *Haben Sie manchmal Angst vor der Wahrheit?*
- *Glauben Sie, dass Wahrheit wehtun kann?*
- *Oder sind Sie der Überzeugung, dass Wahrheit vielmehr befreiend ist?*
- *Fühlen Sie manchmal, dass etwas wahr ist, und handeln dennoch anders?*
- *Halten Sie gern die Wahrheit zurück, weil Sie sich so einen Vorteil erhoffen?*
- *Fühlen Sie sich überlegen, weil Sie die vermeintliche Wahrheit kennen?*
- *Sind Sie überhaupt daran interessiert, etwas voll und ganz erfassen zu wollen?*
- *Spüren Sie es sofort, wenn jemand nicht die Wahrheit sagt?*
- *Ist es Ihnen wichtig, wahrhaftig und authentisch zu sein?*
- *Glauben Sie, dass Sie leichter durch das Leben kommen, wenn Sie nicht immer die Wahrheit sagen?*

- *Warum ist es manchmal so verpönt, die Wahrheit zu sagen?*
- *Warum sind viele Leute überhaupt nicht an der Wahrheit interessiert?*
- *Denken Sie, dass manche Leute die Wahrheit um die Ohren geschlagen bekommen müssten?*
- *Wäre es vielleicht besser, generell die Wahrheit zu sagen, aber diese mitfühlend zu äußern?*

12. Meditation

- *Was verstehen Sie unter Meditation?*
- *Haben Sie schon einmal meditiert, oder halten Sie das für etwas, das nur Spinner praktizieren?*
- *Glauben Sie, dass Meditation generell nichts für Sie ist?*
- *Wird Meditation Ihrer Meinung nach überschätzt?*
- *Halten Sie Meditation für etwas, das Ihnen Wege aus schwierigen Situationen aufzeigen kann?*
- *Hilft es Ihnen, über Probleme zu meditieren?*
- *Fällt es Ihnen leicht, innerlich zur Ruhe zu kommen?*
- *Schaffen Sie es, Ihre Konzentration für einige Zeit bei einem Objekt zu halten, oder schweifen Sie schnell wieder ab?*
- *Denken Sie, dass Sie es sowieso nicht schaffen, richtig zu meditieren?*
- *Hilft Ihnen Meditation, sich wieder auf sich selbst zu besinnen, sich von Ablenkungen zu befreien und Kraft zu tanken?*

- *Glauben Sie, mit Meditationen bestimmte Visionen zu erhalten oder Erleuchtung zu erlangen?*

13. Familie

- *Haben Sie das Gefühl, eine gute Kindheit gehabt zu haben?*
- *Dienen Ihre Eltern Ihnen als Vorbild?*
- *Geben Sie Ihren Eltern die Schuld, dass Sie unglücklich mit Ihrem Leben sind?*
- *Erkennen Sie manchmal im eigenen Verhalten Ihre Mutter oder Ihren Vater?*
- *Ist es Ihnen unangenehm, wenn jemand zu Ihnen sagt, dass Sie Ihrer Mutter oder Ihrem Vater ähnlich sind?*
- *Würden Sie alles anders machen, wenn Sie Kinder hätten?*
- *Schaffen Sie es, Ihren Kindern stets gute Eltern zu sein?*
- *Verstehen Sie jetzt Ihre Eltern besser, da Sie nun selbst Kinder haben und sehen, wie schwer es manchmal ist, richtig und angemessen zu handeln?*
- *Werfen Sie (immer noch) Ihren Eltern vor, dass Sie sie lieblos behandelt haben?*
- *Fällt es Ihnen schwer, Beziehungen einzugehen, weil Sie früher wenig Liebe und Geborgenheit erfahren haben?*
- *Haben Sie sich schon einmal Gedanken darüber gemacht, inwiefern familiäre Muster an folgende Generationen übertragen wurden?*

- *Haben Sie die Kraft und den Mut, in Ihrem Leben und in Bezug auf die Erziehung Ihrer Kinder neue Wege zu gehen?*
- *Lassen Sie sich immer noch leicht von Ihren Eltern ein schlechtes Gewissen einreden?*
- *Können Sie Ihren Eltern gleichmütig und offen entgegentreten?*
- *Haben Sie überhaupt noch Kontakt zu Ihren Eltern?*
- *Glauben Sie, dass man nach Möglichkeit immer versuchen muss, irgendwie mit seinen Eltern auszukommen?*
- *Können Sie Ihre Eltern wirklich loslassen?*
- *Können Sie es akzeptieren, dass jeder einen anderen Weg geht?*
- *Können Sie die Liebe zu sich selbst entwickeln, auch wenn Sie nicht von Ihren Eltern akzeptiert wurden oder werden?*
- *Können Sie das loslassen, was Vergangenheit ist, und das bewusst leben, was gegenwärtig und jetzt ist?*

14. Schuld

- *Ist Ihrer Meinung nach immer ein anderer schuld, wenn es Ihnen schlecht geht?*
- *Fühlen Sie sich schnell schuldig, auch bei kleinen Missgeschicken?*
- *Glauben Sie, dass es immer einen Schuldigen gibt?*
- *Was bedeutet es Ihrer Meinung nach, schuld zu sein?*

- *Haben Sie häufig Schuldgefühle, auch wenn es keinen Grund dafür gibt?*
- *Fühlen Sie sich vom Leben benachteiligt und als Opfer?*
- *Gehen Sie häufig Beziehungen ein, in denen Sie Opfer oder Täter sind?*
- *Glauben Sie, dass man oft keine Wahl hat, sich anders zu verhalten, als erwartet wird?*
- *Geben Sie anderen die Schuld dafür, dass Sie sich selbst nicht annehmen und lieben können?*
- *Sind Sie der Ansicht, dass man für immer schuldig ist, wenn man einmal ein schweres Verbrechen begangen hat?*
- *Kann man sich von Schuld reinwaschen?*
- *Kann einem ein anderer Schuld auferlegen?*
- *Bleiben Sie anderen gerne etwas schuldig?*
- *Haben Sie schwer an Schuld zu tragen, und glauben Sie, dass Sie diese Bürde verdient haben?*
- *Weisen Sie gern anderen die Schuld zu, um selbst Ruhe zu haben?*
- *Glauben Sie, dass Menschen grundsätzlich Sünder sind?*
- *Lassen Sie sich leicht verängstigen und einschüchtern?*
- *Wie kann man Ihrer Meinung nach von Schuld frei werden?*
- *Lädt man Ihrer Meinung nach immer Schuld auf sich, wenn man etwas falsch macht, auch wenn einem dieses vielleicht erst hinterher bewusst wird?*

15. Energieräuber

- *Halten Sie es für möglich, dass Ihnen jemand oder etwas Energie stehlen kann?*
- *Haben Sie sich einmal bewusst gemacht, wer und was Ihnen Energie abzieht?*
- *Fällt es Ihnen leicht, sich innerlich abzugrenzen?*
- *Haben Sie einen gesunden Selbstschutzmechanismus?*
- *Spüren Sie es sehr schnell, wenn Ihnen jemand oder etwas nicht guttut?*
- *Können Sie sich leicht aus solchen Situationen befreien?*
- *Schaffen Sie es, sich höflich, aber bestimmt von diesen Situationen zu verabschieden?*
- *Oder reagieren Sie vielmehr heftig und notfalls lauthals und mit Händen und Füßen?*
- *Zwingen Sie sich oft, in einer für Sie unguten Situation zu verweilen, um den Schein zu wahren und sich nicht unbeliebt zu machen?*
- *Gehen Sie immer wieder denselben negativen Menschen und Situationen auf den Leim?*
- *Haben Sie Angst vor Energieraub?*
- *Fällt es Ihnen leicht, Ihren Platz im Leben zu beanspruchen, einzunehmen und zu behaupten?*
- *Können Sie gut Grenzen setzen?*
- *Kennen Sie überhaupt Ihre Grenzen?*
- *Können Sie andere gut und geschickt in die Schranken weisen?*
- *Lassen Sie sich leicht vereinnahmen und einschüchtern?*

- *Lassen Sie sich leicht manipulieren?*
- *Lassen Sie sich schnell aus der Fassung bringen?*
- *Reißen Sie gerne das Ruder an sich, und haben Sie gerne das Sagen?*
- *Sind Sie der Überzeugung, dass Sie anderen etwas zu sagen haben und dass diese Ihnen Aufmerksamkeit schenken müssten?*
- *Reden Sie gerne und viel?*
- *Telefonieren Sie viel, und haben Sie den Drang, sich allen mitteilen und alle um Rat fragen zu müssen?*
- *Gehen Sie regelmäßig und häufig in die Natur, und fühlen Sie sich dort wohl?*
- *Ertragen Sie Stille gut, und schätzen Sie diese, oder muss ständig etwas um Sie herum geschehen?*
- *Achten Sie auf Ihre Gesundheit, und pflegen Sie Ihren Körper?*
- *Unterliegen Sie großen Stimmungsschwankungen, und leiden Sie darunter?*
- *Verursachen Sie gerne Dramen um sich herum?*
- *Wirken ausgeglichene Menschen langweilig oder beruhigend auf Sie?*

16. Achtsamkeit

- *Sehen Sie auch die kleinen Dinge des Lebens, und schätzen Sie diese?*
- *Rennen Sie durch das Leben, und fallen Sie abends müde und ausgelaugt ins Bett?*

- *Sind Sie der Überzeugung, dass das Beste erst noch kommt?*
- *Denken Sie, dass alles hart erarbeitet werden muss?*
- *Glauben Sie, dass Sie, wenn Sie dies und das geschafft haben, zukünftig glücklich sein werden?*
- *Sind Sie nur selten wirklich glücklich?*
- *Halten Sie das Leben für einen immerwährenden Kampf?*
- *Halten Sie täglich mehrmals inne, um tief durchzuatmen?*
- *Geraten Sie schnell in Rage?*
- *Wissen Sie, wie es sich anfühlt, gegenwärtig und im Jetzt zu sein?*
- *Kennen Sie das Gefühl, eins mit allem zu sein?*
- *Können Sie nachfühlen, wie es ist, in Mühelosigkeit und Leichtigkeit durchs Leben zu gehen?*
- *Sind Sie der Überzeugung, dass man alles und jeden fest im Auge behalten und kontrollieren muss?*
- *Können Sie gegenwärtig reagieren, oder handeln Sie meist aus einer vergangenen Verletzung heraus?*
- *Wissen Sie, wie Sie es anstellen sollen, im Hier und Jetzt zu sein?*
- *Schaffen Sie es, all Ihre Sinne zu öffnen und einfach einströmen zu lassen, was gerade ist?*
- *Können Sie etwas einfach so sein lassen, wie es ist?*

- *Können Sie jemanden oder etwas wahrnehmen, wie er oder es ist, ohne zu urteilen?*
- *Oder neigen Sie dazu, alles automatisch durch Ihren eigenen Filter zu sehen?*
- *Neigen Sie zu Verallgemeinerungen und Übertreibungen?*
- *Haben Sie starre Ansichten, und weichen Sie um nichts auf der Welt davon ab?*
- *Können Sie sich dem Moment hingeben und alles einfach einsaugen, wie es gerade geschieht?*
- *Können Sie das Leben so annehmen, wie es gerade ist?*
- *Was ist jetzt?*
- *Wie fühlen Sie sich gerade?*

17. Beständigkeit
- *Fällt es Ihnen leicht, sich zu disziplinieren und zum Beispiel kontinuierlich Sport zu treiben, ein Instrument zu üben, ihr Gewicht zu halten, sich Ausgleich zu verschaffen?*
- *Sind Sie launisch, und geben Sie sich gerne diesen Launen hin?*
- *Führen Sie Ihre Gedanken innerlich zu Ende?*
- *Können Sie auch langfristige Ziele verfolgen und verwirklichen?*
- *Halten Sie komplexe Projekte bis zum Ende durch?*
- *Sind Sie in guter mentaler Verfassung, sodass Sie auch in schwierigen Lebensphasen nicht sofort den Mut verlieren und aufgeben?*

- *Sind Sie übertrieben ehrgeizig, und zwingen Sie sich oft zu etwas, das Ihnen nicht guttut?*
- *Neigen Sie zu Trägheit, lassen Sie sich gerne ablenken, und geben Sie Ihren Gelüsten schnell nach?*
- *Fällt es Ihnen generell schwer, nein zu sagen?*
- *Hinterfragen Sie Ihre Absichten, bevor Sie handeln?*
- *Sehen Sie bereits im Vorfeld nur immer das, was alles schiefgehen kann, und beginnen Sie deshalb vieles nicht einmal?*
- *Geben Sie sich leicht negativen Gedankenspiralen hin?*
- *Lassen Sie sich leicht entmutigen?*
- *Ist es Ihnen weitgehend egal, wie es körperlich, seelisch und geistig um Sie steht?*
- *Sehen Sie innere Arbeit als überflüssig an?*
- *Fällt es Ihnen leicht, sich zu gedulden?*
- *Haben Sie einen starken Willen?*
- *Fällt es Ihnen relativ leicht, Maß zu halten und standhaft zu sein?*
- *Ist es Ihnen wichtig, etwas wirklich zu erfassen und damit in die Tiefe gehen zu müssen?*
- *Haben Sie das Gefühl, dass das Leben auf Ihrer Seite ist und dass alles seinen Sinn hat?*
- *Haben Sie das gesunde Urvertrauen, dass sich alles für Sie zum Guten wenden wird?*

Nachwort

Ich bedanke mich aufrichtig und von ganzem Herzen dafür, dass Sie mir Ihre Aufmerksamkeit geschenkt haben, dass Sie Seite für Seite meinen Gedanken und Worten gefolgt sind und mir damit einen klitzekleinen Teil Ihrer Lebenszeit gewidmet haben.

Falls ich Ihnen ein wenig die Augen öffnen konnte für neue Sichtweisen, eine neue Perspektive oder sogar eine neue Vision, dann habe ich schon viel erreicht und bin sehr glücklich darüber. Sollten Sie in einigen Dingen anderer Meinung sein, dann ist dies Ihr gutes Recht, und sollte ich Sie zum Nachdenken angeregt haben, dann kann es mir nur recht sein. Denn alles ist gut, nur nicht das Stehenbleiben, das Feststecken, das Sich-im-Kreis-Drehen und das unerbittliche Bestehen auf seinem Recht, ohne seine Meinung stets zu überdenken. Was heute gut ist, muss es morgen nicht mehr sein. Alles ist steter Veränderung unterworfen, und veränderte Situationen erfordern neue Sichtweisen und neues Handeln. Vergessen Sie nie, dass JEDER Tag ein neuer Tag ist, mit neuen Chancen, Herausforderungen und Aufgaben. Jede Meinung hat ihr Recht. Aber jede Meinung kann sich bisweilen ändern. Lassen Sie ihr und vor allem sich selbst die Freiheit dazu.

Seien Sie sich in jedem Moment dessen bewusst, dass wir uns zumeist innerhalb selbst erschaffener

Illusionen bewegen. Einige der häufigsten habe ich in diesem Buch beschrieben, wie beispielsweise das Ego (unser dämonisches Ich), das ausschließlich in unserer Vorstellung existiert und als ständiger innerer Monolog unser Leben sabotiert. Erkennen Sie, dass Sie definitiv nicht Ihr Ego und nicht Ihr destruktives Denken sind, und lernen Sie, Ihre Gedanken in eine positive Richtung zu lenken. Das erfordert stetige Übung, und ich weiß nur zu gut, dass dies nicht immer einfach ist. Daher übe ich Tag für Tag aufs Neue. Schenken Sie sich die Zeit, die Sie dafür benötigen und befreien Sie sich aus dem selbst zerstörenden Drang, alles und jeden kontrollieren zu wollen. Geben Sie sich dem Fluss des Lebens hin, und lassen Sie den inneren Widerstand fallen, dann wird auch Ihr Leben ein glückliches sein. Denn Sie werden ab jetzt verstehen, dass Glück bedeutet, das Leben so annehmen zu können, wie es gerade JETZT ist!

Und ich beende nun dieses Buch mit einem Kōan, der mir geistig übermittelt wurde und der sehr gut beschreibt, wie unser Leben ist:

Leben ist Sein im Nicht-Sein!

Anhang

Den Blick für das Wesentliche im Leben zu haben, heißt für mich:

- mir treu zu bleiben mit der Bereitschaft offen zu sein und an mir zu arbeiten, um mich stets geistig weiterzuentwickeln und nicht als Egoist durchs Leben zu gehen;
- andere Lebewesen (Menschen, Tiere und Pflanzen) achtsam zu behandeln und mich tagtäglich in Mitgefühl zu üben;
- stets das Gute zu erwarten und dem Schlechten aus voller Kraft entgegenzuwirken, ohne zu urteilen, aber daraus zu lernen;
- Werte zu leben, meinem Herzen zu folgen, zu lieben und zu vertrauen, auch wenn ich nicht weiß, wohin es führt;
- Verantwortung zu übernehmen und stets zu meinem Wort zu stehen, Fehler einzugestehen und zu korrigieren;
- meine Stärken zu erkennen und zu fördern und meine Schwächen zu akzeptieren;
- meinen Weg zu gehen, geistig unabhängig und dennoch innerhalb der menschlichen Gemeinschaft;
- jeden Augenblick bewusst genießen und wieder loslassen zu können;

- akzeptieren zu können, was das Leben bringt, und dankbar zu sein für die Geschenke des Lebens;
- einfach ich selbst zu SEIN, ohne mich über andere zu erheben oder mich selbst zu erniedrigen.

Danksagung

Ich danke von ganzem Herzen meiner spirituellen Lehrerin Anita, die mich unendlich vieles gelehrt und meine Entscheidung unterstützt hat, dieses Buch zu schreiben. Sie war und ist mir immer eine treue Lehrmeisterin, Begleiterin, Ratgeberin, Mutter und Freundin, und sie wurde zu einem Zeitpunkt in mein Leben geschickt, als ich nicht mehr weiter wusste. Sie hat mir aufgezeigt, dass es zu jeder Zeit viele Wege gibt, und sie hat mir die Augen dafür geöffnet, wieder das zu sehen, was wirklich wichtig ist. Im stetigen Austausch mit ihr, über viele Jahre hinweg, habe ich gelernt, wieder mir selbst zu vertrauen und meinen Weg zu gehen.

Ich danke meinem geliebten Mann Matthias, der mir in der Phase der Entstehung dieses Buches den Rücken freigehalten hat, damit ich es verwirklichen konnte. Ich danke meinen wundervollen Söhnen Aaron Elias und Moses Immanuel für die tägliche Lektion in Liebe, Freude, Leichtigkeit, Hingabe, Achtsamkeit, Geduld und Beständigkeit.

Und ich danke Gottvater, den Engeln, Buddha und meinen geistigen Führern.

Das Basis-Paket mit 10 TOP-CDs von Robert Betz

Dein Basis-Paket

mit Vortrags- und Meditations-CDs von Robert Betz

Dieses Basispaket mit 4 Vorträgen und insgesamt 19 geführten Meditationen ist ein Kraftpaket, das das Leben verändern wird. Durch die Vorträge lernt man verstehen, warum das Leben so ist, wie es sich zurzeit darstellt. Durch die Meditationen lernt man, das Leben als bewusster, liebender Schöpfer/in zu verändern und zu einem erfüllten Leben in Freude, Frieden und Fülle zu gestalten.

Robert Betz Verlag – 2013 · 10 CDs · € 99,–

Der beste Reiseführer für's Leben: klar, humorvoll und anwendbar

Das Leben

Eine Reise zu dir selbst

Mit diesem Buch gibt uns der geistige Lehrer P'taah einen Wegweiser zu unserem Ursprung an die Hand, ein leicht verständliches, kompaktes Nachschlagewerk für alle, die sich wieder erinnern wollen, wer sie wirklich sind. Gechannelt von Jani King spricht P'taah zu allen Aspekten des Lebens und vermittelt dem Leser eingängig, klar und mit großer Liebe ein tiefgreifendes Verständnis davon, wie das Leben funktioniert.

Robert Betz Verlag – 2013 · Hardcover · 88 Seiten · € 14,90